税 税务干部培训系列教材

Shuiwu Jiguan
Tufa Shijian Yingdui

税务机关
突发事件应对

付立红　于魏华　著

东北财经大学出版社
Dongbei University of Finance & Economics Press

大连

图书在版编目（CIP）数据

税务机关突发事件应对 / 付立红，于魏华著. —大连：东北财经大学出版社，2018.6

（税务干部培训系列丛书）

ISBN 978-7-5654-3168-5

Ⅰ．税… Ⅱ．①付… ②于… Ⅲ．税收管理–中国–干部教育–学习参考资料 Ⅳ．F812.42

中国版本图书馆CIP数据核字（2018）第104328号

东北财经大学出版社出版

（大连市黑石礁尖山街217号　邮政编码　116025）

网　　址：http://www.dufep.cn

读者信箱：dufep@dufe.edu.cn

大连图腾彩色印刷有限公司印刷　　东北财经大学出版社发行

幅面尺寸：170mm×240mm　字数：358千字　印张：17.5　插页：1

2018年6月第1版　　　　　　　　　2018年6月第1次印刷

责任编辑：孙晓梅　　　　　　　　责任校对：刘东威　刘　佳

封面设计：冀贵收　　　　　　　　版式设计：钟福建

定价：48.00元

税务干部培训系列丛书编审委员会

前　言

　　2007 年 8 月 30 日通过的《中华人民共和国突发事件应对法》中对突发事件的界定是：突发事件是指突然发生，造成或者可能造成严重社会危害，需要采取应急处置措施予以应对的自然灾害、事故灾难、公共卫生事件和社会安全事件。突发事件、突发事件应对是具有中国特色的名词，国际上通常使用危机、危机管理等概念。突发事件应对本身就是行政管理中非常态管理的重要内容，突发事件具有巨大的威胁性和后果的严重性，必须重视突发事件的预防和应对。突发事件是一种造成或可能造成严重后果的危机，对决策者的核心价值构成威胁，这种威胁既可能是局部的破坏，也可能是根本性的毁坏。威胁性达到巨大的程度，会给人们的生命财产带来巨大的损失，人们正常的生活被打乱，国家权力的正常运行被阻断，社会组织面临崩溃的威胁，必须采取特殊的对抗措施才能恢复秩序。不仅如此，非常态管理工作做不好不仅会影响常态工作的正常运行，甚至会抹杀常态工作的成果。

　　公务员作为政府管理的主体，其素质决定政府管理的水平和效率，其言行受到社会和公众的普遍关注，其应对突发事件的能力更体现政府的责任意识和管理效能。作为一名税务机关的公务员，我们要适应时代发展的要求，要加强学习，不断更新知识，进而提高自己的思想政治素质和应对突发事件的能力，做到与时俱进、永不懈怠，不断适应新的形势，抓住机遇，迎接一切挑战。

　　随着社会不断发展进步，各层级突发事件应对主体的应对能力不断提升，在现阶段，我国应急管理已从最初的强调突发事件的应对发展到注重风险管理。风险管理更强调事前管理，危险源查找、风险评估、预警、预测机制建设、预案制定等是十分重要的工作，对防止突发事件发生及发生后缩短破坏时间，意义十分重大。这样的观点在本书中都有充分的体现。

　　本书依据《中华人民共和国突发事件应对法》和《国家突发公共事件总体应急预案》，明确了应急管理的主体、原则、体制、机制、程序、责任等，全面、系统地阐述了突发事件预防与应急准备、监测与预警、应急处置与救援、事后恢复与重建等应对活动。本书的创新主要体现在以下几个方面：

第一，针对性强。本书主要针对税务机关、税务干部编写，具有较强的针对性。在已出版的应急管理和危机管理方面的教材中，没有专门针对税务机关和税务干部编写的。税务机关存在的依据和宗旨都有很强的特殊性，所以在应急管理的内容、要求、过程、重点等方面会有所不同。本书主要围绕税务机关、税务干部的突发事件应对工作展开，针对性强。

第二，编写体例的创新性。已出版的应急管理方面的教材，多从应急管理的内容入手进行编写，这容易导致一些内容的重复。为了避免这个问题，本书在编写的过程中，依据我国现阶段已经形成的"一案三制"应急管理宏观框架和体系，从逻辑关系上重新梳理了应急管理的内容和要求，进行了体例创新，在内容完整的基础上，强调内容之间的内在逻辑联系。

第三，观点的突破性。本书是为税务干部编写的培训教材，我们在编写前对税务局（所）做了大量的调研工作。在调研过程中，我们发现，税务干部已有的根深蒂固、习以为常的观念，与科学管理的要求存在差异、冲突，本书针对这种情况，提出了一些具有突破性的观点，以帮助税务干部树立正确的认知，找到正确的方向。

第四，侧重操作实务。税务干部作为成人学习者，有着明显的群体特征。他们有很强的独立性并能自己学习；积累了丰富的生活经验，而这些经验对学习来说是丰富的资源；学习需求与变化着的社会角色紧密相关；以问题为中心进行学习，并且对可以立即应用的知识感兴趣；他们的学习动机主要来自内部而不是外部。因此，本书在编写的过程中，侧重操作实务方面的内容。书中有大量的示范性案例和能力测试，便于税务干部通过具体演练获得能力的提升。

著　者
2018 年 4 月

目　录

第一章
突发事件概述

【学习目标】

◇ 掌握突发事件的基本特征

◇ 熟悉突发事件、突发事件应对、危机、危机管理的含义

◇ 了解突发事件的分级、分类、分期标准

【案例导引】

我国是世界上遭受自然灾害最严重的国家之一。自然灾害平均每年造成近2万人死亡，直接经济损失高达国家财政收入的1/4~1/6。20世纪全球发生的破坏性地震中，我国占1/3，死亡人数占1/2。最近50年来，477次地震死亡27.28万人，直接经济损失420亿元；全国有2/3的国土面积不同程度受到洪水威胁，特别是长江、黄河、淮河等七大江河的中下游地区，集中了全国1/2的人口、3/4的工农业产值，洪涝灾害的威胁更为严重。1998年发生的特大洪水，使3.34亿亩农田受灾，死亡4 150人，仅直接经济损失就达2 551亿元。近几年来，每年因各类事故造成13万多人死亡、70多万人受伤，直接和间接经济损失约2 500亿元。仅2003年，道路交通事故死亡12万多人，煤矿事故死亡6 434人，火灾事故死亡2 497人。

目前全球新发的30余种传染病已有半数在我国发现。2003年全国按规定报告的27种传染病发生近260万例，其中死亡6 474人，死亡率0.48/10万。特别是非典疫情，波及24个省份的266个县（市、区），报告病例5 327例，死亡349例。

我国最近十多年的突发事件，包括自然灾害、生产安全等方面的事故，在经济上所造成的损失，每年大约在6 000亿美元，约占GDP的5%~6%。各种事故的总量，每年增长的幅度也在6%左右，最高的年份为22%。曾有专家做了一个统计，我国每年发生的事故，平均分摊到公务员身上，数量是每年每人一件。这对从中央到地方政府的公务员来说，是一个巨大的压力。提高应对突发事件的能力，对于公务员来说是当务之急。

资料来源　吴江. 公务员通用能力大讲堂［M］. 北京：国家行政学院音像出版社，2003.

我们生活的时代，各类突发事件频繁发生，给我们正常的生产、生活带来了巨大的冲击。什么样的事件是突发事件？如何科学地界定突发事件？它有哪些基本特征？这一系列基本问题对于及时识别突发事件、判断是否启动应急处理程序，以及制定科学的应对方案，将突发事件的影响和破坏控制在最小的范围内，具有重要的意义。

第一节　突发事件的界定

一、什么是突发事件

"事件"这一名词是指历史上或社会上发生的大事情。突发事件的概念，从字面上看，是指突如其来的、出乎预料的、令人猝不及防的事件。突发事件是指影响社会局部甚至社会整体的大事件，而不是个人生活中的小事件。我国学者从不同的研究角度对突发事件做了界定。郝国庆认为，突发事件是指那些突然发生、带有异常性质、人们缺乏思想准备的事件。秦启文认为，突发事件是指在某种必然因素支配下出人意料发生，给社会造成严重危害、损失或影响且需要立即处理的负面事件。李明强和岳晓则认为，突发事件是一个模糊但非常重要的概念，在不同国家有不同的含义和分类。在国内，我们讲突发事件，通常是指在一定范围内突然发生，危及公众生命财产、社会秩序和公共安全，乃至影响国家利益和全球稳定，需要政府立即采取应对措施加以处理的公共事件。沈正赋认为，突发事件是指突然发生并呈现为异常状态，大众对此缺乏准备却普遍予以关注的新闻事件。可以说，突发事件就是人们尚未认识到的在某种必然因素支配下瞬间产生的、给人们和社会造成严重危害、损失且需要立即处理的破坏性事件。在《国家突发公共事件总体应急预案》中，突发事件的定义是"本预案所称突发公共事件是指突然发生，造成或者可能造成重大人员伤亡、财产损失、生态环境破坏和严重社会危害，危及公共安全的紧急事件"。这一定义明确了国家公务员应对的突发事件是指在日常工作中难以预料、突然发生的，危害人民生命财产安全，带来或可能带来严重社会后果和影响的事件。我们以此作为本书对突发事件的定义。

什么是税务机关要应对的突发事件呢？目前，国内学术界对税务机关应对的突发事件进行了初步的探索，取得了一定的成果，但还存在如下问题：一是概念不够清晰。从严格意义上讲，涉税突发事件是指税务系统突然发生的、难以按常规处理的，可能给组织带来较大危害的事件，其主体只能是税务机关和税务干部。二是研究不够深入。没有运用解释力更强的理论来全面剖析涉税突发事件的形成机理，仅仅抓住了部分真理。三是与实践结合不紧密。笼统、空泛的阐述居多，对影响税务机关长治久安的突发事件没有提出有针对性的预防与处置措施。

国家税务总局关于《税务系统应急管理暂行规定》第2条规定："本规定所称突发事件，是指突然发生，造成或者可能造成严重危害，需要采取应急处理措施予以应对的地震等自然灾害、火灾等事故灾难、疫情等公共卫生事件以及信访、舆情、机关安全、信息系统安全、征管等涉税突发事件。"

二、突发事件的特征

1.突发事件的一般特征

第一，突发性。突发性是突发事件的首要特征。尽管突发事件可能有较长的潜伏期，但其发生往往具有一定的偶然性和突发性。按照事物的发展规律，任何事件的形成通常都有一个由量变到质变的过程，即萌生、形成和发展。但突发事件由量变到质变的过程具有特殊性，这种特殊性集中体现在它的突发性上。突发事件的突发性是指对于突发事件能否发生，什么时间、什么地点、以什么样的方式爆发，以及爆发的程度等情况、爆发后人们会有什么样的反应等，人们都始料未及，难以准确地把握。突发事件的起因、规模、事态的变化、发展趋势以及事件影响的深度和广度也不能事先描述和确定，是难以预测的。这反映了突发事件具有极大的偶然性和随机性。正是由于突发事件的突发性，它在较短的时间内就会迅速成为社会关注的焦点和热点，并产生巨大的震撼力和影响力。

第二，紧急性。突发事件的一个重要特征就是其处理时间的紧迫性。由于突发事件事出偶然、发展迅速，在出现时往往已经造成一定的后果，如交通堵塞、人员伤亡等，必须迅速控制事态发展，及时采取应对措施，缓解、防止事态升级、损失扩大，因而必须在第一时间做出决定。即使是在有关信息不充分、资源有限的条件下，也要快速、果断地决策。

第三，不确定性。突发事件的发生时间、实际规模、影响深度、发展趋向都是难以预测的，呈现出多样性和变换性。突发事件具有高度的不确定性：一是发生状态的不确定性。突发事件在什么时间、什么地点、以何种形式和规模爆发通常是无法提前预知的。如果突发事件没有不确定因素，也就不属于突发事件了，因为这样的事件可预先做好充分的准备工作，用通常的办法去应对。二是事态变化的不确定性。突发事件发生之后，由于信息不充分和时间紧迫，绝大多数情况下的决策都属于非程序化决策，响应人员与公众对形势的判断和具体的行动以及媒体的新闻报道，都会对事态的发展造成影响。许多不确定因素随时发生变化，事态的发展也会随之出现变化。三是人们的反应的不确定性。突发事件发生之后，人们会有什么样的情绪、认知、行为反应，也是不确定的。例如2011年3月11日日本大地震造成福岛核电站核泄漏，在我国，很多居民误信食用碘盐能防止核辐射，于是大量抢购食盐，造成市场上一定程度的"盐荒"，许多超市的碘盐被抢购一空，个别商家也趁机提价。我国政府及时采取措施，平息了"盐荒"事件。

第四，危害性。突发事件往往具有较大的社会危害性，对社会正常秩序和核心价值造成破坏或威胁，危及社会的公共利益和社会成员的生命财产。突发事件往往是那些在一定范围内引起较大危害的事件，直接威胁人类生命、财产安全以及社会的稳定等，而且这样的危害会在短时间内大范围蔓延，造成更严重、更广泛的危害或次生灾害。突发事件造成的损害有直接损害和间接损害，不仅体现在人员的伤亡、组织的消失、财产的损失和环境的破坏上，而且体现在突发事件对社会心理和个人心理所造成的破坏性冲击上，进而渗透到社会生活的各个层面。突发事件越严重，其危害范围和破坏力就越大，所造成的危害会在短时间内大范围蔓延，滋生出更严重、更广泛的危害。比如，2004年年底，印度洋海啸的暴发对印度尼西亚、斯里兰卡等南亚和东南亚国家造成了巨大的人员和社会损失，这次由一次海底地震引发的海啸在几个小时内就蔓延了数十个国家。

第五，连锁性。突发事件常常成为引发大的、广泛的社会危机的第一张"多米诺骨牌"。突发事件的出现往往不是一个单纯、孤立的事件，而是有深刻、复杂的社会原因。突发事件发出后，也常常和其他事件发生直接的联系，若处理不当，可能会使一个小的突发事件成为引发一项大的社会危机的第一张"多米诺骨牌"。如一个与消费者之间的小官司，可能使销售额80亿元、15万员工的三株公司迅速崩溃。

第六，信息的有限性。突发事件发生后，信息是极度匮乏和有限的，而且常常难辨真伪。一是信息不完整。在突发事件发生后，由于时间紧迫，决策者不可能在非常有限的时间内了解和掌握所有的事态发展信息。二是信息不及时。由于突发事件事态发展急剧变化，事件信息从事发现场传输到指挥决策机构，中间经历了多个环节，因此，决策者对突发事件的相关信息的了解和掌握就有滞后性。三是信息不准确。在信息的反馈和处理过程中，信息极易失真，难以保证其准确性和有效性。

第七，群体性。公务员所面临的突发事件，一般都是公共管理领域的群体性事件，涉及多人或在较大人群范围内具有较大影响。自然灾害等灾害类突发事件也涉及公共利益和群体活动，对社会公共秩序会产生相当大的影响。群体性是公务员要处理的突发事件的重要特征，仅涉及单个个体或仅在小范围内产生影响的事件一般不属于公务员要处理的突发事件的范畴。

2.涉税突发事件的特征

税务机关要应对的突发事件，除了具有突发事件的一般特征外，还有一些需要强调的不同之处：

第一，突发事件应对的主体是税务机关或税务干部，而不是政府或纳税人。

第二，突发事件应对的客体是可能或已经发生的突发事件，而不仅仅是税务风险或税务机关突发事件。风险管理更强调不确定性和事前的预警管理；突发事件管理更强调事件发生的突然性和事中的应急管理；危机管理则既包括事前的侦测和预警，又包括事中的应急与应对，还包括事后的评估与恢复，是对突发事件产生、发展和消亡的全过程管理。

第三，突发事件应对的内容是一套有计划、有系统的方法，而不是临时的、零散的应对办法。这套方法包括体制、机制、法制、预案建设和计划、组织、控制、激励、领导等环节以及人力、财力、物力等资源的准备。这套方法体系既应包括突发事件的普适法则，又不能缺少税务机关突发事件应对的特殊准则，需要预留足够的权衡和变通空间，使管理者能在把握规律的同时具体问题具体分析。与此同时，在这套方法体系的实施过程中，还需要审时度势、分步推进、不断改进，切忌一蹴而就、急功近利。

第四，税务机关突发事件应对的目标是不辱使命、践行宗旨、达成目标。税务机关突发事件应对脱胎于税务机关业务和政务工作，成型于管理方法体系的建立健全，并最终为实现税务机关的使命和目标服务。发生突发事件，一定是税务机关的业务或政务工作出了问题；税务机关的业务或政务工作目标未达成，也与税务应急管理缺失密不可分。也就是说，税务机关突发事件应对不是为了应对而进行的管理活动，而是为了实现税务工作全面、协调、可持续发展而必不可少的管理活动。

税务机关突发事件应对有其独特的管理主体、管理客体、管理内容和工作目标，既包括事前的风险管理，又包括事中和事后的税务机关突发事件应对。税务机关突发事件应对围绕税务机关的使命和总体工作目标展开，为税务机关其他各项工作服务。

三、相关的几个概念

为了更深刻地理解突发事件的含义，我们来看一下与突发事件相近的或相似的概念以及它们的异同。

如前文所述，突发事件是人们对于出乎意料的事件的总称。这种事件通常会造成巨大的经济损失、环境破坏、人员伤亡，甚至危害国家的政治安全、经济安全、金融安全、社会安全等。"突发事件"这个概念并不规范和科学，它所涵盖的外延仅指时间，而它的内涵并不明确，因此，国外使用更多的是"危机"这一概念。突发事件可以理解为突然发生的形成危机的事件，而突然发生的并未形成危机的事件并不能称为突发事件。

1.紧急事件

紧急事件就是突然发生、具有不确定性、需要响应主体立即做出反应并得到有效控制的危害性事件。我们很难在英文文献中找到一个完全符合中国特定意义情境的"突发事件"的对应翻译，我国学者在翻译突发事件的时候，通常用的是

Emergency；解释紧急事件的时候，通常将其内涵扩大。必须注意的是：第一，英文中的Emergency往往不具有国内"突发事件"这一概念本身所体现的大规模的、影响严重的特性，而往往是个体的、家庭的或者是其他较小单位所面临的即时性问题。这可能就是突发事件与紧急事件之间的区别。第二，"突发"的内涵与外延比"紧急"狭窄。突发事件属于紧急事件，但紧急事件并不一定都是突发事件。第三，突发事件与紧急事件的要素是一样的，但突发事件强调事件发生在时间上的突然性，紧急事件强调的是主体应对事件的反应时间的紧迫性。"紧急"总是与事件发生形式的突然性、主体反应时间的有限性、需要立即采取行动密不可分的。"突发事件"与"紧急事件"这两个概念强调了事件的不同侧面，是最相近的两个概念。《国家突发公共事件总体应急预案》将突发事件定义为紧急事件。

2.危机事件

学术界对于"危机"的概念有过多种不同的定义。罗森塔尔认为，危机是对一个社会系统的基本价值和行为结构造成的严重威胁，并且在时间压力和不确定性很强的情况下必须对其做出关键性决策的事件。赫尔曼将危机定义为某种形势，在这种形势中，其决策主体的根本目标受到威胁，而且做出决策的反应时间有限，其发生也出乎决策主体的意料之外。巴顿认为，危机是一个会引起潜在负面影响的具有不确定性的事件。

综上所述，危机是一种对社会、自然系统的各个不同层面突然释放冲击，使系统发生混乱、失序、不平衡，而对系统的基本目标的实现构成巨大威胁，要求系统内各组织必须在极短的时间做出关键性反应的突发事件。换言之，危机即国家全局或局部出现严重天灾、大规模混乱、暴动、武装冲突、战争等，使社会秩序遭受严重破坏，人民生命、健康和财产遭受直接威胁的非正常状态。

突发事件与危机事件的区别在于：第一，危机事件多指人为造成的、已经或者将会置较多人于不利处境的事件，即指事物具有高度危险性和高度不确定性的情形；而突发事件既有人为的，也有自然因素造成的。第二，突发事件的负面影响一般是显性的、现实的，人们可以感觉得到；而危机事件的负面影响既可以是显性的、现实的，也可以是隐性的、潜在的，人们可能一时还无法感觉得到。第三，突发事件强调即时性；危机不强调即时性，而是强调即将到来的某种可能性、某种压迫性的后果，强调事件可能带来的负面结果，是个比突发事件更有弹性的概念。赵士林等人将两者作为一个共同的逻辑起点来阐述，危机是正在隐伏，或已露端倪，或已呈爆发的状态；而突发事件是指已经爆发的危机，突发公共事件包含在危机事件中。

在名词的实际使用上，突发事件具有一定的中国特色。在我国，无论在学术研究上还是在实践中，人们习惯于使用"突发事件"与"突发事件应对"这样的名词，但其内涵和外延都有了不同的拓展。国际上经常使用"危机"与"危机管理"

这样的名词。在本书中，我们不严格区分突发事件与危机、突发事件应对与危机管理、公共危机与突发公共事件这几对名词，而是根据情况混用。

3.灾难

灾难的源泉主要来自自然界或人为的事故（如空难、海难事故等），其发生具有不可预测性与不可抗拒性。灾难强调的是事件具有的悲惨后果，并没有强调时间上的紧迫性。突发事件比灾难的外延宽广多了。突发事件除了突出时间的短暂性外，还有事件发生原因与类型的多样性，除了发生在人们的生产、生活之中，还涉及政治、经济、文化、军事、外交等领域，发生的领域更加宽广。灾难是由外在因素决定的，与人的意志抉择无关，人们在灾难面前往往表现得被动无助。灾难比突发事件的内涵狭窄。

4.风险

风险的意思是面临危险、即将到来的危险。乌尔里希·贝克（Ulrich Beck）在《风险社会》一书中认为，风险是个指明自然终结和传统终结的概念。换句话说，在自然和传统失去它们的无限效力并依赖于人的决定的地方，才谈得上风险。"风险"概念表明人们创造了一种文明，以便使自己的决定将会造成的不可预见的后果具有可预见性，从而控制不可控制的事情。风险侧重于表征来自社会或人为因素所造成的灾害危险，比如金融危机、核危机、疯牛病、非典病毒等。风险强调一种潜在的威胁，一种正处于酝酿过程之中、有可能产生危害的征兆，是一种可能的灾难。从理论上讲，如果人们能够合理地利用科学技术，建立起有效的预警机制，很多风险还是可以从根本上预防和消除的。突发事件和风险事件都具有不确定性，但风险更加强调未来的时间中危险发生的可能性，而突发事件强调的是当前已经发生了的危险。风险在一定程度上由人的认识和决断所决定，风险是人们有意识地探索未来，并对未来加以控制，使不可预见的后果可以预见，使我们本来无法控制的事情变得可以控制。我们引入风险观念与风险意识，对许多突发事件就可以未雨绸缪，化被动为主动。

紧急事件、危机、灾难、风险这些与突发事件相近的、相似的概念，可以说已经涵盖了突发事件的各种含义。在许多论述突发事件的文章中，并没有将这些概念与突发事件作严格的区别，而是混用。即使对"突发事件"概念本身，学者们由于受到本身专业背景的影响，较为突出"突发事件"概念中某一方面的特质而忽视了其他方面的特质。如管理研究者强调突发事件造成的危机与风险，强调它的难于管理；新闻学者强调突发事件的新奇性、爆炸性和报道性；而社会学者则会分析突发事件对于社会行动和社会结构的冲击。所以，各种定义难免会出现不尽一致的情况。另外，对比国内外学者对突发事件的定义和分析，可以发现，国内学者比较强调突发事件的突发性、异常性和破坏性，往往是就事论事；而国外学者则具有较强的发散思维，将突发事件放到更大的社会背景中去，能认识到危机也是机遇，注意到突发事件定义与范畴的可变性，在应对突发事件的各个环节都有创新的可能。

第二节　突发事件的诱因

对突发事件诱因进行分析和研究，不但有助于突发事件预防关口前移，而且有助于预警信息的及早捕捉。

一、我国现阶段突发事件的一般诱因

20世纪90年代以来，我国进入一个突发事件频繁发生的时期。我国现阶段突发事件频繁发生的诱因既有社会层面的，也有组织和个人层面的。从社会层面看，我国经济发展具有不平衡性，由此引发的地区发展差距拉大、贫富差距拉大、城乡发展差距拉大带来诸多矛盾。从组织层面看，主要是政府的体制性弊端引发的诸多问题。从个人层面看，个体的心理、行为偏差引发了人们对现实和现状的种种不满和心态失衡。

我国正处在经济转轨和社会转型的过程中，政治、经济改革触及深层次的体制问题。在这样的变革过程中，利益和权力将在不同的主体之间进行重新分配、转移，可能诱发不同的突发事件。具体来说，基于我国社会转型的实践，突发事件的诱因主要有：

1.社会转型引发的矛盾是突发事件发生的基础性诱因

在社会转型期，社会整体结构、社会资源结构、社会区域结构、社会组织结构及人们的社会身份结构都在发生变化，社会的同质性进一步消解，社会的异质性不断增加，这使得追求同一性和稳定性的传统社会控制机制失去了基础。伴随着阶层、群体和组织的分化，不同社会群体和阶层的利益意识不断被唤醒和强化，利益的分化也在不断发生。在各种社会资源有限的前提下，多元化的利益群体不可避免地相互竞争和冲突，社会分化的加速也必然在社会成员的思想观念和意识形态中有所反映，人们的价值观念、思维方式、人文关怀等不断趋于多元化，一些与主流意识形态不同甚至是截然相反的价值观也会大量涌现。人们受到各种各样价值观的冲击，容易导致价值观体系混乱，从而无所适从，诱发许多社会问题，甚至是突发公共事件。

2.基层组织社会控制弱化、社会权威机构失衡是突发公共事件发生的体制性诱因

改革开放以来，我国社会基层组织的社会控制力呈明显的弱化趋势，尤其是在农村，乡村基层组织对农民的行政控制严重弱化。基层组织对群众的号召力、凝聚力和说服教育作用大大减弱。由于基层政权的权威性受到质疑，国家权威就很自然

地进入民众的视野。一些地方的基层领导缺少应有的责任心，对本地区、本部门群众关心的热点、难点问题知之甚少或明知却不管不问，致使一些理应在本地区、本部门解决的问题难以解决或无法解决。民众的利益一旦受损或遭受侵害，为寻求国家权威的保护，单个社会成员会意识到集体行动的重要性，体制外的群众对抗力量就会产生。尽管如此，群体性突发公共事件爆发还需要一定的启动因素，这些启动因素主要依赖具体的突发公共事件诱发性事件。

3.官僚主义作风和腐败现象严重是突发公共事件发生的政治诱因

近年来，上访、闹事等群体性公共危机事件增多，既有随着改革的深化，经济领域不可避免地出现一些纷繁复杂的矛盾和问题的原因；也有个别干部工作作风不实，脱离群众，腐化变质，从而导致干群矛盾激化的原因。从这个意义上讲，官僚主义、腐败行为也是致乱之源。官僚主义往往与腐败共存，其典型表现是：人在其位，不尽其职、不思其责；不顾客观实际，热衷于"政绩工程""形象工程""面子工程"；吃拿卡要，致使干群关系紧张；利用职权不择手段、索贿受贿、奢侈浪费；乱收费、乱摊派、乱集资，加重农民负担，促使矛盾激化等。

4.经济体制转轨与利益格局调整引发的一系列社会冲突是突发公共事件发生的经济诱因

随着经济体制改革的不断深化，社会阶层呈进一步分化趋势，由经体制转轨与利益格局调整引发的一系列社会冲突增加。尤为关键的是，我国的经济体制改革是从"做大蛋糕"开始的，普遍受益成了改革初期的基本特征，社会各阶层已经形成一种心理定式或心理期望，认为改革一定会同时带来利益均沾。原来被掩盖在"做大蛋糕"下面的社会各阶层之间的利益分化，在"分蛋糕"的过程中将逐步显露，各阶层之间的利益冲突也进一步加剧。由于缺乏解决社会冲突的制度化手段，且长期缺少理性解决冲突的意识形态话语环境和文化环境，很难进行对话和协商，也人为地强化了社会冲突的敏感性。

5.群众的民主意识不断增强，但政治参与能力相对较低，法制观念淡薄，是突发公共事件发生的文化诱因

改革开放以来，群众的民主意识逐步增强，对民主的要求越来越高，参政的愿望越来越强烈，但政治参与能力相对较低，法制观念淡薄。从社会心理学角度分析，群体性突发公共事件作为集体行为，参与人有安全感，即使有过激行为，也存有"法不责众"心理，不怕惩处。当群众之间、上下级之间出现利益摩擦或纠纷时，一些群众还错误地认为聚众闹事可以对领导造成压力，能引起重视并较快解决问题，使本来能在法律程序中得到解决的矛盾演化成突发公共事件。

6.各种具体的利益冲突是引发突发公共事件的直接诱因

各种具体的利益冲突作为导火索，直接引发突发公共事件，主要表现在以下几个方面：

（1）因对政府出台的政策、措施不满而引发的突发公共事件。在贯彻执行党和国家的重大方针政策，特别是直接关系群众切身利益的方针政策时，由于执行者认识上的偏差或方法上的简单粗暴，部分群众因利益受到损害而对方针政策产生不满，引发突发公共事件。

（2）因企业经营亏损、破产、转制而引发的公共危机事件。当停产、倒闭、被兼并企业的职工在工作安排和生活保障问题上得不到妥善解决时，很容易引发群体上访甚至闹事事件。

（3）因征地搬迁问题而引发的公共危机事件。随着城市化的推进，农村土地特别是城郊农业用地被大量征用为建设用地后，由于土地征用补偿、征地后劳动力的就业和安置等相关政策不落实、不配套，影响了村民的切身利益，从而引发突发公共事件。

（4）因社会保障机制不健全而引发的突发公共事件。下岗职工基本生活保障、失业保险、最低生活保障这三条"保障线"在一些地方没有真正实施，一些地方没有落实促进再就业的优惠政策，下岗职工再就业困难，部分群众的基本生活得不到保障，这就可能发生突发公共事件。

（5）因环境污染问题而引发的公共危机事件。随着环境问题日益严重和人们的环保意识日益提高，环境污染问题已成为引发群体性突发事件的一个新的诱因，此类事件的发生呈上升趋势。

二、税务机关突发事件的诱因

洪江在《试论税务危机的爆发诱因和化解策略》一文中，从不同角度分析和总结了税务机关突发事件的诱因。

1. 社会诱因

"熟人社会"是著名学者费孝通在《乡土中国》中提出的概念，指"人与人之间存在一种私人关系，人与人通过这种关系联系起来，构成一张张关系网"。"熟人社会"活动渗入税务部门主要采取两种方式：一是静态渗入法，即人们把子女、亲属、老乡等具有血缘或地缘关系的人员送入税务机关，待时机成熟时，再谋取私利；二是动态渗入法，即人们主要通过寻租或者公关方式与税务人员建立熟人关系，谋取私利。"熟人社会"活动较容易衍生为税务危机的导火索。第一，在"熟人社会"活动盛行的地方，税务人员可能根据熟悉程度区别执法，这就会恶化税收环境，进而造成税源流失。第二，为了谋取私利，纳税人常会采取"平时请、过节送"等手段来维持与税务人员之间的"熟悉"关系，这就变相地增加了生产经营成本，可能引发纳税人的生存或者发展危机。第三，对于具有血缘或地缘关系的熟人，税务人员往往难以公正执法；而对于利益攸关的熟人，税务人员又往往面临很多寻租和公关陷阱，这就很容易引发执法危机。

2.思想诱因

民间"税意"的觉醒、税法宣传的日益深入、高等教育的不断扩大，以及个人所得税、财产税等直接税比重逐渐提升，使得社会公众税收知识消化和吸收的渠道被无形拓宽，人们的税收知识素养得到强化。但这一强化过程多是在公众此起彼伏的"抵触情绪"中进行的。有调查显示，多数公众对我国的个税制度不满意，超过90%的被访者关心个税起征点调整。

3.媒介诱因

网络的出现宣示"媒介审判"时代的到来。"媒介审判"是一种新闻报道干预、影响审判独立和公正的现象，带有内容极端化的属性。由于社会公众对于弱势群体的同情，加之"仇权""仇富"等心理能量不断增加，一旦税务等公共部门成为事件主体，部分媒介就会借机发泄其对税务等所谓"特权部门"的不满，不遗余力地进行负面渲染。如果税务部门对事件处理草率或者不及时，那么民众的不信任情绪就会在媒介负面渲染的基础上找到释放点而一发难以收拾。比如"月饼税"事件，官方并没有"月饼税"的称谓，根据个人所得税法的规定，中秋节单位发放的月饼属于实物福利，应计入工薪所得计征个人所得税，但媒介将其塑造为独立的"月饼税"，导致公众将其理解为新税种而"不依不饶"。

4.制度诱因

我国目前实行的流转税和所得税双主体税制结构，具有明显的过渡痕迹，存在很多风险点，容易引发危机。在流转税方面，最近几年，媒体在分析国内商品价格高于欧美发达国家的原因时，曾将矛头直指增值税等流转税，如果处置不当，有可能成为危机的爆发点。在所得税方面，目前工薪阶层缴纳的个税占个税总额的比重超过50%，中低收入者仍是个税的主要承担者。以资本性收入为主的高收入者并未履行应尽的纳税义务，这与美国年收入10万美元以上的高收入群体缴纳的个税占个税总额60%的情况形成鲜明反差。如果处置不当，将会进一步激化公众的"仇富""仇官"心理。在财产税方面，遗产税和赠予税一直处于缺失状态，这在一定程度上加剧了贫富分化现象，越来越多的公众寄希望于税制调整来消除或缓解社会不公，近几年来围绕是否依托房产税调控高房价之争便是明证。

5.政策诱因

税政执行的偏差主要表现在：一是象征性执行。表面上政策宣传轰轰烈烈，但实际上税收政策并没有转化为可操作的具体措施，无法真正落在实处。二是选择性执行。执行者故意曲解税收政策的精神实质或者部分内容，采取"趋利避害"方式，执行对自己有利的内容，不执行或者少执行对自己不利的内容。三是附加性执行。执行者在解读和执行过程中，采用"搭便车"方式，故意添加上一些原政策所没有的内容，从而扩大了政策外延，改变了政策目标。四是替换性执行。执行者采用"偷梁换柱"办法，有意执行与原政策不相一致的内容，导致原政策出现扭曲和变异。税政执行偏差的危害很大，它使得既定的税收政策目标脱离了正确的轨道，稍有不慎就会触犯"众怒"，从而引发不必要的危机。

6.管理诱因

目前，各地都在积极推行税源专业化管理，主要采取各自探索的方式，由各试点区域的税务机关从操作层面进行实践和创新。但是，基于对专业化管理内在规律认识的差异性和局限性，各地试点时选择的路径、方法不尽相同，改革进度也存在差异，专业化管理改革试点呈现很大的不稳定性，隐藏着一些危机风险点，主要表现在两个方面：一是根据专业化管理改革的需要，各地反复进行税务部门管理机构调整，这会造成税务部门机构和人员的"内耗"；二是因为税务部门征管职能的调整和机构设置的变化，纳税人需耗费很大的人力、物力、财力和精力予以适应，容易引发纳税人的抵触情绪。

7.文化诱因

"心防"是指税务危机主体的内在文化素质，是处置和根治税务危机的软实力。目前，我国税务危机应对的"心防"根基很不牢固，具体表现为：第一，"无知"现象依然存在。受多重因素影响，与发达国家和地区相比，我国公众对税收知识的了解依然很有限，还存在一定的误区。危险往往产生于"无知"，当危机事件发生时，低下的危机文化素质使得当事人很难理智地解决危机，尤其是在第三方有意无意的误导下，当事人做出误判的概率很大。第二，"无能"现象比较普遍。由于危机爆发的概率并不大，税务部门和税务人员直接获取经验的机会很少，加上目前还没有建立起统一的危机案例库，税务人员获取间接经验的途径也很窄，所以一旦出现危机事件，税务部门和税务人员要么茫然不知所措，要么采取传统的"躲、堵、拖、封"做法，从而导致危机事件愈演愈烈。

第三节　突发事件的分类

一、突发事件分类的意义

不同类型的突发事件，其危急情形和造成的社会危害不同，政府和社会所采取的应对措施也不尽相同，特别是社会安全事件，与自然灾害、事故灾难、公共卫生事件相比，它在具体应对过程中有其特殊性。例如，自然灾害应急应以国家救助性和保护性措施为主，辅之以限制性措施；社会冲突应对则要求以国家限制性措施为主。因此，分类管理是中国"统一领导、综合协调、分类管理、分级负责、属地管理为主"原则的重要内容，也是对政府及其各有关部门履行职责、行使职权的重要依据，突发事件分类是国家应急管理体制的基础。探讨突发公共事件的类别，是探索突发公共事件的起因从而干预突发公共事件发生与自然演进的重要的结构化方式。

二、突发事件一般分类方法

关于公共危机的类型学划分，西方学者做过一些研究。荷兰莱登大学危机管理专家里尔·罗森塔尔将公共危机区分为四种类型：一是龙卷风型（快速发展，快速终结）；二是腹泻型（逐渐发展，快速终结）；三是长投影型（快速发展，逐渐终结）；四是文火型（逐渐发展，逐渐终结）。也有西方学者从危机情境中主体的态度角度，将危机划分为一致性和冲突性两类。一致性是指危机中的利益主体具有相同的要求，他们对待危机的态度是一致的，也容易采取一致行动，如抗震救灾等抵御自然灾害的行为。而冲突性则是指危机中存在两个或两个以上不同利益主体，他们有不同的利益取向，常常会因此而展开斗争，这也恰恰是危机产生的根源，如战争、革命等。

公共危机的类型学划分比较庞杂，不同学者依据不同的标准，给出了不同的分类。例如，从原因的角度，就可以对公共危机进行四种不同的类型划分，这四种类型划分依次递进，越来越细。

第一种，将突发公共事件简单划分为两种：一种是自然灾害（如地震、洪水、干旱等）；一种是社会危机事件（如社会动乱、战争等）。

第二种，将突发公共事件分为三种类型：一种是自然力产生的天灾，如洪水、地震等；另一种是人为造成的灾祸，包括全局性的或局部性的社会冲突；还有一种是以自然灾害表现出来的人为危机，如火车相撞、飞机失事、核泄漏等事故，以及大规模的突发性疫病流行所引起的公共卫生危机、三废排放造成的大规模生态灾害等。

第三种，主要依据外在或内在以及人为或非人为两项标准，将突发公共事件进一步划分为以下四种：一是外在原因造成的人为危机，如消费者抗议、产品退货等；二是外在原因造成的非人为危机，如地震、台风、洪涝灾害等；三是内在原因引起的人为危机，如劳资冲突、财务状况不佳等；四是内在原因引起的非人为危机，如车间爆炸、有毒物质泄漏等。

第四种，根据发生的原因不同，突发公共事件可以细分为五类：一是由于不可抗力引起的自然灾害，如强烈地震等；二是由于人的因素造成的重大事件，如飞机失事、火车出轨、煤矿爆炸、集体中毒、疾病流行等突发事件；三是由于人为因素造成的社会动乱，如党派纷争、民族冲突、宗教对抗等；四是由恐怖活动造成的危机，如美国的"9·11"恐怖袭击事件；五是由于国家或国家集团之间的武装冲突或战争造成的危机。

如果按照突发公共事件发生之前情境是否可以预测，又可以将其分为可预测的突发事件和不可预测的突发事件。按照突发公共事件波及的区域，可将其分为区域性突发事件、国家范围突发事件、全球范围突发事件等。按照突发公共事件发生的领域，可将突发事件分为政治性突发事件、经济性突发事件、宗教性突发事件等。而现代社会控制理论还将突发事件分为系统内部突发事件和系统外部突发事件。

我国学者关于突发公共事件的类型学划分，比较有代表性和影响力的是以下六种划分方法：

1.侧重从突发公共事件诱因的视角进行分类

有学者指出，从突发事件的诱因来看，突发事件的实质就是潜在的各种社会矛盾与社会问题积聚激化后的表现形式；或者说是冲突的人群试图通过非常规甚至极端的方式，促使有关政府部门解决长期没有解决的问题。我国目前突发事件主要是非政治性的，目的主要在于维护公民权利和利益，关注弱势群体，寻求社会平等，但也不能排除具有一定的政治目的，或寻求某一社会利益集团的局部利益。

在调研基础上，可以从突发公共事件诱因的视角，对目前我国突发事件进行分类，主要有五大类：（1）自然灾害型，主要包括自然灾害（洪涝灾害、地震等）、公共卫生事件（如非典疫情）等；（2）利益失衡型，主要包括罢工、集体上访、静坐、示威游行、集会等；（3）权力异化型，主要包括集体上访、示威游行、暴力抗法、刑事案件等；（4）意识冲突型，主要包括大规模群体冲突、妨碍公务、刑事案件等；（5）国际关系型，主要包括国家间的紧张局势、经济制裁甚至局部战争等。

2.主要从突发公共事件的视角进行分类

有学者指出，结合国内外先进的应急管理经验，根据突发公共事件的发生过程、性质和机理，可以将突发公共事件划分为自然灾害、事故灾难、突发公共卫生事件、突发社会安全事件以及经济危机五大类。需要特别说明的是，出于对产生原因不同、表现形式不同、应对措施不同三个因素的考虑，经济危机需要单独分出来，作为与突发社会安全事件并列的一大类突发公共事件，这样才能使突发公共事件的分类更为科学、合理。

在此基础上，有学者还指出，在突发公共事件的分类上，还需要注意以下三个方面的问题：（1）以上五大类突发公共事件彼此并不是截然对立的，它们相互之间呈现多元和共时的特征，在特定的情景下可能相互转化，即带来所谓的"涟漪反应"。（2）突发公共事件类型的具体规定，必须为新情况、新变化预留空间，并适时调整和更新。现代社会在一定意义上说是高风险社会，随着形势的不断发展，突发公共事件的不确定因素将不断增长。（3）政府应急管理体系应当以突发公共事件为中心，在科学总结、归纳各类突发公共事件的特点、发展规律和应对机理的基础上，加强各类突发公共事件的应急管理机制建设以及相互之间的协调、配合与衔接。

3.主要从突发公共事件标准的视角进行分类

有学者指出，不同的分类标准产生不同的突发公共事件类型，并对突发公共事件的类型进行了较为全面的总结。在此基础上，该学者提出按综合标准对突发公共事件进行划分，选取突发事件状态的结构复杂程度、性质以及控制的可能性等指标，将突发事件划分成结构不良性突发事件和结构良好性突发事件两类。

具体来说，所谓结构不良性突发事件，通常是指具有以下基本特征的危机状态：（1）危机是因为现实问题发生的，但诉求的目标是非现实的、难以达到的；（2）危机涉及社会核心价值的争论，非短期内可以辨清；（3）危机问题是历史遗留下来的，是长期悬而未决的；（4）危机涉及的利害关系人较多；（5）危机是复合型的，具有诸多矛盾聚合的特征；（6）解决危机的方案有限，并具有风险性和不确定性，难以寻找到易为双方接受的妥协性方案；（7）危机的发生，就其影响范围而言具有全局性；（8）对立双方社会动员程度较高，参与人群较为广泛；（9）组织化程度较高，如建立非法社团、反抗组织甚至军事组织等；（10）使用大规模群众性游行、示威、罢工、宣传等非法手段，有可能失控并有发展为非法及诉诸暴力冲突的倾向；（11）有较高程度的意识形态冲突；（12）存在外来势力的介入；（13）危机持续时间较长，对抗系数不断升高；（14）危机双方的沟通与协商困难或已中断；（15）危机的升级已不可避免；（16）危机的发展对社会秩序和政治体制影响较大或很大，一旦失控，可能导致社会发生体制性变革；（17）危机管理方选择了零和决策方案，致使危机发展趋于失控。而所谓结构良好性突发事件，具体是指危机并非历史久远、长期积累的问题，涉及核心价值和根本原则程度较低，涉及的问题较单一，涉及范围有限，对立双方的社会动员程度较低，冲突双方存在沟通和协商的可能性，对社会和政治体系的影响具有非根本性、不会导致体制激烈变革或对政权产生严重冲击等特征。面对此类危机，政府控制危机局势的难度相对不大，但是如果处理不当，也存在转化为恶性不良危机的可能性。

4.主要从突发公共事件类别划分原则的视角进行分类

有学者指出，对突发事件进行类型划分时，一般应坚持实质相关、完备或穷尽、互斥或不相交、一致性（即避免跨类错误）、层级差别等五项原则。从公共管理的角度，考虑上述原则，可以将突发公共事件划分为五大类：政治性突发事件、宏观经济性突发事件、社会性突发事件、生产性突发事件及自然性突发事件。

5.主要从自然的还是人为的突发公共事件的视角进行分类

有学者指出，人们一般把突发事件划分为自然的和人为的危机。区分自然的或者人为的危机的主要标准在于，视导致某种灾难或者危机的直接原因是否可以确认是人的行为。

以下几种类型的突发事件由于其对人类的危害程度较深而引起人们的普遍关注：（1）地质和气候因素所引起的危机，典型的包括地震、海啸、洪水、热带风暴、火山爆发、山体滑坡等；（2）环境因素所引起的危机，典型的包括旱灾、饥荒、环境的恶化、沙漠化、害虫灾害等；（3）工业和技术系统的失败所引起的灾害和危机；（4）战争和冲突引发的危机，如军事入侵、暴动、恐怖主义等；（5）大规模的传染病所引起的公共卫生事件。

6.主要借鉴联合国的分类方法进行分类

有学者指出，突发公共事件的内涵偏重于紧急事件或灾难，兼有自然灾害和人为破坏的双重因素。参照联合国的分类，主要包括：（1）自然灾害，又可分为地质方面：地震、火山爆发等；水文气象方面：洪涝等；生物学方面：瘟疫、流行病等。（2）技术灾难，来自技术或工业事故，如爆炸、火灾、污染、辐射、泄漏等导致的丧生、受伤、财产受损或环境破坏。（3）环境恶化，人类行为导致的环境和生物圈破坏，如森林大火、生物绝种、资源破坏等。

本书依据《国家突发公共事件总体应急预案》的规定，将突发公共事件划分为自然灾害、事故灾难、突发公共卫生事件和突发社会安全事件四大类。

三、税务机关突发事件的类型

1.税务机关突发事件的主要类型

税务机关组织性质的特殊性、工作内容的差异性等使税务机关突发事件具有一定的特殊性。一般来说，税务机关要应对的突发事件主要有以下几类：（1）纳税人集体（一般为10人以上）到税务局或政府部门上访或罢市；（2）税务局工作人员执行公务时，被围困、围攻或遭遇暴力等抗税行为；（3）税务局范围内发生抢劫、伤害、打架斗殴等治安事件或者税务局工作人员发生意外伤亡；（4）相关区域范围内发生自然灾害或税务局办公楼发生火灾及公务用车发生重大交通事故等；（5）纳税人在税务局办税过程中与税务局工作人员发生矛盾，引起争吵、行为失控，现场工作人员无法劝阻，严重影响正常办公秩序；（6）因计算机硬件故障、数据库操作系统错误、网络设备故障或一些不明原因而导致服务长时间（一般为1小时以上）停止，严重影响正常办理涉税事宜；（7）办公大楼重要设备设施，如供电、供水、电梯等出现重大故障，严重影响税务局正常办公；（8）其他发生地点敏感、人员身份特殊、社会影响较大的特殊情况及对税务局造成较大经济损失的情况。

2.办税服务厅常见突发事件的类型

在税务机关组织结构和岗责体系中，突发事件应对工作划分在办公室的工作范围和职责内。但是，由于税务机关办税服务厅的工作内容、工作环境、人员特点等因素，税务机关办税服务厅是突发事件比较频发的场所。税务机关办税服务厅的突发事件类型又有一定的特殊性。

办税服务厅的突发事件是指突然发生的影响或者可能影响办税服务厅纳税服务

窗口正常工作的紧急事件，主要包括以下几类：（1）税收业务类，主要包括办税服务厅人员在受理税务登记、申报征收、认证报税、发票发售、发票代开、文书受理等税收业务时，由于各种原因不能及时处理，造成纳税人在办税服务厅内严重排队、拥挤等。（2）信息网络类，主要包括办税服务厅应用的各类软件因网络不通畅、机器故障、断电等原因无法正常运转，影响办理正常业务。（3）公共安全类，主要包括发生大声喧哗、吵闹、打架斗殴、寻衅滋事等各类不文明现象，影响办税服务厅正常税收工作秩序。（4）事故灾害类，主要包括火灾、水灾、雷电、爆炸、触电、疫情等。（5）其他类，其他影响或者可能影响办税服务厅正常工作的紧急事件。

第四节　突发事件的分级与分期

一、突发事件的分级

按照《国家突发公共事件总体应急预案》的规定，主要突发公共事件可划分为自然灾害、事故灾难、突发公共卫生事件和突发社会安全事件四大类。按照国务院《特别重大、重大突发公共事件分级标准（试行）》的规定，为了有效处置各类突发公共事件，对突发公共事件进行分级管理。依据突发公共事件可能造成的危害程度、波及范围、影响力大小、人员及财产损失等情况，将突发公共事件由高到低划分为特别重大（Ⅰ级）、重大（Ⅱ级）、较大（Ⅲ级）、一般（Ⅳ级）四个级别。

特别重大突发公共事件（Ⅰ级）：指突然发生，事态非常复杂，给国家公共安全、政治稳定和社会经济秩序带来严重危害或威胁，已经或可能造成特别重大人员伤亡、重大财产损失或严重生态环境破坏，需要国家和政府统一组织协调，调度各方面力量和资源进行应急处置的事件。

重大突发公共事件（Ⅱ级）：指突然发生，事态复杂，对一定区域内的公共安全、政治稳定和社会经济秩序造成严重危害或威胁，已经或可能造成重大人员伤亡、重大财产损失或严重生态环境破坏，需要调度多个部门、相关单位力量和资源进行联合处置的紧急事件。

较大突发公共事件（Ⅲ级）：指突然发生，事态较为复杂，对一定区域内的公共安全、政治稳定和社会经济秩序造成一定危害或威胁，已经或可能造成较大人员伤亡、较大财产损失或生态环境破坏，需要调度个别部门、力量和资源进行处置的事件。

一般突发公共事件（Ⅳ级）：指突然发生，事态比较简单，仅对较小范围内的公共安全、政治稳定和社会经济秩序造成严重危害或威胁，已经或可能造成人员伤亡和财产损失，只需调度个别部门、力量和资源就能处置的事件。

此外，在对突发公共事件分级管理的基础上，我国还针对突发公共事件建立了

税务机关突发
事件应对
18

一套四级国家威胁预警系统。按照《国家突发公共事件总体应急预案》《国家突发社会性安全事件应急预案》等的规定，依据突发公共事件即将造成的危害程度、发展情况和紧迫性等因素，由低到高划分为一般（Ⅳ级）、较重（Ⅲ级）、严重（Ⅱ级）、特别严重（Ⅰ级）四个预警级别，并依次采用蓝色、黄色、橙色、红色来表示。

蓝色等级（Ⅳ级）是指：预计将要发生（Ⅳ级）以上突发公共事件，事件即将临近，事态可能扩大。黄色等级（Ⅲ级）是指：预计将要发生较大（Ⅲ级）以上突发公共事件，事件已经临近，事态有扩大的趋势。橙色等级（Ⅱ级）是指：预计将要发生重大（Ⅱ级）以上突发公共事件，事件即将发生，事态正在逐步扩大。红色等级（Ⅰ级）是指：预计将要发生特别重大（Ⅰ级）以上突发公共事件，事件会随时发生，事态正在不断扩大。对应突发公共事件的四个预警级别，我国建立了四个级别的预警分级响应制度。

二、突发事件的分期

突发事件的应对是一个动态过程。任何一个突发事件都有一个酝酿、爆发、发展、减缓的过程，而只有对每一个阶段进行区别与划分，才能制定与执行符合各个阶段特点的应急处置策略。因此，对突发事件进行阶段性分期，是政府有效执行应急措施的基础，也是不断深化应急管理工作的基础。

任何事物都有自身的发展规律和发生、发展、消亡的过程，突发事件也不例外。了解危机的发展规律，把握不同阶段危机的特性和趋势，才能扼住突发事件发展的"咽喉"，有针对性采取措施。突发事件的生命周期主要有三种划分方法：

第一种，三阶段模型：依据突发事件自身的表象，将突发事件划分为事前、事中、事后三大阶段，每一阶段可划分为不同子阶段，分别采取相应的预防、应对、改善措施。

第二种，四阶段模型：征兆期，有线索显示有潜在危险的突发事件可能发生；发作期，具有伤害性的事件发生并引发危机；延续期，突发事件的影响持续，同时也是努力消除影响、降低损失的过程；痊愈期，突发事件已经完全解决，恢复、总结、完善、提高。

第三种，五阶段模型：从管理角度出发，可以将突发事件分为五个阶段：信号侦测，识别危机发生的警示信号并采取预防措施；探测和预防，组织成员搜寻已知的危机风险因素并尽力减少潜在损害；控制损害，在危机发生阶段，组织成员努力使其不影响组织运作的其他部分或外部环境；恢复阶段，尽快让组织运转正常；学习阶段，组织成员回顾、审视并整理所采取的危机管理措施，使之成为今后运作的基础。

综合国际经验并结合我国自身的特点，《中华人民共和国突发事件应对法》（以下简称《突发事件应对法》）和《国家突发公共事件总体应急预案》将突发事件的发展过程划分为预防与应急准备、检测与预警、应急处置与救援、事后恢复与重建四个阶段（见表1-1）。

表 1-1　　　　　　　　　　　　突发事件的阶段划分

分期	发生阶段	主要任务	机制设置	内　容
酝酿期	事前	预防与应急准备	防范事件的发生	应急预案体系；城乡规划符合预防与应急管理的需要；预防并防范潜在隐患；完善应急培训、演练、教育体系；确保应急人员、物资、经费到位；建立巨灾风险保险体系；人才培养与科学开发等
爆发期	事发	监测与预警	及时控制事件并防止其蔓延	突发事件信息系统；突发事件信息收集、报告、评估制度；监测制度；预警制度；社会安全事件信息汇报制度等
缓解期	事中	应急处置与救援	最大限度降低事件损失	应急处置机制；各类事件应急处置措施；应急协作机制；信息发布；禁止编造、传播虚假信息；群众性基层自治组织应急职责；有关单位的应急职责；公民应当履行的义务等
善后期	事后	事后恢复与重建	尽快恢复正常秩序并从灾难中学习	损失评估和组织恢复重建；支援恢复重建；善后工作；调查、应急处置工作总结等

通过对突发事件进行分期，可以将政府及其有关部门的任务分解到不同的阶段中，科学地设置各个阶段的应急管理机制及内容。

1.酝酿期：预防与应急准备

预防事件的发生是突发事件管理的内在要求。预防与应急准备是应对突发事件的基础性工作。做好这一工作，一方面可以避免突发事件的发生；另一方面即使突发事件发生了，有预防和应急准备，也可以更快速、有效地应对，进而减少人员伤亡和财产损失。

2.爆发期：监测与预警

许多突发事件的发生都是有苗头和征兆的。第一，通过监测与预警，可以做到早发现、早报告、早预警、早处置，大量的突发事件就可能被消除或者被控制在萌芽状态，一般性突发事件就不至于演变成重大突发事件；第二，健全的预警制度是做好突发事件应急响应的依据；第三，面对不可预测的事件演变过程，政府相应做出行为调整并让公众知晓，这不仅是应对突发事件的需要，也是降低管理成本、保护行政相对人权益的措施之一。

3.缓解期：应急处置与救援

突发事件发生后，首要的任务是有效处置，最大限度地减少损害，防止事态扩大和次生、衍生事件的滋生，这包括采取各类控制性、救助性、保护性、恢复性的应急措施，建立社会各方面的应急协作机制，明确公民的应急责任与义务等。

4.善后期：事后恢复与重建

在处置工作结束后，要尽快恢复生产、生活、工作秩序，制订恢复重建计划并修复公共设施；同时，还要进行整体的、系统的评估，便于将来从中学习，避免类似事件的发生或者降低同类事件带来的损失。需要强调的是，应急管理的周期，即"预防与应急准备–监测与预警–应急处置与救援–恢复与重建"是一个循环的、无始无终的过程。科学的恢复重建就是最好的预防和准备，实事求是的总结、评估会提高今后的监测、预警和应急处置水平。加强应急管理可以从突发事件的任何一个阶段切入，而不应该教条地按部就班。

第二章
突发事件的预警、预控与应急预案

【学习目标】
◇ 掌握突发事件预警的步骤和方法
◇ 熟悉应急预案的内容
◇ 了解预警、预控、预案的不同作用

【案例导引】

自 2007 年元旦以来，流感在北京市呈现高发趋势，北京市各医院接诊的呼吸道传染病患者人数持续走高，全市每日有近 5 000 人被流感病毒击倒。针对这种情况，北京市卫生局 9 日紧急启动应急预案，对呼吸道传染病人加强监测。据北京市疾病控制中心监测显示，截止到 1 月 6 日，北京市 67 家医院的内科、儿科、急诊累计监测病人 251 万多人次，符合流感样病例的有 68 374 人。元旦后，流感样病例进一步增加，占监测病人总数的 7.29%。

以北京市二级以上医院，医疗机构内科、儿科、急诊日门诊数计算，北京市每日就诊流感样病例 4 700 余人，其中 15 岁以下儿童占全部病例的 58%，60 岁以上老人占 5%。北京市卫生局紧急启动的应急预案要求，在流感高发期，北京市各区（县）疾病预防控制机构的呼吸道传染应急小分队 24 小时值班，保持高度戒备状态，对集体发热事件报告及时开展流行病学调查和处置。北京市卫生局要求各大医院落实首诊负责制，增加接诊医务人员，为患者提供方便快捷的治疗，同时预防院内交叉感染；社区医院应做好人员和药品储备，鼓励症状较轻的感冒病人到社区医院就医；预防接种门诊继续做好流感疫苗接种服务工作，满足市民接种流感疫苗的需要。

北京市卫生局、北京市教委同时要求强化中小学生每日晨、午检制度，学校一旦发现流感样病例学生，要及时通知家长带孩子就医，并在家休息。各学校一旦发现集体发热病例，要及时向属地疾病预防控制机构报告。

北京市卫生局对应急预案的及时启动以及加强监测、开展流行病学调查和处置等措施的采取，有效地控制了流感的蔓延。

资料来源　中华人民共和国人力资源和社会保障部，中国高级公务员培训中心. 公务员突发事件应对培训教程［M］. 北京：人民出版社，2009.

从第一章的介绍中，我们知道突发事件具有突发性和紧急性、不确定性和易变性、群体性、连锁性以及危害性和破坏性等特征，其涉及面广泛、破坏力强、所造成的影响深远。因此，面对来势凶猛的突发事件，相关部门建立必要的突发事件应对机制，采取一系列必要措施，防范、化解突发事件，恢复社会秩序，保障人民正常的生产和生活，就显得尤为重要。

从防范突发事件到化解突发事件，再到采取一系列措施恢复重建，这一过程就是应急管理。一般而言，应急管理依据突发事件的发展阶段而设计，分为突发事件发生前的预警和防范、突发事件爆发时的回应与处理以及突发事件平息后的恢复和重建。

本章从突发事件的预警与事前管理角度介绍突发事件的防范。首先，建立突发事件的预警体系，树立危机意识，对可能引发突发事件的征兆进行监测与评判，预报将不可避免发生的危机。其次，进行突发事件的事前管理，主要包括两个方面：一是针对突发事件的征兆采取行动以阻止危机的发生，即进行突发事件事前的预防或预控；二是针对不可避免的突发事件，事前制订应急管理计划，做好突发事件应对的准备工作，以减轻突发事件的危害程度及缩短突发事件持续的时间。

第一节　突发事件预警体系的建立

应急管理不同于应急处理，人们总是习惯将突发事件的应急处理当作应急管理。例如，政府对2003年出现的公共卫生突发事件的处理就被称为政府危机管理，那其实只是政府面对突发事件的应急处理或危机处理。突发事件处理得好，应急管理却可能不合格。如果把应急管理看成一场"防御战争"，突发事件预警与突发事件处理就构成应急管理的两道基本"防线"。突发事件预警采用的是积极防御的战略，而应急处理采用的是固守防御的战略。可见，只重视突发事件处理而轻视积极防御的应急管理是不足取的，应急管理应优于应急处理。

成功且有效的应急管理应该是先发式的，而非反应式的。鲁道尔和安托克尔将决定应急管理是否有效的关键因素归纳如下：（1）良好的规划。如规划中考虑了所有可能性，建立了相关单位的联络等。（2）掌握情势。如应急管理者主动了解当前的潮流，以便及时确认危机先兆，能在危机的严峻形势下找到核心问题所在，并能在危机中找到机会等。（3）良好的人员。如危机管理者训练有素等。（4）有创造性。这是指危机管理者有信心，并主动、积极地进行公关处理等。（5）良好的检测。这包括测试计划与人员、评估与修改计划。（6）恢复正常状态。这包括做好事后评估、明确责任、分析可能产生的影响等。

特别要指出的是，应急管理者要主动了解当前的形势，把握突发事件发生的征兆。所谓征兆或警讯，就是某一种情况有演变成危机的潜在可能性。机敏的应急管理者一旦侦测到突发事件的征兆，就会采取行动予以化解，假如一切顺利，就可以说成功地防止了危机发生。可见，应急管理必须包括一个机制或系统，用以侦测和监督危机信号。这个机制或系统就称为突发事件应急管理的预警系统。该系统的建立有助于应急管理小组及时收集和评判有关突发事件的各种信息，提前发出危机预警，以便将危机消灭于无形；当危机发生不可避免时，该系统有助于及时采取应对措施，以减轻危机所造成的损害。从经济学角度讲，只有建立突发事件预警系统，应急管理才能最节约成本，从而也才是最有效率的管理活动。

所谓突发事件预警，就是有关部门采用定量与定性相结合的方法，对突发事件的诱因及突发事件的征兆进行事先的监测和评判，并由此发出警示的管理活动。一般而言，突发事件预警有两个功能：一是预报；二是警报。所谓预报，就是对潜在的突发事件（潜在的突发事件是指有可能发生，也有可能不发生的突发事件）提前发出警报，即预报会有突发事件发生，需做好预防和应对准备。所谓警报，则是对已经发生的突发事件发出警报，告知公众突发事件已经发生，要立刻采取措施应对。突发事件预警是突发事件预控的基础。

突发事件预警系统主要有危机监测、危机评判、危机预报三个子系统构成。

对于定量分析而言，相关部门需要在对各种风险因素进行初步分析的基础上，根据自己的实际情况，将容易引发突发事件的风险因素和潜在影响较为严重的风险因素确定为监测对象，并建立相应的预警指标体系，对不同的指标确定不同的预警标准。在通过各种渠道收集相关信息的基础上，对突发事件的危险程度进行评估；一旦危险超过预警标准，就发出危机预报，并立即着手开展危机预控。风险初步分析、建立预警指标、确定预警标准、收集相关信息等工作由危机监测子系统完成，危机评判子系统和危机预报子系统完成相应的危机评估和危机预报及预控工作。

对于定性分析而言，由于定性分析是对各种风险因素的描述，它将贯穿危机预警过程的始终。

一、突发事件监测子系统

突发事件监测子系统的职能是通过对突发事件诱因、突发事件征兆的严密观察，收集并整理与突发事件有关的各种信息和信号。所以，突发事件监测也叫危机信号侦测。这是应急管理过程中极为重要的一部分。突发事件应急管理成功与否，很大程度上就取决于是否侦测到危机信号。应急管理者应通过各种渠道，对主要的突发事件诱因、突发事件征兆进行全过程侦测。

1. 风险的初步分析

风险无处不在，私人部门如此，公共部门也是如此。在进行风险初步分析之前，相关部门必须培养危机意识。这是进行风险分析乃至应急管理的前提。的确，公共部门不会发生企业通常会发生的那些危机，比如公共部门不会因销售业绩不佳而导致利润下降，不会在研发新产品时出现技术失败，也不会因设备投资过多以至于负债累累，更不会在公共危机发生后被其主管部门撤销。但是，公共危机的发生也不是极其偶然因而可以被忽略的。从纵向看，历史上就出现过规模一次比一次大、范围一次比一次广的由传染病流行所引起的公共卫生危机；从横向看，食品安全危机、公共交通安全危机、火灾、水灾、地震、恐怖袭击、战争……层出不穷。公共危机所造成的恶劣后果与企业危机相比，有过之而无不及。频繁出现的公共危机从表象上看是突然爆发的，但是，"冰冻三尺，非一日之寒"，任何事物都有从量变到质变的过程。

因此，只有具备危机意识，才能注意身边的风险，才能甄别危机的征兆。危机意识的培养可以从两个方面着手：第一，积极灌输危机意识，使有关部门的最高管理层、具体职能部门领导人以及每位工作人员都具备居安思危的意识；第二，主动营造危机氛围，以激励组织内部工作人员的活力和创造力。只有这样，才能在平时的工作中防微杜渐、临危不乱。

危机意识是指主体（人、组织、政府）在主观上注意或警惕不利于主体或危及主体生存事件发生的自觉性，并及早采取相应的措施或做出反应，以此来避免这种事件的发生；即便无力阻止事件的发生，也要尽量避免或减轻由此给主体造成的损失与伤害的认知活动。危机意识具体包括主体的前瞻意识、忧患意识、责任意识和积极主动的防范意识等。税务干部的危机意识在突发事件应对过程的每一个阶段，作用是不尽相同的。

在突发事件预防阶段，税务干部的危机意识有助于其自觉规范行政行为，减少突发事件的发生。税务机关同其他组织一样，在其运行过程中，大多数情况下都处于一种正常状态，但是，由于存在种种不可控因素或者是人为的疏忽，这种正常状态有随时被打破的可能性，进而会导致非正常状态即突发事件的发生。不可控因素如突然断电、征税系统瘫痪等；人为因素如工作态度不端正、工作习惯不好等。如果税务干部有较强的危机意识，对于不可控因素引发的突发事件会做好预案并及时启动预案；对于人为因素可能引发的突发事件，税务干部可以通过自身行为的规范减少甚至避免其发生。

在突发事件萌芽阶段，税务干部的危机意识有助于第一责任人及时应对，采取有效措施防止事态升级。突发事件发生后，不同的组织反应及应对行为也不尽相同。一些税务机关在遇到突发事件时，能做到及时有效地应对；而有的税务机关在遇到突发事件时却反应迟缓，仓促应对，最终使组织和有关领导、相关责任人陷入困境。突发事件发生后，其危害往往呈现不断扩大的趋势，因此需要在第一时间做出反应，采取有效的应对措施。及时应对不仅可以将各类突发事件对税务机关的危害降到最低，还可以避免丧失最佳应对时机。税务干部只有具有较强的危机意识，才会及时介入，进而有效应对。

在突发事件发生后，税务干部的危机意识有助于税务机关规范、全面地应对突发事件，消除消极影响，尽快恢复组织正常运行。

危机意识在税务干部应对突发事件的每个阶段都起着至关重要的作用，税务机关应不断探究税务干部危机意识培养的有效途径和方法。

第一，理论教育与实际演练相结合。要培养税务干部的危机意识，就应该对税务干部进行相关教育，使每一名税务干部都了解该领域的基础知识及突发事件应对的基本常识。有了应对各类突发事件的基本知识和方法，并不意味着就能在突发事件发生时正确运用这些知识和方法，达到预期目的。要使危机意识固化于心，并能切实指导税务干部应对突发事件，离不开实际演练。在对基层税务机关的实地调研中，我们发现，90%以上的税务机关没有针对各类突发事件进行演练，有的税务机关认为没有必要，有的税务机关认为没有时间，还有的税务机关认为没有经费保障等，其实这都是缺乏危机意识的外在表现。

第二，对已发生的案例进行反思和学习。从个体的学习效果看，自身的经历比学习教材上的案例更有效率。发生在税务干部身边的真实案例，尤其是税务干部亲身经历的案例，是培养税务干部危机意识的最好切入点。突发事件具有突发性特征，这使它有可能伴随每个税务干部的整个职业生涯。可是，因为各类突发事件属于小概率事件，很容易被人忽略掉。发生在税务干部身边的案例对税务干部具有较强的刺激性，对发生在身边的案例进行反思和学习，有利于税务干部危机意识的培养。

第三，建立和完善责任追究制度。要将危机意识落到实处，还需要制度的约束。危机意识的培养也有软硬两种手段，如果说主动学习突发事件应对的理论、知识、方法，进而固化自己的危机意识、提升自己的应对能力是主动的、柔性的培养手段，那么完善的责任追究制度就是危机意识培养的硬约束。在突发事件应对过程中，每个税务干部都可能遇到私人利益和公众利益相互冲突的问题，也可能滋长侥幸心理，这就可能导致危机意识丧失。要避免这种情况，就需要科学、合理、严格的制度约束。建立和完善应急管理中的责任追究制度，将突发事件应对过程中的各个环节、各个岗位的权责用制度加以规范，把责任落实到具体的人，并进行定期评估，加强制度约束。

第四，积极实现纳税人对税务干部的监督。危机意识虽然是人的一种内隐的心理状态，但它可以通过人的一系列外显性行为表现出来，进而可以被监督和评价。反过来讲，习惯性行为也可以强化人的意识。选择合适的主体对税务干部的行为进行监督，有利于培养税务干部的危机意识。

风险的初步分析的主要作用是确认风险。风险既可以来源于公共部门内部，如内部高层人事调整，公共部门工作人员贪污、携款外逃等；也可以来源于外部——社会方面与政治方面。不同风险的危险程度是不一样的。有些风险的释放会对人民的生命财产造成严重的后果，并将影响社会的稳定，为社会所不能承受；而有的风险对大多数人的生产和生活造成的冲击较小，对社会稳定的影响程度较低，能被社会所接纳。对于公共部门的应急管理来说，重点是前者。

为了有效开展突发事件危机预警，相关部门有必要对其面临的各种风险进行初步分析。表2-1根据风险的危险性对不同的风险进行分类，危险性大的风险应成为危机预警管理的主要对象。

表 2-1　　　　　　　　　　　　**不同风险的危险性**

危险性较小的风险	危险性较大的风险
自愿承担的	非自愿承担的
十分熟悉的	不熟悉的或新生的
可控的	不能控制的
由感觉到风险存在的人承当责任	由别人管理
按比例公平分担后果	似乎存在分配不平等的利益和成本
对其恐惧感极低	令人非常害怕
长期或习惯性存在	突然或在意想不到的情况下开始
散布于整个有形地理空间或到处出现	特定区域并引人瞩目
暴露期短暂	暴露期较长（且造成重大影响需要很长时间才能逐渐显露）
自然界的一部分	人为的
能用行动对抗的	不受管理行为约束的
能触知的	不能感触意识到的

资料来源　赵平则. 危机管理［M］. 太原：山西人民出版社，2005.

2.预警指标的建立

确定了危机预警的监测对象，就应针对不同的监测对象建立相应的预警指标。预警指标的设计应遵循以下原则：（1）科学性。所选择的预警指标应能有效地反映政府和社会的真实运转情况，数据来源确凿，且便于操作。（2）概括性。预警指标应具有较高的概括性，尽量避免内容重复的指标。（3）系统性。突发事件一般由多种诱因导致，这些诱因又常常纠缠在一起，相互作用。在这种情况下，准确、灵敏地开展危机预警，就要求各项预警指标相互联系、相互补充，构成一个有效的指标体系。（4）可比性。孤立的指标对于公共危机预警意义不大，所选择的预警指标应具有较强的可比性，既便于开展纵向比较，也便于进行横向比较。另外，为了方便比较，所选指标应能够量化。

例如，美国联邦金融机构检查评议委员会按照资本充足性、资产质量、管理能力、营利性、流动性、市场风险敏感性六个指标，将银行评定为五个等级。再如，评判由人为因素引发的社会冲突，人们通常采用基尼系数和恩格尔系数这两个指标。

3.预警标准的确定

在选定了具体的指标体系之后，需要依据社会发展历史数据和资料以及现行的国际平均水平，确定各指标的预警线。对于一些难以量化的指标，也应确定便于识别和判断的预警线。是否超过预警线是判断是否开展危局预报的标准。

4.相关信息的收集

确定预警标准离不开对相关信息的收集，广泛收集相关信息是进行危机预警的前提。信息收集的途径有多种，既包括传统的大众媒体，又包括新兴的互联网；既包括利益相关者的抱怨与批评等外部渠道，又包括组织内部提供的数据以及内部人的看法、建议等；既有日常的信息传递和沟通渠道，又有特定时期的专项调查等。总之，要从多种渠道、多个角度收集相关的信息，以便从中发现危机的先兆。

二、突发事件评判子系统

突发事件评判子系统的作用是，在对大量监测到的危机信息进行有效整理的基础上，通过对相关信息的分析，对未来可能发生的危机类型及危害程度进行估计。

1.相关信息的整理

从多渠道、多角度收集到的危机信息，只有经过系统的整理才能发挥作用。信息整理应注意以下问题：

（1）对信息的真实性进行甄别。如果不同的信息之间存在矛盾，那么信息的真实性就必然受到怀疑。如果信息的来源缺乏客观性，或者信息传递的环节众多，又或者信息传递者与信息的内容有很强的利益相关性，信息在传递过程中就可能受到较强的干扰，那么信息的真实性也就存在问题了。因此，对于收集到的危机信息，要有一个去伪存真的甄别过程，排除那些虚假信息。

（2）对信息进行归类。在对危机相关信息的真实性进行确认的基础上，需要对不同的信息分门别类地进行存储，做到信息的系统化、条理化，便于开展危机评估工作时使用。

（3）注重重要的危机预警信号。在对相关信息进行整理的基础上，管理者需要对危机预警信号给予关注。当然，并不是所有的预警信号都会转变成危机，如果危机管理者不放过任何一个微弱的信号，就可能导致决策不果断，因此管理者要对那些重要的危机预警信号给予格外关注（见表2-2）。

表 2-2　　　　　　　　　　主要危机预警信号与潜在危机之间的对应关系

预警信号	潜在危机
人口增长快，失业率过高	社会动乱
吸毒、贩毒活动猖獗	公共安全问题
卫星气象云图异常	自然灾害
预防疾病的投入少、公共预防体系瘫痪	传染病大流行
食品中毒事件频繁发生	健康与安全危机
忽略消防设施的检测	火灾
放任企业排放污染物	人类生存环境恶劣、意外事故、抗议
公共部门没有危机管理计划	危机管理不当、消极的媒体报道、声誉受损

资料来源　赵平则. 危机管理［M］太原：山西人民出版社，2005.

2.潜在危机的评估

对于潜在危机的种类及危害程度进行评估，既可以采用定性的方法，也可以采用定量的方法，还可以将二者结合起来。

（1）专家意见法。这是一种较为有效的定性分析方法，通过征询组织内外部有关专家的意见，确定潜在危机的类型及危害程度。此种方法适用于无法确定量化预警指标的风险评估，通常有头脑风暴法和德尔菲法。

（2）危机危害程度表法。美国学者史蒂文·芬克以企业危机冲击度和危机概率两大变量构建了四个象限，用来评估危机可能造成的危害和可能发生的概率。他对危机管理者提出的建议是，应该集中精力来处理第一象限的危机。

组织对危机冲击的忍受度可以分为五种：高度可承受、中度可承受、低度可承受、不可承受和绝对不可承受。危机发生的概率可以分为三种：低度发生的可能、中度发生的可能和高度发生的可能。通过可承受度与可能发生的概率，可以区分出不同危险层级的风险，并用不同的颜色表示。尽管每一个组织都想管理所有的风险，但是时间和资源有限，因此只能应对那些被列入优先考虑范围的风险，比如红色区的风险就必须特别注意，尽量在危机爆发前摆脱困境。如果危机事件出现在橙色区域，管理者就必须加强危机诊断工作，因为这类危机发生概率较低，可能很多年才发生一次，但是一旦发生，后果就很严重。这是管理者特别要警惕的部分。灰色区域的危机事件对管理者而言严重性不高，但发生的频率偏高。如果一个组织或部门的危机事件常常出现在这个区域，则意味着该组织或部门大错不犯、小错不断，日常管理能力有所欠缺。绿色区域是相对安全的，也可以说是危机情势最低的地方。

三、突发事件预报子系统

突发事件预报子系统的职能是，根据危机评估的结果，对危机发生概率较低、危害程度较大的潜在突发事件，向社会发出预报，提请管理者注意，并提前采取预控措施。对发生概率高、危险程度较大的危机，要立即发出警报，向广大潜在受害者和危机反应者告知突发公共事件可能已经发生，以及拟采取的应对措施。

预报与非紧急状况相对应，是一种经常发布的危机预测报告，应急管理者将根据发布的危机预报调整和修订危机预控计划，以常态管理方式继续进行危机预控；警报与紧急状况相对应，警报一旦发出，公共部门的正常工作秩序就要被打破，并且要紧急动员，抽调人、财、物，迅速投入到反危机工作中。所以，这两种危机预报形式所反映的管理方式是不同的，所得到的结果也是不同的。不能用预报代替警报，是预报还是警报？管理者必须做出准确的判断。

另外，突发事件一旦爆发，就来势迅猛，所以，危机预报不但要准确，更要及时。不论是对应急管理者而言，还是对潜在受害者而言，及时得知危机预报都是很重要的。从有效性考虑，如果危机反应者和潜在受害者分布相对集中，可以采取针对局部的警报，以免造成不必要的恐慌。如果危机反应者和潜在受害者分布相对分散，则应选择覆盖面广的警报，使警报尽可能到达预定的受众，否则达不到预期的效果。

第二节　突发事件的预控工作

预防是解决危机的最好办法，这是英国危机管理专家迈克尔·李杰斯特的名言。实际上，除了某些确实不可预测的自然灾害外，几乎所有的突发事件都是可以预防的。见微知著、未雨绸缪，增强危机意识、建立突发事件应急预案、加强日常防范、强化内部管理是预防突发事件的有效途径。

突发事件预控是对可能引起突发事件的各种因素，采取及时的控制措施，从根本上防止突发事件的爆发。它是突发事件爆发前遏制事态恶化的最后一道屏障。从操作流程来看，预警部门通过收集、识别、诊断社会环境波动现象，确认监测指标处于正常、警戒或者突发事件状态。当监测指标处于正常状态时，则继续进行监测,不进入预控处理阶段;当监测指标处于基本正常或低度突发事件状态即警戒状态时,预警部门根据具体情况,提出预防控制对策;当监测指标进入高度突发事件状态时,立即实施突发事件应急管理,防止事态进一步恶化。《突发事件应对法》第19条至第24条规定了突发事件的预防措施,涵盖了自然灾害、事故灾难、突发公共卫生事件和突发社会安全事件四类突发事件,综合了以往各类专业法律法规以及相关政策的规定,对各级人民政府、基层自治组织、企事业单位等依法实施突发事件的预防措施,有着重要的规范作用。

一、什么是突发事件预控

所谓突发事件预控,是指在确认突发事件即将发生或发生可能性增大并发出预警之后,或者在突发事件已经发生但尚未升级、扩大之前,为了阻止、限制事件的发生和发展,或者避免、减轻事件可能造成的危害,而对突发事件进行防御、控制的措施。

突发事件预控是应急管理的一个重要环节,它与预警紧密相连。从相同之处来看,它们都是发现突发事件征兆后所采取的一系列应急管理措施;从时间顺序来看,突发事件预警在前,突发事件预控在后,因为必须首先收集有关突发事件的信息,并对这些信息进行传递、分析、确认,然后才可能采取预控措施。可见,突发事件预警是突发事件预控的前提和基础,而突发事件预控是对突发事件预警的理性反应,是预警的必要延续。没有预控,突发事件预警的作用就不可能充分发挥。突发事件预控的目的是阻止、限制突发事件的发生和发展,或者避免、减轻突发事件所造成的危害。危机预控的作用,根据不同类型突发事件的性质和发展态势,主要体现在以下几个方面:

第一,阻止危机的发生。对于某些类型的突发事件,如果能够及时发现危机发生的征兆并发出警报,通过采取有效的预防措施,完全可以阻止其发生。

第二,如果不能阻止危机的发生,则减缓危机的发展。某些类型突发事件的发生非人力所能阻止,即使采取预防措施也阻止不了,但仍可以通过预控措施缓解其发展进程,降低其破坏程度。

第三,如果不能阻止危机的发生或者减缓危机的发展,则避免或减轻危机可能导致的损害。对于某些类型的突发事件,其发生与否、程度如何,并非人力所能左右,多数自然灾害均是如此。但是,危机预控对于此类灾害也并非毫无作用,预防措施的采取仍然可以避免至少是减轻突发事件可能导致的损害。

除了《突发事件应对法》做出了专门规定以外,我国许多单行应急法律法规和应急预案都规定了相当数量的突发事件预控措施,只不过是在表述时往往并未使用"突发事件预控"的概念。例如,《国家突发公共事件总体应急预案》将突发事件预控措施称为"先期处置措施",《国家地震应急预案》将危机预控措施称为"应急防御措施"。

【政策法规 2-1】

突发公共事件发生后,事发地的省级人民政府,或者国务院有关部门在报告特别重大、重大突发公共事件信息的同时,要根据职责和规定的权限,启动相关应急预案,及时、有效地处置控制事态。在境外发生涉及中国公民和机构的突发事件,我驻外使馆、国务院有关部门和有关地方人民政府,要采取措施控制事态发展,组织开展应急救援工作。

——《国家突发公共事件总体应急预案》

在 2003 年非典疫情之前,除了自然灾害之外,我国有关突发事件预警、预控的制度不健全,现实中也很少采取预控措施。应对非典疫情的经验教训使得这种情况有所改观,透明及时的预警、有条不紊的预控逐渐成为应急管理的常态。

二、突发事件预控措施

从具体内容上看,突发事件预控主要采取的是预备性、防范性、保护性措施。就我国目前应急预案所规定的突发事件预控措施来看,主要有以下几种方式:

1.调动各种应急资源

在突发事件预警信息发出之后,有关政府及其部门首先应调动平时所准备的各种应急资源,使其进入战备状态,以便随时可以投入到抗击即将来临的突发事件中去,这是最为重要的突发事件预控措施。

【政策法规 2-2】

进入预警状态后,当地县级以上人民政府和政府有关部门,应该采取以下措施:(1)立即启动相关应急预案……(4)指令各环境应急救援队伍进入应急状态,环境监测部门立即开展应急监测,随时掌握并报告事态发展情况……(6)调集环境应急所需物资和设备,确保应急保障工作。

——《国家突发环境事件应急预案》

2.有重点地强化某些日常工作

在发布突发事件预警信息之后,有关政府及其部门还应重点强化某些日常工作。这些工作并非预警后才应当采取的特别措施,而是行政机关日常应急管理工作的一部分,但由于它们对于突发事件应对的意义特别重大,因此,在突发事件来临之前、预警信息发布之后,应当予以加强。

【政策法规 2-3】

(1)根据中央气象台发布的台风(含热带风暴、热带低气压等)信息,省级及以下有关气象管理部门应密切监视,做好未来趋势预报,并及时将台风中心位置、强度、移动方向和速度等信息报告同级人民政府和防汛抗旱指挥机构。（2）可能遭遇台风袭击的地方，各级防汛抗旱指挥机构应加强值班，跟踪台风动态，并将有关信息及时向社会发布。（3）水利部门应根据台风影响的范围，及时通知有关水库、主要湖泊和河道堤防管理单位，做好防范工作。各工程管理单位应组织人员分析水情和台风带来的影响，加强工程检查，必要时实施预泄预排措施。（4）预报将受台风影响的沿海地区，当地防汛抗旱指挥机构应及时通知相关部门和人员做好防台风工作。（5）加强对城镇危房、在建工地、仓库、交通道路、电信电缆、电力电线、户外广告牌等公用设施的检查和采取加固措施，组织船只回港避风和沿海养殖人员撤离工作。

——《国家防汛抗旱应急预案》

3.进行应急避险的指导

在发布突发事件预警信息之后，有关政府及其部门还应当及时向社会公众提供关于如何避免和减轻灾害的宣传和指导，引导人们的避险行为。

【政策法规 2-4】

当发出某个区域有可能发生地质灾害的预警预报后，当地人民政府要依照群测群防责任制的规定，立即将有关信息通知地质灾害危险点的防灾责任人、监测人和该区域内的群众；各单位和当地群众要对照"防灾明白卡"的要求，做好防灾的各项准备工作。

——《国家突发地质灾害应急预案》

4.采取预控措施

在发布突发事件预警信息之后，有关政府及其部门还应及时采取预防措施，使有关人员和财产避开危险区域及危险场所，以避免或减少损失。

尤其值得注意的是，《突发事件应对法》对于不同预警级别的预控措施做了明确区分和严格界定，使政府应对突发事件有法可依。根据《突发事件应对法》的规定，突发事件即将发生时，有关政府应当根据突发事件发生的紧急程度、发展态势和可能造成的危害程度，发布相应的预警级别，相应地采取预防措施。

【政策法规 2-5】

根据灾情预警，自然灾害可能造成严重人员伤亡和财产损失，大量人员需要紧急转移安置或生活救助，国家和有关省（区、市）应做好应急准备或采取应急措施。

——《国家自然灾害救助应急预案》

进入预警状态后，当地县级以上人民政府和政府有关部门应当采取以下措施……（3）转移、撤离或者疏散可能受到危害的人员，并进行妥善安置……（5）针对突发事件可能造成的危害，封闭、隔离或者限制使用有关场所，终止可能导致危害扩大的行为和活动。

——《国家突发环境事件应急预案》

第一，Ⅲ级和Ⅳ级以下警报的预控措施。发布Ⅲ级和Ⅳ级预警后，政府的应对措施主要是对即将面临的灾害、威胁、风险等做出及时预测和评估，在此基础上采取一些预防、警示、劝导性措施，主要包括：一是立即启动应急预案。二是责令政府有关部门及专业机构监测网点和负有特定职责的人员收集、报告有关信息，向社会公布反映突发事件信息的渠道，加强对突发事件发生、发展情况的监测、预报和预警工作。三是组织有关部门和机构、专业技术人员、有关专家学者，随时对突发事件信息进行分析评估，预测发生突发事件可能性的大小、影响范围和强度以及可能发生的突发事件的级别。四是定时向社会发布与公众有关的突发事件发展情况的信息，以及政府的分析评估结果，并对相关信息的报道工作进行管理。五是及时按照有关规定，向社会发布可能受到突发事件危害的警告，宣传避免、减轻危害的常识，公布咨询电话。

第二，Ⅰ级和Ⅱ级警报的预控措施。Ⅰ级和Ⅱ级预警相对于Ⅲ级和Ⅳ级预警而言，级别更高，突发事件即将发生的时间更为紧迫，事件发展态势已经一触即发，人民生命财产安全即将面临威胁。因此，政府及其有关部门除了继续采取Ⅲ级和Ⅳ级预警期间的措施外，还应当及时采取有关升级应急处置措施，努力做好应急准备，避免人员伤亡和财产损失，尽量减少突发事件造成的不利影响，并防止其演变为重大事件。一是责令应急救援队伍、负有特定职责的人员进入待命状态，并动员后备人员做好参与应急救援和处置工作的准备。二是调集应急救援所需物资、设备、工具，准备应急设施和避难场所，并确保其处于良好状态，随时可以投入正常使用。三是加强对重点单位、重要部位和重要基础设施的安全保卫，维护社会治安秩序。四是采取必要措施，确保交通、通信、供水、排水、供电、供气、供热等公共设施的安全和正常运行。五是及时向社会发布有关采取特定措施，或者减轻危害的建议、劝告。六是转移、撤离或者疏散易受突发事件危害的人员，并予以妥善安置，转移重要财产。七是关闭或者是限制使用易受突发事件危害的场所，控制或者限制容易导致危害扩大的公共场所的活动。八是法律、法规、规章规定的其他必要的防范性、保护性措施。

突发事件的预控措施是应急管理的重要内容，极具战略意义。它有助于政府牢牢地把握应急管理的主动权，稳定人心，平息情绪性反应，引导舆论和公众行为，保障公民的知情权，减少谣言，促进突发事件快速、平稳、有序处置。

【政策法规 2-6】

县级以上人民政府根据应对突发事件工作的需要，依法采取本法之外的法律、法规、规章规定的其他必要的防范性、保护性措施，更有利于突发事件的应急救援与处置工作的展开。

——《突发事件应对法》

【案例 2-1】2005 年 8 月 7 日，第 9 号台风"麦莎"在浙江省玉环县登陆，在"麦莎"台风来临前夕，浙江省气象台 8 月 5 日将台风橙色预警信号升级为台风红色预警信号。根据准确的气象预报，面对潮水高、风力大、雨量大、泄洪猛、来者不善的"麦莎"台风，浙江省委省政府总结多年的抗台风经验，毅然决定将那些住在工棚、海塘和山地灾害易发区等危险地带的人群提前进行转移。浙江省赶在台风"麦莎"登陆前，组织了 124 万名群众安全转移撤离，共有 4.13 万艘船只回港避风，创造了死亡最低的历史记录。这是在灾难来临前、危机预警后，采取紧急预控措施，疏散、转移有危险的民众，从而大大减少人员伤亡的成功案例。

2006 年，在超强台风"桑美"登陆前，福建省各级人民政府根据气象部门发出的台风预警信息和防台预案，紧急部署转移安置危险地区群众 71 万人，海上 3.6 万艘船只回港避风。浙江省转移安置危险地区群众 100.1 万人，回港避风船只达 3.44 万艘。为防御风暴潮带来的严重危害，浙江、福建两省还根据气象部门的建议，对危险沿海地区采取停工、停学、停市，危险地带的群众、船只全部转移到二线海塘以外的安全地带等措施，将人员伤亡降到最低。

而 2005 年 8 月 29 日登陆美国路易斯安那州的"卡特里娜"飓风，虽然预报准确，预警信息发布及时，但由于政府没有采取有效的防灾减灾措施，该飓风造成美国 1 833 人死亡、财产损失 810 多亿美元，保险损失为 406 亿美元，政府出现信任危机；同时，美国的石油生产基地受到重创，引起美国国内及全球的原油需求恐慌和价格波动。

资料来源　佚名. 台风麦莎登陆东南沿海［EB/OL］.［2005-08-04］. http://news.sohu.com/s2005/tfms.shtml.

第三，社会安全事件的上报制度。由于社会安全事件多由人为因素引发，其发展态势比其他三类突发事件更难预测和掌握，很可能发展到负责处置的人民政府不能单独应对的程度，随时可能需要上级政府在人力、物力和财力上予以支持。因此，我国有必要建立快速反应、控制有力的处置机制，坚持严格依法、果断坚决、迅速稳妥的处置原则，尽最大努力防止事态扩大、蔓延，把事件对社会各方面的危害减小到最低程度。

一是政府及有关部门应加大对社会安全事件情报信息的开发力度，做到早发现、早预警、早处置。一旦发生社会安全事件，当地政府及有关部门要进一步加快信息的报送速度，尽量争取在第一时间内报送有关信息，不能因瞒报、漏报而丧失处理问题的最佳时机。

二是在重大政治活动和重要节日前后等敏感时期，尤其要加强社会安全事件紧急信息报告制度，一经发现事发苗头，有关政府要提前介入，及时、妥善地把问题解决在当地，把矛盾化解在萌芽状态。

三是政府及有关部门要对不稳定事端和社会安全事件的动态信息及时收集、研判，迅速向当地党委、政府和上级部门报告，并通过涉事单位及其主管部门，及时做好防范、化解和处置社会安全事件工作。

对即将发生或者已经发生的社会安全事件，负责组织处置的人民政府在针对事件的性质和特点，及时采取应急处置措施时，必须同时报告上一级人民政府及有关主管部门。统一的信息系统也要求下级人民政府向上级人民政府及时报告社会安全事件的相关信息，以便上级人民政府全面掌握其管辖领域的情况，在其职责范围内统筹计划，必要时统一领导应对工作。按照法律规定，必要时，县级以上人民政府及有关主管部门可以越级上报即将发生或已经发生的社会安全事件。所谓必要时，是指事态发展非常严重的时候，在这种情况下，地方政府及主管部门可以越级上报，以便有效对突发事件进行处置。

第三节　应急预案

一、应急预案概述

1.应急预案的概念

应急预案又称应急计划，是为应对突发事件而预先制定的行动方案、行动指南、行动向导。从某种意义上说，预案如同轮船和飞机上的指南针。预案告诉我们如何去应对危机，也就是在事前、事发、事中、事后的各个环节，谁来做、怎么做、何时做、做到什么程度，以及用什么资源做。

突发事件应急预案依据宪法及有关法律、行政法规制定，指导突发事件的应对工作。其目的是提高政府保障公共安全和处置突发事件的能力，最大限度地预防突发公共事件的发生并减轻其造成的损害，保证公众的生命财产安全，维护国家安全和社会稳定，促进经济社会全面、协调、可持续发展。

2.应急预案的特点

（1）具有假设性，它假设可能发生某种危机的情境或一些具体标准，如《国家自然灾害应急救助预案》假设可能发生四个等级的突发自然灾害并确定了具体标准。

（2）具有应急性，制定应急预案的目的是应对危机，不是用来处理日常工作。

（3）具有程序性，它告诉我们按照什么步骤去处置危机，一个高质量的预案在程序上应当是科学的、规范的。

（4）具有规范性，它规定了应对危机时相关行政部门、事发地政府及有关单位的行为和职责。

（5）具有可操作性，它告诉我们在应对危机时每一步、每个环节如何做、谁去做等。

3.应急预案的类型

不同类型的应急预案，其重点和表现形式不尽相同。

（1）按照应急对象的类型划分，应急预案可分为：自然灾害类应急预案，包括自然灾害应急救助、防汛抗旱、地震应急、地质灾害应急、森林（草原）火灾应急等预案；事故灾难应急预案，包括城市停电应急、通信应急、海滩应急、铁路行车事故应急等预案；公共卫生类应急预案，包括公共卫生事件应急、重大动物疫情应急、重大食品事故应急等预案；社会安全类应急预案，包括大规模群体性突发事件应急、旅游突发事件应急、金融突发事件应急、公共场所突发事件应急等预案。

（2）按照应急预案的编制与执行主体划分，应急预案可分为国家、省、市和单位（包括社区）四类。国家预案是以场外应急指挥为主的综合性预案，包括涉及全国或性质特别严重的重大事故灾难的危机处置情况；省一级预案同国家预案大体相似；市一级预案应既有场外应急指挥，也有场内应急救援，还包括应急响应程序和标准化操作程序。所有应急救援活动的责任、功能、目标都应清晰、准确，每一个重要程序和活动必须通过现场实际演练与评审。单位一级预案大多是现场预案，以场内应急指挥为主，它强调预案的可操作性。

（3）按功能与目标划分，应急预案可分为三类：一是综合类预案，以场外指挥与集中指挥为主，侧重于应急救援活动的组织协调；二是专项预案，主要是针对某种特殊和具体的事故，有地震、重大工业事故等，采取综合性与专业性的减灾、防灾、救灾和灾后恢复行动；三是现场预案，是以现场设施或活动为具体目标而制定和实施的应急预案，如针对某一重大工业危险源、特大工程项目的施工现场，或拟组织一项大规模公众集会活动，预案要具体、细致、严密。

（4）按应急预案的性质划分，应急预案可分为两类：一是指导性预案，如国家级和省级预案等；二是操作性预案，如现场预案和专项预案等。

4.应急预案的价值

应急预案是政府组织管理、指挥协调应急资源和应急行动的整体计划和程序规范，是整个政府应急管理过程中非常重要的一个环节。应急预案最基本的功能在于未雨绸缪、防患于未然，通过在突发事件发生前，进行事先预警防范、准备预案等工作，对有可能发生的突发事件做到超前思考、超前谋划、超前化解，把政府应急管理工作正式纳入经常化、制度化、法制化的轨道，从而化应急管理为常规管理，化危机为转机，最大程度减少突发事件给政府和社会造成的损失。

在应急预案的编制与管理过程中，通常会把各种可能出现的问题估计得充分一些，把准备工作做得更扎实一些，这样应急管理工作人员能够极大地缓解处理突发公共事件时所面临的压力，也避免了因经验不足、精神紧张、工作疲劳等原因而造成的工作失误。总之，通过应急预案来指导应急反应，能够确保一旦发生突发事件，相关部门迅速有序地根据事前的制度安排，采取不同的应对措施，相互交织而有机协同，做到有效组织、快速反应、高效运转、临事不乱。

5.应急预案的一般内容

综合已有的国家级预案样本，可以看出，应急预案主要包括以下几个方面：

（1）适用范围：启用本预案的条件。

（2）组织结构：定义突发事件处置的组织结构和人员，如部门、人员、角色等。

（3）资源：突发事件处置所涉及的对象，包括人、财、物、技术、信息等方面的保障。

（4）工作流程模版：完成某类突发事件处置的任务流程。

（5）其他内容，如预案目标、预案原则等说明。

【政策法规 2-7】

《国家突发公共事件总体应急预案》于 2006 年 1 月 8 日颁布实施，就其基本内容而言，主要包括六大要件：（1）总则，规定应急预案的编制目的、编制依据、分类分级、使用范围、工作原则、应急预案体系。（2）组织体系，具体规定了应急管理的组织机构与职责、组织体系框架。（3）运行机制，根据应急管理的时间序列，划分为预测与预警、应急处置和恢复重建三个阶段。（4）应急保障，规定应急预案得以有效实施和更新的基本保障措施。（5）监督管理，包括演练、宣传培训、监督检查等。（6）附则，包括专业术语、预案管理与更新、跨区域沟通与协作、奖励与责任、制定与解释权、实施或生效时间等。

这六个方面相互联系、互为支撑，共同构成了一个完整的应急预案框架。

二、应急预案体系

根据《突发事件应对法》第 17 条的规定，全国突发事件应急预案体系包括国家突发事件总体应急预案、国家突发事件专项应急预案、国家突发事件部门应急预案、地方突发事件总体应急预案、地方突发事件专项应急预案和地方突发事件部门应急预案，以及有关单位制定的具体应急预案。

从中央一级来看，国家突发事件总体应急预案是统率全国突发事件应对工作的总预案，任何地区、任何部门的应急预案都必须以这一预案为依据。在应急总预案的基础上，国务院根据突发事件的不同类型，又组织制定了国家突发事件专项应急预案。国务院各部门根据其职责分工不同，制定了国家突发事件部门应急预案。

从地方一级来看，地方各级人民政府和县级以上各级人民政府有关部门，根据有关法律、法规、规章、上级人民政府及其有关部门的应急预案，以及本地区的实际情况，制定相应的应急突发事件应急预案。因此，地方突发事件应急预案也包括三类：由地方人民政府制定的本地区突发事件总体应急预案、由地方人民政府组织制定的本地区突发事件专项应急预案、由地方人民政府有关部门分别制定的地方突发事件部门应急预案。

除了上述政府机关制定的应急预案外，根据《突发事件应对法》第23条的规定，我国的应急预案体系还包括矿山、建筑施工单位，以及易燃易爆物品、危险化学品、放射性物品等危险物品的生产、经营、储运、使用单位制定的应急预案；根据《突发事件应对法》第24条的规定，还包括公共交通工具、公共场所和其他人员密集场所经营单位或者管理单位制定的具体应急预案。

三、应急预案的编制

1.应急预案编制原则

（1）以人为本原则。以人为本就是国家应当把保障人民群众的生命安全和身体健康作为应急工作的出发点和落脚点，最大限度地减少突发事件造成的人员伤亡和危害；切实加强应急救援人员的安全防护，提高科学指挥能力和水平；充分发挥主观能动性，重视社会力量的基础性作用，建立健全组织和动员人民群众参与应对突发事件的有效机制。

【案例2-2】在重庆开县特大井喷事故中，由于存在点火方面的制度性缺失，现场作业和指挥人员在应该优先保护人民生命安全还是优先保护国家巨额财产问题上犹豫不决，导致决策延误，耽误了点火时机，造成243人死亡的惨剧。

2003年12月23日22时许，在重庆开县高桥镇，由川东石油钻探公司承钻的中国石油天然气集团公司西南油气田分公司川东北气矿罗家16H井在起钻时，突然发生井喷，富含硫化氢的气体从钻井喷出30米高，失控的有毒气体随空气迅速扩散；至24日16时，为分解硫化氢毒气点火成功；27日上午10时，井喷被压井封堵。本次事故造成243人死亡，4 000多人受伤，疏散转移6万多人，9.3万多人受灾，直接经济损失6 000多万元。

这是我国石油行业类似事故伤亡人数最多的一次。2004年1月2日，经国务院事故调查组确定为特大责任事故后，重庆市公安机关成立了专案组，对"12·23"井喷特大事故立案侦查。专案民警查阅相关行业标准、专业书籍、规章制度、专家调查记录等资料1 000余份、10 000余页，从中收集与案件有关的资料300余份、5 000余页；调查走访了260余人，形成笔录100余份，于事发13天后得出的结论让人们备感沉重：取掉回压阀、压缩灌注次数、少配安全设备成为节约成本的惯例；在现场的一片慌乱中，至少1小时17分钟的点火最佳时机被忽略掉；至少有四次点火机会被指挥人员否决；生命与财产之间，到底谁轻谁重成了难以抉择的问题；18个小时的慌乱、犹豫和耽搁中，243个生命从此逝去。

资料来源　佚名.重庆开县井喷事故［EB/OL］.［2003-12-23］.http://www.baike.com/.

（2）立法原则。地方性危机的应急预案需要通过立法的形式来确定其重要性和强制性，对于没有立法权的公共组织，也要将本组织的应急预案制度化，使其融入组织的发展战略之中。为了避免行政机关擅权、滥权，应急预案必须符合有关法律法规的规定，并与相关政策相衔接，应急预案的制定、修订必须按照规定的程序进行，要依法实施应急预案。建立应急预案的立法过程也是动员、协调相关部门和教育民众的过程，还是使各级行政机关和人员进一步明确应急状态下各自的目标和责任的过程。对于一般公共组织来说，制定应急预案立法原则的延伸，就是在组织内部建立相应的规章制度，并且在这一过程中不断明确各部门、各岗位的责任与权限。

（3）统一指挥、综合协调原则。危机具有紧急性和突发性，必将面临巨大的时间压力是应急决策的主要特征之一。这就要求高度的集中指挥。统一的组织结构能避免在多系统指挥的各个系统之间进行横向沟通协调的时间浪费，能够快速有效地做出反应。危机的应对需要调动大量的资源，而资源的匮乏是应急决策的又一主要特征。这也要求必须强化统一指挥，以提高资源的使用效率。为了有条不紊地化解危机，就要从全局层面抓住关键环节、分清轻重缓急，避免分散指挥可能造成的"只见局部不见全局"的局面，集中优势资源解决最紧急的问题。统一的指挥系统可以明确划分权力与责任，规定不同组织层次和部门、岗位的工作职责，有利于事件的处置环环相扣、流程顺畅，同时也避免了出现问题时相互推诿、逃避责任。

【案例2-3】英国政府在应对紧急突发事件时有一套严密的组织机构，各部门之间既有分工又有协作，对突发事件发生后可能出现的种种状况都充分预测到，显示出极强的协同战斗能力。比如，在高速公路上车辆相撞，发生了有害气体泄漏，公路管理局最早赶到现场，除了清理现场、疏通道路和恢复交通秩序以外，还负责对车辆机械故障和轻微的伤病员进行现场处理。随后警察局、气象局、环境署、健康保护局、食品标准局、媒体等同时出动，纷纷赶到现场，召开联合会议，评估危害程度，商讨应急措施，明确各部门的职责。除此之外，一些志愿团体，如红十字会、妇女协会、圣琼斯急救服务中心，视情况为现场受害者提供食品、药物、临时避难所以及福利救济。媒体则通过当地的灾害恢复论坛——牛津政坛网站，将这一事件进行及时准确的报道，将事件的真相、处理过程和结果等告知民众，稳定社会，安抚民心。事件发生后，每个部门对承担的责任和义务都十分清楚，通过强有力的措施和快速的反应，把灾难降到最低限度。

资料来源　中华人民共和国人力资源和社会保障部，中国高级公务员培训中心.公务员突发事件应对培训教程［M］.北京：人民出版社，2009.

（4）分级管理原则。根据危机的类型与影响程度的不同，需要采取不同的处置办法，也需要不同层级、类型的指挥机构来统一指挥，要为其设定相应的动员权限，这都应该在地方政府应急预案中做出明确的界定，这就是在应急预案中对危机进行分级管理的原则。分级管理需要进行两个方面的预先评估：一是预先对各种潜在危机的特征、危害与影响范围做出评估，划分出相应的分类；二是客观分析各级政府部门和相应公共组织拥有的资源、技术条件与应急管理能力，对应对危机主体的资格与能力做出评估。在此基础上，将应对不同危机的一线指挥权和责任落实到相应层次政府机构和不同类型的公共组织，以实现应对主体资源的优化配置。在面临危机时，界定清楚的分级标准有助于各级组织自动对位，提高应对危机的主动性和反应速度，也可以通过分级管理提高应对危机的有效性。危机的处理可能涉及大量的工程、医学等专业技术问题，必须在专家评估的基础上确定不同等级的危机需要调动的专业人员的范围，这一点要在对危机分级的基础上详细说明。

（5）快速反应原则。危机事件演变迅速，无论是产生的原因、事态发展的结果，还是事件变化的影响因素都具有高度的不确定性，危机管理者往往要面对各种信息不完全、信息不准确或信息不及时的情况，这使得在危机状态下政府部门无法照章办事。越早发现、越早反应，危机的处理就越简单，造成的破坏也越小。所以在处理危机时要强调一个"快"字，对延误处理危机最佳时机的人和行为，要明确其应该承担的责任。这一点要在应急预案中详细说明。

（6）成本控制原则。应急预案的制定也要考虑可操作性、预案的实施在经济上是否可行以及如何才能更有效地节约人力、物力等问题。即使在应急状态下，决策者也要理性决策，减少损失。危机管理的本质就是管理损失，如果应急反应不当造成新的损失，也就等于加重了危机的危害程度。危机对社会的正常生产、生活秩序造成严重破坏，应急预案是针对危机而制订的应急准备计划，计划的执行必然需要大量的人力、物力投入，这些都要进入政府或组织的管理成本，所以在制定应急预案时要对其可行性和经济性进行科学的分析和评估。"花最少的钱办最多的事儿"是成本管理的核心，本着实事求是、对人民生命财产安全负责的态度，制定符合政府和组织自身需要的应急预案，是每一个预案制定者必须遵循的原则。

（7）信息公布原则。向社会提供真实可靠的公共信息是政府的社会责任。在危机的处理过程中，政府应本着实事求是的态度，公布事实真相。危机管理专家帕金森认为，危机中信息传播失误所造成的真空会很快被颠倒黑白、胡说八道的流言所占据，"无可奉告"的说法更会产生此类问题。过时的消息会引起公众猜疑，并导致不正确的报道，使公众怀疑社会组织对某些信息采取了掩盖手段。信息公开、如实公布与危机相关的信息，既有助于建立政府的公信力，又可以消除民众的恐慌情绪；尊重了民众的知情权，维护了社会的稳定。这一点也要在应急预案中做出明确的规定。

2.应急预案编制的目的和步骤

应急预案的编制有两个目的：一是采取预防措施，使突发事件控制在局部，消除蔓延条件，防止重大或连锁事件发生。二是在突发事件发生后迅速而有效地处理，尽力减轻突发事件对社会的影响。

应急预案的编制一般可分为五个步骤：

（1）组建应急预案编制小组。应急预案从编制、维护到实施，都应该有各级、各部门的广泛参与。应急预案的编制往往由编制组执笔，但是在编制过程中或编制完成之后要征求各部门的意见，包括高层管理人员、中层管理人员、人力资源部门、工程与维修部门、安全卫生和环境保护部门、邻近社区、法律顾问、财务部门等。

（2）风险识别和风险评估。

①法律法规评估。这是指分析国家法律、地方政府法规与规章，如安全生产法律法规、环境保护法律法规、消防法律法规与规章、应急管理规定等。此外，还要调研现有预案内容，包括政府与本单位的预案，如疏散预案、工厂停产关闭的规定、危险品预案、安全评价程序、风险管理预案、资金投入方案、互助协议等。

②风险评估。通常应考虑下列因素：一是历史情况。本单位及其他单位所在社区以往发生过的紧急情况，包括火灾、危险物质泄漏、极端天气、交通事故、地震、飓风、龙卷风等。二是地理因素。本单位所处地理位置，如邻近洪水区域、地震断裂带和大坝；临近危险化学品的生产、贮存、使用和运输企业；临近重大交通干线和机场、邻近核电厂等。三是技术问题。某工艺或系统出现故障可能产生的后果，包括火灾、爆炸和危险品事故、安全系统失灵、通信系统失灵、计算机系统失灵、电力故障、加热和冷却系统故障等。四是人的因素。人的失误可能是下列原因导致的：培训不足、工作没有连续性、粗心大意、错误操作、疲劳等。五是物理因素。设施建设的物流条件、危险工艺和副产品、易燃品的贮存、设备的布置、照明、紧急通道与出口、避难场所邻近区域等。六是管制因素。彻底分析紧急情况，考虑如下情况的后果：出入禁区、电力故障、通信电缆中断、燃气管道破裂、水害、烟害、结构受损、空气或水污染、爆炸、建筑物倒塌、化学品泄漏等。

③应急能力评估。对每一种紧急情况都应考虑如下问题：所需要的资源与能力是否配备齐全，外部资源能否在需要时及时到位，是否还有其他可以优先利用的资源。

（3）编制应急预案。应急预案的编制主要包括总则、组织体系、运行机制、应急保障、监督管理以及附则六方面内容。

（4）应急预案的评审与发布。应急预案的评审包括内部评审和外部评审。内部评审是指编制小组成员在内部进行的评审，应急预案管理部门应要求应急预案编制单位在初稿编写工作完成后，组织编写小组成员对其进行评审，确保应急预案语言简洁流畅、内容完整。外部评审是指由本地或外埠同级机构、上级机构、社区公众以及有关部门进行的评审。外部评审的主要作用是确保应急预案被本地公众接受。根据评审人员的不同，外部评审又可以分为专家评审、同级评审、上级评审、社区评审和政府评审。

城市重大事故应急预案经过政府评审后，应由城市最高行政官员签署发布，并报送上级政府有关部门和应急机构备案。

（5）应急预案的演练与评估。应急预案经过批准发布后，要开展宣传、教育和培训工作，开展应急演习和训练，从中查找问题并加以改进，提高应急预案的合理性、有效性和可操作性。

四、应急预案的检查

第一，进行预案程序的检查，主要检查危险源确定程序、事故预防程序和应急救援程序。

第二，进行预案内容的检查，主要检查通信指挥系统是否正常运行；生产、技术处理步骤是否全面、安全、有效；应急救援步骤是否全面、安全、有效；应急救援物资是否足以应对，储备是否充足，品种是否齐全，保管是否完好；应急救援设备设施是否处于完好备用状态；应急救援人员对应急预案是否完全掌握。

第三，进行预案制度的检查，主要检查预案的相关制度是否足以支撑预案的实施；预案制度是否能贯彻预防为主的思想，树立常备不懈的观念，是否以人为本、依法规范。

五、应急资源的保障

1.应急资源的概述

（1）应急资源的概念。应急资源是指为有效开展应急活动，保证应急预案正常运行所需要的人力、物资、资金、设施、信息、技术等各类资源的总和。其应该包括政府、社会、公众所拥有的与突发事件应急活动相关的所有资源。

（2）应急资源的特征。第一，实效性。这是指应急资源在突发事件发生后，能在一定时间内到达指定位置，以发挥其特殊情况下的应急价值。第二，多样性。其原因在于突发事件的多样性以及应急活动的多样性。第三，易取性。这是指在突发事件发生后，为尽快控制局面或者减缓、消除负面影响，应保证各种资源能够迅速调集，确保及时到位。第四，共享性。这是指其可由突发事件应急预案指定的组织成员在规定范围内共同使用，以实现充分有效利用，防止重复配置，减少浪费。第五，分布性。这是指在一个地方的不同地区与不同组织有不同的分布，在不同的地方有不同的分布。

（3）应急资源的分类。

①人力保障资源，包括正规核心应急人员（应急管理人员、相关应急专家、专职应急队伍，此部分是目前我国所欠缺的）和辅助应急人员（志愿者队伍、社会应急组织、国家军队、国际组织，此部分已为我们所熟知）两大类。

②资金保障资源，包括政府专项应急资金、捐赠资金和商业保险基金。

③物资保障资源，涉及的内容很广泛，按用途可分为防护救助、应急交通、食宿消毒、动力照明、通信广播、设备工具和一般工程材料几大类。

④设施保障资源，包括避难设施、交通设施、医疗设施以及废物清理设施。

⑤技术保障资源，包括科学研究、技术开发、应用建设、技术维护以及专家队伍。

⑥信息保障资源，包括事态信息、环境信息、资源信息和应急知识。

⑦特殊保障资源，指那些有限的、不可消耗的资源，如频率资源等。

2.应急资源的整合

要整合应急资源，首先要了解其流动过程。应急资源的流动包括资源需求、资源供给、资源储备和资源使用四个不断循环的过程。在特别紧急的情况下，资源可以从供给直接到达使用。应急资源的调用必须在整合和优化的基础上，经历以下四个工作步骤：

（1）应急资源普查。首先是对城市现有应急资源进行全面调查，包括建立应急资源分类明细表、应急资源统计表，设计应急资源统计的方法，进行应急资源的统计等。在完成上述工作之后，由主管单位成立具体的应急资源统计实施机构，进行应急资源的统计汇总和分析等具体工作。

（2）应急资源需求统计。按照分级分类的原则，在对突发公共事件进行分类的基础上，对城市公共安全应急体系内所有的组织进行分类分级，建立对应的目录。通过调查表格的形式，汇总应急资源需要数量和质量、地点等，开展应急资源的整合和优化工作。

（3）应急资源布局设计。应急资源的布局是根据各种潜在危险源的分布，在综合时间、成本和能力等因素的基础上，按照一定的规划方式，预先把一定种类和数量的应急资源放在选定的地点。在突发公共事件爆发后，各类应急资源要迅速、及时、准确地到达指定地点，就需要对应急资源的分布进行优化。应急资源的布局设计和选址是相互关联的，在选址的时候要考虑配置问题，在配置的时候要考虑选址问题。

（4）应急资源整体需求说明。在完成上述任务后，要根据应急资源的配置方案，建立供给需求平衡表。此表主要包括三个方面：总量信息汇总表、布局点的应急资源基本情况、各布局点的基本设施情况。

3.应急资源的储备与维持

为满足应急活动对应急资源的需要，必须加强储备、维持、补充、更新等工作，以提高综合利用率与使用效能。

（1）应急资源的储备。应急资源的储备包括人力资源、资金资源、物资资源、设施资源、技术资源、特殊资源和信息资源等的储备。物资可以通过采购方式储备，采购应急资源要有严格的标准和程序，以确保质量优良，且价格便宜。在突发公共事件响应期间，还要注意应急资源到位的有效性。有些资源不能通过购买从市场上取得，就需要通过建设方式储备，如公共设施、指挥中心、应急工作环境、通信网络、人力资源队伍等，都需要建设。此外，有些资源购买需要花费大量金钱，而且维护麻烦，可以采用租赁、临时调用、生产能力储备等方式。

（2）应急资源的维持。要建立完善的制度，对现有应急资源进行定期维护、排除隐患、确保安全可靠，并对使用能力下降或失去使用效能的应急资源及时更新。

（3）建立应急资源信息系统。应急资源信息系统包括所有资源在配置、数量、性能、分布等方面的信息，并且包括案例、特定措施、问题解决方法、应急知识等各方面内容。要做好两项基础工作：建立应急资源目录，比如名称、规格、用途、功能、消耗量等；建立应急资源标准，制定标准可以保证应急资源的一致性与共享性。

4.应急资源的调用

应急资源的调用首先要考虑应急资源的运输，这是应急资源管理的重要环节，需要精心组织与合理安排。应急资源的运输需要综合运用各种运输方式，充分考虑运输途中的地理环境等诸多因素，以及可能出现的问题、困难，制定详细的方案，并运用现代地理信息系统、全球定位系统、车辆巡行线路安排系统以及可视化技术等现代物流技术保证运输过程的顺利实现，同时还要考虑如何优化运输效率和缩短调运时间。

【案例2-4】2008年5月19日晚22点12分，济南市交通局接到市"支援四川地震灾区抗震救灾工作协调领导办公室"的紧急电话，要求其紧急调运一批抗震救灾物资。济南市交通局立即启动应急运力，调用货车9部，出动执法车辆两部，到达济南市白马山救灾物资储备仓库，紧急抢运了棉被、帐篷、食品等救灾物资。从接到紧急命令至圆满完成调运任务，仅用了不到3个小时。

资料来源　中华人民共和国人力资源和社会保障部，中国高级公务员培训中心. 公务员突发事件应对培训教程［M］. 北京：人民出版社，2009.

应急资源的调用分为非紧急调用和紧急调用，在一般情况下可将非紧急调用归类到平时的应急资源运输中。紧急调用是指与突发公共事件响应有关的应急资源调用。紧急调用的基本要求是确保及时、准确、安全到达指定地点，保证突发公共事件处置工作有序进行。因此，在紧急调用前要制定预案，做好准备工作。一般来说，应急资源的调用有以下几种方式：

第一，定时调用，是指按照一定的时间间隔对同类应急资源进行调用。其一是时间比较固定，便于安排工作；其二是大多数为消耗品，如防护救助类、食宿消毒类、动力照明类。

第二，定量调动，是指每次都按固定数量对同类应急资源进行调用，多用于不易消耗的工程建材、工程设备和防护用品等。此种方式可把运往不同地方的资源统一调用，提高了效率。

第三，定时定量调用，是指按照一定的时间间隔和固定的数量，对同类应急资源进行调用。此种方式的计划性极强，多用于日常消耗品，如食品、药品等，需要合理筹划。

第四，及时调用，是应急资源调用中最重要的方式，是根据突发公共事件的发展、变化以及应急工作的需要安排的，操作难度大，需要各部门配合。及时调用的资源多为紧急类资源，如疫苗、药品、急需设备等。

第五，超前调用，又称为事前调用，是指在对极可能引发突发公共事件的潜在危机进行监测的前提下，为做好事前准备而进行的应急资源调用。这可以大大增强对突发公共事件的处置能力。超前调用多为抗灾物品，比如工程材料、救援工具、防护品等。

此外，还可以根据实际情况，运用以上几种方式综合调用。根据应急资源的特点，采用不同的调用方式，可以提高效率，减少资源消耗，节省应急活动的费用。

5.我国突发事件应急物资保障制度及存在问题

我国是一个灾害多发国家，在长期的赈灾救灾过程中形成了一系列应急物资保障制度。

（1）应急经费保障制度。《中华人民共和国预算法》第32条规定，各级政府预算应当按照本级政府预算支出额的1%~3%设置预备费，用于当年预算执行中的自然灾害救灾开支，以及其他难以预见的特殊开支。各级地方人民政府建立了相应的经费保障制度。

【案例2-5】为确保处置突发公共事件的资金安全，吉林省建立并实行应急储备金制度。省突发公共事件应急储备专项资金每年安排500万元，列入省级预算。省政府应急办、省财政厅共同制定了《吉林省省级突发公共事件应急储备专项资金管理暂行办法》（以下简称《暂行办法》），就专项资金拨付等问题做出具体规定。省直有关部门的应急专项资金由省财政厅直接拨付给有关部门；市（州）、县（市）的应急专项资金由省财政厅拨付给市（州）、县（市）财政局，并由市（州）、县（市）财政部门在7个工作日内拨付到位。突发公共事件处理完毕60日内，省直事涉部门及有关市（州）、县（市）政府应急部门、财政部门将专项资金使用情况报省政府应急办和省财政厅。此外,《暂行办法》还就应急专项资金单独建账核算及监督检查等问题做出了明确规定,以保证专款专用。

资料来源 佚名. 每年 500 万元专项资金,吉林实行应急储备金制度 [EB/OL]. [2007-03-09]. http://news.sina.com.cn.

(2)应急物资储备制度。从 1998 年起,民政部、财政部建立了全国救灾物资储备网络,设立了 10 个中央救灾物资储备库,在全国各省、自治区、直辖市和新疆建设兵团建立了省级救灾物资储备库;有 251 个地市建立了地级储备库,占所有地市的 75.3%;有 1 079 个县建立了县级储备库,占所有县市的 37.7%。

(3)行政征用制度。《中华人民共和国宪法》第 13 条规定,国家为了公共利益的需要,可以依照法律规定对公民的私有财产实行征收或者征用并予以补偿。《中华人民共和国物权法》(以下简称《物权法》)第 44 条规定,因抢险救灾等紧急需要,依照法律规定的权限和程序可以征用单位、个人的动产或者不动产。被征用的不动产或动产使用后,应当返还被征用人,单位、个人的不动产和动产被征用或者征用后损毁、灭失的,应当予以补偿。《突发事件应对法》第 12 条规定,有关人民政府及其部门为应对突发事件,可以征用单位和个人的财产。上述法律规定表明,有关人民政府及其部门有权依照法律的规定征公民、法人和其他组织的财产。

(4)社会动员和捐助制度。例如,在 2008 年 1 月的抗击风雪灾害中,各地政府就动员民众破冰保畅通、向受灾地区捐赠钱物等。

尽管我国建立了应急物资保障制度,但是在突发事件应急物资保障中还存在一些问题。例如,对可能出现的突发事件预测不准,对需求的分析不够,应急物资储备体系不健全;储备物资的种类、品种和数量相对不足;物资未能优化配置,存储设施不足,布局不尽合理,仓储管理不科学;对突发事件应急物资的调配分析不够,没有建立统一的应急物资储备指挥系统。

【案例 2-6】2008 年 1 月下旬,我们南方发生大面积雨雪灾害,武汉市因库存工业盐不够而动用了比工业盐成本高一倍的食用加碘盐防止路面结冰;高速公路旁的服务站因食品存储不足,导致受困司乘人员受冻挨饿;部分地区因燃气、石油、粮食等物品存储不足,出现燃气不能供应、车辆不能行驶、粮食供给不了等现象,严重影响了民众的生产、生活。

资料来源 周定平. 突发事件应对的物资保障分析 [J]. 中国安全科学学报,2008(3).

6.完善我国突发事件应急物资保障体系

按照"反应快捷、保障有力"的要求,突发事件应急物资保障体系应当包括应急物资的需求分析、科学筹集、优化配置以及合理调度 4 个方面。

(1)需求分析。应急物资的需求分析既要考虑应急期间需要的处置突发事件的专业应急物资与后勤保障物资,也要考虑在突发事件发生后用于救济的基本生活物资及与人民的生产生活息息相关的重要物资。同时，不同类型的突发事件，其应急物资的需求是不一样的。

（2）科学筹集。应急物资的筹集具有一定的强制性，要综合利用行政、法律、经济等手段筹措突发事件应急资源，主要有四种方式：第一，动用储备。直接调用应急储备物资，可以缩短物资筹集时间，而且不对人民群众的正常生活和经济秩序造成过大的负面影响。第二，征收征用。依照相关法律对一些生产流通企业生产、经销的物资进行紧急征收征用，以满足突发事件对物资的需求。第三，市场采购。在数据调查的基础上，对调用储备、征收征用不能满足需求的物资，实行政府紧急采购。第四，紧急扩产。突发事件发生后，对于特殊物资进行突击研制、生产，在现有生产线的基础上，快速进行转产、扩产。

（3）优化配置。这是指选好应急物资存储的地址。选址问题一般由四个基本要素来决定：空间、顾客、设施和度量。空间是指需要救助的地点，顾客是指需要救助的人员，设施是指应急物资，度量是指需要救助的地点、人员和应急设施之间的距离大小、时间长短。

（4）合理调度。第一，建立统一、高效的应急物资调度指挥系统。第二，在掌握应急物资储备动态数据的基础上，建立该地区突发事件应急物资监测预警体系。第三，完善应急物资生产体系，制定应急物资生产流程的技术储备方案。第四，完善应急物资紧急运输体系。

六、现阶段税务机关应急预案工作存在的问题及应急管理工作的完善

1.税务机关预案工作中的问题

（1）应急预案体系尚不完整。税务机关对可能出现的突发事件缺乏预见性，或者对可能发生的突发事件的严重性没有足够的重视，这使得应急预案体系不完整，有些类型的突发事件缺少必要的预案。

（2）应急预案的修订程序欠缺。《突发事件应对法》第17条规定，应急预案制定机关应当根据实际需要和情势变化，适时修订应急预案。但应急预案的修订条件和程序，至今仍然没有专门的规定。在我们的实际调研中，甚至出现了某税务局的应急预案是2004年制定的，至今未修订过的情况。

（3）应急预案的内容过于简单，可操作性差。检验一个应急预案是否可行，最重要的就是看其是否具有良好的可操作性。在我们选取的税务局应急预案样本中，普遍存在可操作性差的问题。绝大多数税务局的应急预案分总则、组织体系、运行机制、监督管理、附则、附件等，如此繁杂的内容却只有一页纸的篇幅。这样的应急预案基本上是为了应付上级检查，缺乏可操作性和对现实工作的指导性。

（4）缺乏各部门合作协调的机制与制度。在以往的突发事件应急管理中，普遍存在各部门互相推诿的现象，严重影响了突发事件应对的科学行、有效性。虽然国家税务总局从组织结构层面上明确规定各类突发事件的应对属于办公室的工作内容和职责范围，但是，办公室如何牵头、权限如何、如何协调各相关部门等一系列现实问题并没有相关的制度安排，各部门在危机面前缺乏合作协调，严重影响了应急管理的有效性。

2.税务机关应急管理工作的完善

（1）应急预案的内容尽可能详细，能切实指导实践。应急预案的内容一般应包括以下内容：对应急预案制定的目的、过程进行描述；对突发事件应急管理队伍、机构，应急管理中的有关组织及其义务，这些机构及其主要工作人员的联系方式进行详细介绍；对应急响应程序，包括应急预案如何启动、应急救援活动如何开展等做出规定；对恢复与重建，以及应急预案的及时修订、针对应急预案的演练等提出要求。

（2）应急预案制定程序的科学化、规范化。"凡事预则立，不预则废。"危机发生前的风险评估与预警是应急管理的重点工作，只有做好这项工作，使危机不发生，才是真正实现了100%的危机管理。危机管理领域有一个非常重要的"十分之一法则"，即在危机管理上，投入一分的精力去预防，会取得十分的成效。应急预案的制定要遵循规范程序，重点放在风险评估、预测预警上，而不是放在危机发生之后怎么办上。

（3）应急管理组织机构的权利义务明确、清晰。应急管理应建立科学完善的管理系统，应重视应急活动的组织机构，明确各自的权利义务。如何做好日常的预测预警、日常汇报制度怎样落实、决策支持系统如何建立、突发事件发生谁负责指挥调度、资源保障如何配合等问题，都要通过明确各组织机构的权利义务来解决。

（4）加强税务机关、人员在应急管理中的合作与协调。应急管理不仅是各级管理者的责任，每一个税务机关的工作人员都应各司其职；应急管理也不仅是办公室的工作内容和职责，每一个部门都应加强合作与协调。只有这样，才能实现应急管理的有效性。在调研中，我们通过访谈法与很多税务干部进行了交流，他们普遍认为应急管理是局长的事，是办公室的职责所在，与自己无关。这是非常错误而又危险的。

第三章
突发事件应急管理机制建设

【学习目标】

◇ 掌握应急管理机制建设的基本内容

◇ 熟悉应急管理机制建设的基本要求

◇ 了解应急管理各机制之间的关系

【案例导引】

2005 年 10 月 20 日上午，国务院副总理回良玉主持召开国务院防控高致病性禽流感工作会议，传达胡锦涛、温家宝等中央领导关于做好高致病性禽流感防控工作的重要指示，深入分析疫情形势，进一步部署防控工作。他强调，要认真贯彻党中央、国务院的决策和部署，严格执行动物防疫法，坚持以人为本，坚持预防为主，进一步健全应急机制，采取综合措施，形成防控合力，扎扎实实地做好高致病性禽流感防控工作，确保畜牧业生产安全，确保人民群众健康安全。回良玉指出，去年以来，中央确定了防控重大动物疫病的工作方针，制定了相关政策措施，成功地组织了防控高致病性禽流感阻击战。当前，一些国家高致病性禽流感疫情严重，中国正处在秋冬高致病性禽流感高发季节，形势十分严峻，防控任务十分繁重。对此，我们要有清醒的认识、足够的估计和充分的准备，切不可麻痹松懈，决不能放松警惕。他要求，各地区、各部门一定要以对人民高度负责的精神，切实增强责任感、紧迫感和使命感，立足于应对高致病性禽流感疫情，有力、有序、有效地开展防控工作。

资料来源　佚名. 中国防控高致病性禽流感任务十分繁重［EB/OL］.［2005-10-21］. http://www.sina.com.cn.

要探究应急管理机制的作用，首先要界定应急管理机制的内涵。《突发事件应对法》把应急管理工作分为预防与应急准备、监测与预警、应急处置与救援、事后恢复与重建等环节。应急管理机制可以界定为：在突发事件应对全过程中各种制度化、程序化的应急管理方法与措施。应急管理机制应关注应急管理全过程，涵盖预防与应急准备、监测与预警、应急处置与救援、事后恢复与重建等各个环节，涵盖事前、事发、事中和事后各个阶段。

自2003年以来，党中央、国务院认真总结应对非典疫情的经验与教训，非常重视应急管理工作，经过多年的努力与建设，我国已经形成以"一案三制"为框架的具有中国特色的应急管理体系。其中，"一案"指应急管理预案，"三制"指应急管理的机制、体制、法制。突发事件发生后，应对的时间约束极强，要在极短的时间做出决策，为避免慌乱和手足无措，需要在常态下预先制定解决问题的方案。"预案"属于应急管理中的规划性制度建设，主要内容是应对的指南、规范和程序。应急管理体制是指应急管理机构的组织形式，以及它们的法律地位、相互之间的权力分配关系等。"体制"属于应急管理中组织的结构性制度，主要内容是各机构的职责、功能和相互之间的关系。"机制"属于应急管理中组织的机理性制度，主要内容是应急管理各要素如何协调、有效运作，实现管理效能。"法制"属于应急管理中国家层面的强制性制度，主要内容是应急管理的法理、依据、保障。从应急管理机制在应急管理中的地位和作用看，它解决的是应急管理的动力和活力问题，机制能让体制按照既定的工作流程正常运转起来，从而发挥积极功效。从税务机关作为应急主体的组成部分，以及它的地位和所负职责看，它在预案、机制两个方面主动完善的可能性和现实性很大，我们在这里着重分析税务机关应急管理机制问题。

监测与预警机制是应急管理主体根据应对突发事件的经验、教训，过去和现在的有关数据、情报和资料，运用逻辑推理和科学预测的方法与技术，对突发事件出现的约束条件、未来发展趋势和演变规律等做出科学估计与推断，对突发事件发生的可能性及危害程度进行估量和发布，从而及时提醒公众做好准备、改进工作、规避危险、减少损失的工作机制。

《突发事件应对法》明确要求建立健全应对突发事件的监测制度和预警制度，为此，必须依靠科技、依靠群众，完善监测网络，健全基础信息数据库；加强科学研判，并按照突发事件的紧急程度、发展态势和可能造成的危害程度发布预警；实现信息监测–预测–有效预报的有机统一，最大限度地减少突发事件造成的伤害和损失。

第一节　监测机制

一、监测的定义

广义的监测是对潜在风险、危险源、危险区域等进行实时跟踪，获取相关信息后及时报送、处理并发出预警的整个流程。狭义的监测是指以科学的方法，收集重大危险源、危险区域、关键基础设施和重要防护目标等的空间分布、运行状况以及社会安全形势等有关信息，及时掌握风险和突发事件变化的第一手资料，为科学预警和及时采取有效措施提供重要基础信息。简言之，监测就是通过对某些可能引发不利事件的风险源进行观察和测量，预防不利事件的发生，是一个实时的动态过程。监测机制是以监测活动为中心构建的工作机制。

【案例 3-1】公共卫生监测系统是掌握公共卫生事件发展趋势、对突发公共卫生事件进行预警的前提。吸取 2003 年非典事件应对中的经验教训，国家加大了对公共卫生监测系统的投入。2003 年 11 月，国家疾病监测数据中心机房在国家疾病预防控制中心建成。2004 年 1 月 1 日，中国疾病预防控制信息系统建成。2006 年，卫生部（现为卫生健康委员会，下同）宣布直报网络基本建成。截至 2008 年 12 月，全国所有地区疾病预防控制中心、97% 的县级以上医疗机构和 82% 的乡镇卫生院实现了传染病疫情及突发公共卫生事件的网络直报，突发公共卫生事件监测报告系统基本建成。这一监测系统在 2009 年甲型 H1N1 流感监测中发挥了重要作用，为防控战略和策略的制定与调整提供了科学依据。

二、监测的作用

监测是开展风险评估的基础，通过对风险源的安全状况进行实时监测，尤其是对那些可能使风险源的安全状态向非正常状态转化的各种参数进行监测，可以快速采集信息，为灾害的预测预警提供条件。监测也包括监测事态变化过程，为应急处置方案的不断调整提供依据。概括起来，在突发事件应急管理的中，监测可以发挥以下重要作用：

1.监测潜在风险，及时进行预警

对危险源进行监测，及时了解危险源的安全状态。一般情况下，危险源在可控制的范围内是相对安全的；一旦条件发生变化，危险源的状态超出可控制的范围，则变成不安全状态。因此，通过实时监测风险源的安全状态，并通过一定的计算方法发出预警信息，可以为突发事件的预测预警提供决策依据。

2.对突发事件实时监测，为及时有效应对提供依据

突发事件发生后，通过实时监测，可以及时获取应急处理方案的实施效果；如果启动的应急方案尚未实现预期的目标，可以根据监测的结果重新调整应急方案，并及时启动新的应急处理方案。因此，实时监测为应急方案的不断调整提供了决策支持，为事后的评价分析提供了参考依据。

三、监测的目标和原则

监测的目标是加强对各类突发事件发生、发展以及衍生规律的掌握，完善监测预警系统，提高综合监测和预警水平，确保风险隐患早发现、早研判、早报告、早处置、早解决。

对突发事件进行监测，首先需要确定监测的目标和对象，包括重大危险源、关键基础设施、重点防护目标。重点防护目标应包含国家重要部门、国家骨干线路、能源储备库、核设施、航天基地、重要交通枢纽、国家重点工程等，以及党政军机关要地、部队驻地、城市经济中心、电台、电视台等重点部门和重点单位，地铁、地下商场、人防工程等重要地下设施，供水、供气、供热等生命线工程设施，重要有毒污染物生产或仓储地、城市易积水交通干道及危房稠密居民区等，特别是与经济社会密切相关的场所，如金融机构、商场、重要厂房等，这些是突发事件的重点防护目标。

在社会安全事件中，对恐怖势力和社情、舆情等也必须加强监测，以确保社会的安全稳定。

加强突发事件监测机制建设，需要遵循以下原则：一是依法监测的原则，要依据突发事件监测相关的法律、法规、规章开展监测工作；二是客观、公正的原则，要不断完善监测标准，如实、客观记录风险隐患情况，进行比较分析，真实反映突发事件的状况；三是重点监测的原则，由于影响突发事件的因素很多，因此，在实际工作中应对那些危害大、出现频率高的风险隐患实行重点监测；四是信息保密的原则，对于属于保密信息的监测数据，监测机构及其工作人员不得擅自泄露；五是专业监测与社会监测相结合的原则，在重视基于科学基础的专业监测的同时，重视广大群众在风险监测中的重要作用，构建全方位、立体化的监测体系。

四、监测机制的主要内容

从监测的手段来看，监测机制包括定量和定性监测，例如污染物浓度、洪水覆盖面积等属于定量监测；而突发事件的发展态势、网络舆论预警等一般属于定性监测的范畴。从监测的形式来看，可以采取随机抽样的方式进行监测，也可以进行连续监测。从技术方法来看，突发事件监测主要是运用系统论、控制论、信息论的原理和方法，结合传感器技术、计算机技术、通信技术等，快速采集各种数字化和非数字化信息，从而给出风险评估结果，及时发出预警。监测机制的主要内容如下：

1.构建突发事件监测网络

突发事件监测网络包括各种类型突发事件的专业监测网络以及综合性的监测

网络。根据自然灾害、事故灾难、公共卫生事件和社会安全事件的种类和特点，建立健全基础信息数据库，划分监测区域，确定监测点，明确监测项目，加大监测设施、设备建设，配备专职或者兼职的监测人员，对可能发生的突发事件进行监测。

2.完善突发事件监控系统

运用现代安全管理理论和现代科技手段，通过重大危险源、危险区域现场实时监测与视频监控系统，以及危险品跨区域流动监控系统，对重大危险源、危险区域进行实时监控或远程监控，获取并维护重大危险源和危险区域关键基础设施和重点防护目标的数据，预防重大事故的发生，确保重大危险源、危险区域安全运行。

3.健全突发事件信息监测制度

把加强应急值守作为常态和非常态工作的基础和保障。严格执行24小时值班制度和领导带班制度；明确领导带班职责和相应的考核奖励办法；选调政治敏锐、责任心强、熟悉业务的人员充实到值班工作岗位上去；严格岗位责任制，值班领导和值班人员要恪尽职守，认真履行职责，做到不脱岗、不漏岗，确保值班的连续性、有效性，实现突发事件的快速应对。

4.推进信息报告员队伍建设

各信息报告责任主体要指定专门的信息报告员，负责应急管理有关信息的收集、整理、汇总、汇报；充分利用互联网、报刊等媒体信息的资源优势，不断完善社区、乡村、学校、企业等基层单位的专职或者兼职信息报告员制度，扩大信息来源。每年组织信息报告员轮训，建立信息报告员培训机制，普及应急管理知识，提高信息报告质量。

五、监测的方法

监测的方法主要包括传统的群众监测和依靠科学技术的专业监测。

群众监测是一种发动广大群众，采用简单的设备，通过观测直接参与潜在突发事件监测的监测方法。例如，发动当地群众报告崩塌、滑坡地区出现的各种细微变化，通过定期目测和简易观测发现潜在地质灾害风险，及时进行防范，避免发生重大损失。目前，在许多地质灾害多发的农村，数万名兼职信息报告员在第一时间发现灾害信息，为保障人民生命财产安全做出了重要贡献。

专业监测是指利用3S、视频、无线、卫星等技术手段，对潜在风险进行测量和控制的监测方法。在实际监测工作中，要注重专业监测与群众监测相结合，构建由各级政府、相关主管部门、专业机构、监测网点以及基层部门等组成的综合监测体系，通过多种途径及时、全面、准确地收集突发事件信息。

第二节　研判机制

一、研判的定义

研判是指借助现代信息技术，根据以往的经验教训，在及时、准确、全面捕捉突发事件征兆后，对已采集、整合的信息进行分析研究，多角度、多层次、全方位地评估本地区、本单位、本部门的公共安全形势，及时发现倾向性、苗头性问题，为信息发布和采取预警措施提供决策依据。研判的主体主要是突发事件处置的决策者、相关部门和专家等。

【案例3-2】2011年2月3日零时13分，10余个刺耳的报警电话几乎在同一时间打来，指向都是沈阳万鑫国际大厦。沈阳消防支队支队长意识到问题的严重性，对事件的相关情况进行了快速研判：该大厦是目前东北第一高的五星级酒店，分A、B、C三座，分别高184米、150米、150米，总建筑面积23万平方米，10楼以下通过裙廊连接，有酒店、公寓、写字间；这个区域是沈阳最为繁华的地段，该大厦北侧10米有万豪、喜来登等五星级酒店，西侧9米是住宅区，一旦火势控制不住，后果不堪设想。他立即决定对该大厦及周边人群进行疏散。接到报告后，辽宁省委省政府有关领导也在第一时间赶到火场，指导现场有序处置。由于各部门、各单位协调联动，疏散及时，判断准确，这场大火并没有造成人员伤亡。

资料来源　闪淳昌，薛澜. 应急管理概论［M］. 北京：高等教育出版社，2012.

二、研判的目标与要求

研判的目标是从思路、方法、程序等各个环节整体把握、统筹考虑，以制度规范为约束、以程序操作为重点、以科学评判为目的，建立立体化、多层次、全方位的信息收集和分析网络，运用科学的信息评估方法，提高信息评估的及时性和准确性，实现对突发事件的早发现、早研判，为科学决策提供依据。研判应做到以下几点：

1.拓宽信息渠道

研判是信息管理的枢纽，也是突发事件应急处置的先导，这就需要全面、准确地认识突发事件现状，多角度、多渠道汇集信息，将自然灾害、事故灾难、公共卫生事件、社会安全事件等各种不同类型的突发事件纳入研判范围。同时，必须合理确定研判对象的属性与范围，增强研判工作的针对性，从而提高研判的质量和效率。

2.及时核实信息

严格的考核指标可以确保研判工作的有效性和客观性。在此基础上，需要创新指标衡量机制，积极发挥科学技术在研判中的基础支撑作用，科学界定研判内容，增强研判工作的综合性和时效性。

3.保障组织建设

研判需要依靠合理有效的组织来完成，因此，必须在保证研判主体客观性、公正性、独立性，并且代表民众利益的基础上，通过组织设计，保障研判结果的合理性。同时，必须创新组织运行机制，改进研判工作方法，增强研判工作的操作性和可持续性。

4.加强多学科专家综合研判

突发事件存在起因复杂，发展趋势和路径多样化、复杂化，后果难预测等特点，所以，要从多学科角度出发，创新分析评判机制，保证研判基础的全面性和科学性。

5.增强研判工作的实效性

研判的结果可以用于对突发事件预警，也可以用于突发事件各阶段的决策指挥，因此，必须做好研判结果的应用工作，使其真正发挥作用。要创新监测预警机制，强化研判结果运用，增强研判工作的实效性。

三、研判机制的主要内容

研判主要是判断突发事件是否发生及发展态势，次生、衍生灾害是否发生及发展态势，突发事件发生后可能造成的后果等。研判机制的主要内容包括：

1.完善信息收集制度，注重对信息的分析

灾害信息的收集是进行研判的基础，必须建立各种历史数据、各类统计数据、各种现场监测监控信息的收集制度；完善政府突发事件信息报告制度，相关部门、单位突发事件信息直报制度，各级政府和部门的监测监控网络数据与预测分析相关基础数据（如三维空间数据、气象等专业领域数据）报告制度；强化基层单位的信息巡查力度，提高信息报告质量；完善相关部门和地区之间的横向信息通报制度，建立突发事件信息共享机制；加强对热线受理的举报投诉信息、专家群众来信来访信息，以及报刊、互联网登载信息的收集力度，特别是信息化时代新媒体海量信息的收集和分析力度。

2.加强专业研判，注重多部门、多学科的综合研判

根据突发事件的发生、发展规律，关注重大危险源和危险区域、关键基础设施和重点防护目标，对监测数据进行隐患风险评估，预测事件可能的影响范围、影响方式、持续时间和危害程度等，综合研判事件后果（包括人员伤亡、经济损失、重

要工程受损情况、生命线系统受损情况、重点防护目标，以及次生、衍生灾害发生的可能性等），为灾害预警提供科学依据。

3.提高预测能力，注重对次生、衍生灾害的分析

在研判过程中，要不断提高预测能力，掌握最新知识和技能，重视对次生、衍生灾害的分析；同时要注重基础资料的收集，包括居民状况、自然地理、文化风俗、民族宗教、教育和经济发展等，还要注重灾害链之间的关系和影响。

4.完善研判组织建设，注重动态与全过程研判

研判的组织体系是研判成功的关键。单个部门的研判会受到部门职责和专业知识的局限，难以对突发事件进行全面评估，因此，必须建立多部门与多专业相结合、政府与专家和群众相结合的综合研判机制，保证研判组织建设的科学性。同时，研判是贯穿突发事件全过程的，要根据收集到的信息及时按需进行动态研判。

第三节　信息报告机制

一、信息报告的概念

信息报告是指当突发事件发生或可能发生时，政府及其有关部门在接到下级政府及其有关部门、专业机构、社会组织和公众的报告后，依据有关法律法规、突发事件分级标准及相关规定，及时、准确、客观地向上级党委、政府有关部门报送事件信息，为突发事件的预防和处置提供信息支持和保障的工作过程。信息报告包括纵向信息报告（自下而上的信息报告）和横向信息通报（向相关部门通报）两个方面。

除此之外，信息报告还包括应急管理常态工作信息报告，这具体是指，各级政府及其有关部门在日常应急管理工作中，收集、分析、汇总本系统、本行业、本单位、本辖区的有关工作进展情况，各种影响公共安全的重要信息以及国内外应对重大突发事件的做法、经验、教训等，及时向上级政府及有关部门报告的工作过程。其报告范畴主要包括应急管理组织体系建设、应急预案制定与演练、信息报告体系建设、宣传动员活动开展情况、指挥技术支撑体系建设、突发事件风险评估、隐患排查等。在本节中，我们仅就突发事件信息报告展开论述。

信息报告是应急管理的基础性工作，贯穿于应急管理的全过程，是及时、妥善处理各类突发事件的前提，直接体现和反映应急管理工作水平。建立健全信息报告机制，提高信息报告工作的规范性、程序性、制度化水平，对于及时掌握情况、科学决策、有效开展应对工作具有重要意义。

二、信息报告的目标与原则

信息报告的目标是依法建立健全信息报告和共享制度，重视社会舆情，不断拓宽信息报告渠道，规范突发事件信息报送和处置程序，做好信息汇总和研判工作；健全综合应急管理机构与专项应急管理机构的会商通报机制，加强军地、部门、区域和条块之间的信息交流与共享，提高信息报告的及时性和准确性。信息报告必须遵从以下原则：

1.即到即报，客观真实

突发事件信息报告要突出"快"和"早"，努力做到早发现、早报告、早研判、早处置、早解决（即"五早"原则），为决策和处置赢得宝贵的时间，绝不允许迟报、漏报、谎报和瞒报。

信息报告力求准确、真实、客观，不得主观臆断。要"速报情况，慎报原因"或"情况要快，原因要慎"，还要通过及时续报详细情况，不断完善信息内容，确保为科学决策与处置提供准确依据。

2.要素齐全，体例规范

相关部门应建立统一的突发事件信息系统，对信息报告的程序、时限、技术标准、文本格式等进行规范，做出统一规定。信息报告要按照相关的规范与要求，确保要素齐全、体例规范，全面地反映突发事件应对和常态应急管理工作。

3.跟踪反馈，及时续报

信息报告要贯穿应急管理全过程，不能"出事才报，事过即止"。突发事件发生、发展、控制过程中信息报告分为初次报告、进程报告、结案报告。初次报告要快，进程报告要新，结案报告要全。

4.强化研判，深入分析

信息报告要对事件的原因、性质、影响和后果等进行深入分析，做到有情况、有分析、有研判、有建议、有措施，根据情势的变化，随时报告最新进展、采取的措施和需要解决的问题等，以便上级部门和相关领导科学决策。特别是在善后恢复和事故调查等环节，对突发事件的反思是"化危为机"的关键。

5.政治敏感，过程保密

当信息报告内容涉及政治、军事、外事、民族、宗教、社会稳定、重要人物等时，要具有政治敏锐性和保密意识，对敏感时间、敏感地区、敏感人群发生的敏感事件，必须予以高度重视，并特事特办。要处理好突发事件信息公开和保密之间的关系，特别是要慎重对待那些应遵守保密规定的信息和一些难以准确预测、容易引发社会恐慌的突发事件信息。在未经明确授权公开信息时，或在是否能公开信息存在争议时，要确保信息在传递过程中不泄密、不丢失，避免造成负面影响。

三、信息报告的内容与标准

1.信息内容的分类

对于不同类型的突发事件信息，应根据其特点进一步分解为不同的要素指标。细分的意义在于：第一，选择关键信息进行报送，这有利于上级政府和有关部门在第一时间全面把握事件的关键信息，并采取相应的应急措施。第二，选择正确的报送对象和合适的报送范围，这有利于提高信息报送效率，有利于事件所涉及的部门及时、有效地获取信息，并展开应急管理工作。

2.信息内容的分级

对不同类型的突发事件，按照性质、严重程度、可控性和影响范围等因素，可分为一般、较大、重大和特别重大事故等级。一般突发事件，表示其影响局限在社区和基层范围之内，可被县（区）级政府所控制。较大突发事件，表示后果严重，影响范围大，发生在一个县（区）以内或波及两个县（区）以上，超出县（区）级政府的应对能力，需要动用市级政府和有关部门的力量方可控制。重大突发事件，表示其规模大，后果特别严重，发生在一个地市以内或是波及两个地市以上，需要动用省级政府和有关部门的力量方可控制。特别重大突发事件，表示其规模极大，后果极其严重，其影响超出本省范围，需要动用全省的力量，甚至请求中央政府增援和协助方可控制。其应急处置工作由发生地省级政府统一领导和协调，当超出地方处理能力，或者影响全国时，由国务院统一领导和协调应急处置工作。在实际工作中，为了使上级领导和部门全面了解各方面的信息，要求信息报送的级别在处置级别基础上延伸一级（见表3-1）。

表 3-1　　　　　　　　　　事件级别与信息报送级别

报送级别 ＼ 事件级别	特别重大	重大	较大	一般
国家级	√	√		
省级	√	√	√	
市级	√	√	√	√

3.信息报告的格式

在突发事件应对过程中，信息报告的要素越准确、全面，越有利于应急管理部门做出科学决策，进行妥善处置。因此，规范和统一信息报告的内容和格式，按照初报、续报和结报的不同要求，及时上报事态进展情况，对于做好突发事件信息的综合分析和研判具有重要意义。

信息报告卡主要用于各应急管理部门向上级部门报告突发事件信息,其中不仅包含有关信息报告内容的八个关键要素(时间、地点、信息来源、事件性质、危害程度、事件发展趋势、已采取的措施、续报事件处置进展情况),还包括其他附属要素,如签发人、信息提供者及单位等(见表3-2)。

表 3-2 　　　　　　　　　　　　**信息报告要素**

信息报告要素	初报	续报	结报
签发人	√	¤	√
信息提供者及单位	√	√	√
信息类别	√	√	√
严重级别、敏感级别		¤	√
报送时间	√	√	√
发生事件的时间	√	√	√
地点	√	√	√
信息来源	√	√	√
事件起因和性质		¤	√
基本过程	√	√	√
已造成的后果	√	√	√
危害程度		¤	√
影响范围		¤	√
事件发展趋势和已采取的措施		¤	√
续报事件处置进展情况		¤	√
下一步工作建议			¤

　　说明:¤表示该列中新增的要素。

　　各要素在初报、续保和结报时有所不同,初报应突出信息的及时性和政治敏锐性,有些要素需要在续报和结报时添加、补全。

　　4.信息报告的时限要求

　　对于日常监测信息,一般按照规定时间报送,没有急迫的时限要求。对于突发事件的信息报告,则有明确的时限规定。《国家突发公共事件总体应急预案》规定,特别重大或者重大突发事件发生后,各地区、各部门要立即报告,最迟不得超过四小时，同时通报有关地区和部门。应急处置过程中要及时续报有关情况。各部门还有针对各类突发事件的不同时限要求，如《国家救灾防病信息报告管理规范（试行）》规定，有关的初次报告，除采用"国家救灾防病报告管理信息系统"报告外，必须上报书面报告，时限为县以上人民政府及其有关部门确认发生灾害后24小时内。阶段报告采用"国家救灾防病报告管理信息系统"进行日报。必要时，按上级要求以书面方式上报。总结报告应在事件处理结束后10个工作日内，采用"国家救灾防病报告管理信息系统"上报，同时必须上报书面报告。

四、信息报告的流程与渠道

1.政府内部信息报送渠道与流程

从乡、县、市、省到国务院，信息每经过一层都要进行编辑整理再签发上报，不仅时效性差，而且在层层上报过程中，一些内容还随之衰减。所以，信息如何以最有效的方式、及时且如实地报到上级政府，直至国务院，是一个非常重要和现实的问题。总体而言，我国政府内部信息报送的渠道一般包括以下几种：

（1）会议渠道。政府机构的运行在很大程度上需要通过会议制度来实现，以完成沟通、决定、贯彻、动员等任务。就信息交流而言，会议召开的频率越高、会议持续的时间越长，其信息交流的频率就越高、范围就越广。在正式会议之外，还存在大量的非正式会议，如工作会议、传达会、座谈会、碰头会、经验交流会等。它们在政府机构的运行中发挥着主导和影响决策议程设置的作用，也在一定程度上主导和影响正式会议的议事内容和基本共识。越是高层的会议，沟通的范围越小，沟通的决策功能越明显；越是低层的会议，沟通的范围相对来说越大，沟通的决策功能越弱。

（2）文件渠道。政府机构运行中的文件是一种封闭运行、受到严格管理的公文书信或政策文章。就性质而言，文件可分为三种类型：政治文件、管理文件和信息文件。政治文件旨在讨论政治原则。管理文件旨在讨论政府的具体问题。信息文件是传递信息的，它既可由执政党发出，也可由政府部门发出；既可由上级机构向下级机构发出，也可以由下级机构向上级机构发出；它甚至可以是斜向的，不受级别的限制，只要认为有必要，都可以照发。信息文件由于其统治、指令执行功能较弱，并且主要是为了提高政府管理的有效性，而非政治动员、政治教育，所以其传播范围比管理文件和政治文件要广泛。

（3）网络渠道。我国突发事件信息报告系统从各地区、各部门向下延伸，建立起"横向到边，纵向到底"的信息报告网络，减少了中间层次，提高了信息传递效率。这当中最难解决的是网络问题，即电子政务内网（传输机密信息），目前只到省，省以下各地的建设情况不尽相同。有的地方建有自己的内网，有的地方建有外网，但都因不符合保密要求，无法与电子政务内网直接连通。

2.政府外部信息报告流程与渠道

（1）信访渠道。信访制度是指"由各级国家机关设置专门的信访工作机构，并配备专职信访干部，按照分级负责、归口办理的原则，处理人民群众的来信、来访、来电活动的一项基本制度"。信访可简单区分为两类：一类是肯定、赞扬各级党政机构工作的；一类是表达对各级党政机构不满、抗议而请求帮助的。两者都是国家治理体系中不可或缺的信息，故而信访是信息传达的重要渠道。信访有时越过了基层政府，由公民直接向上级国家机关反映情况，能够比较直接、充分地表达民意，让上级国家机关真正了解实践中存在的问题，并制定出相关的政策措施。在实践中，我国政府获取的关于基层官员违法乱纪方面的大量信息多来源于公民的信访。

（2）新媒体渠道。广播、电视、报刊等具有极强的透明性、及时性、公众性特征，在现代社会，新闻媒体是政府进行外部交流的重要渠道之一。离开新闻媒体的信息传递功能，政府与公众的关系将出现瘫痪的可能，可能对社会稳定造成严重的后果。近年来，政务网站的建设将政府外部信息交流工作带入了新的阶段，这种新型的信息交流模式可以迅速拉近政府与公众的距离，提高信息的传递效率，增强公众对政府的信任。同时，网络社交平台等新媒体的出现，给政府外部信息交流工作带来了新的挑战，也带来了变革政府信息治理方式的机遇。

（3）内参渠道。我国已经逐步建立健全了思想库体系，形成了决策咨询制度。随着经济活动越来越复杂，研究领域的专业分工也越来越精细，中国科学院、中国社会科学院、各部委办、各重点高校下属的研究机构，开始越来越积极地从事政策研究和咨询工作。高级知识分子聚集的各民主党派也纷纷利用其"直通车"的便利向政府高层建言，反映社情民意。思想库一般会出版诸如"简报""参阅"之类的内部报告，党政领导经常会圈阅、批示、转发一些报告。

（4）调研渠道。由于组织化的信息交流过程中层级过多、局部利益和主观情感等因素会干扰信息原貌，党政领导往往在决策之前会采取个人调研或集体调研的形式，直接面对基层群众、企业经营者和官员等，实地考察居民日常生活状况、社会经济发展状况、干部工作实际状况，以调整片面认识、纠正错误认识。领导调研是一种特殊的政府外部信息交流渠道。

五、信息报告的工作内容

1.社会舆情汇总与研判

建立突发事件情况下社会信息共享机制，明确突发事件社会舆情收集的内容，舆情收集、分析的程序和上报形式，及时掌握社会舆情动态，探索舆情的产生和变化规律，加强"敏感点"发现、"热点"预警、"爆发点"掌控，维护社会稳定。各级应急管理机构要加强舆情汇集和分析机制建设，拓宽信息来源渠道，通过设置新闻热线、开辟政府网站专栏、建立手机短信平台等多种形式，畅通社情民意反映渠道，加大对可能引发不稳定因素的各种信息源的收集、分析力度，对一些苗头性、倾向性问题，做到早发现、早报告、早处置。要建立"横向到边、纵向到底"的基层专职或兼职舆情信息员队伍，要把触角伸向农村、企业、学校、社区等基层单位，伸向新兴群体、新兴组织、新兴媒体等。推广应用新技术，建设以计算机智能处理技术为主要手段的舆情预警辅助决策支持系统，加强对互联网、手机短信和微信等新型传媒渠道的信息收集与分析。

2. 纵向信息报告工作

规范应急管理日常工作信息报告和突发事件信息报告程序，对信息报告范围、报告时限、报告要素、续报和结报、事件处置过程中的信息联络、事件的整体评估、事件信息的统一上报和发布等进行科学、明确的规定，全面了解和掌握应急管理工作进展情况。拓宽信息报告渠道，注重发挥新闻媒体的作用，加大预警信息收集、报送力度，建立开放的信息报告平台，在基层单位设立信息报告员，建立风险隐患报告激励机制。建立灾害现场与救援指挥后方之间的信息实时传递和交互机制，使灾害现场所收集和统计、分析的信息能及时报送救援指挥后方，供决策参考。

3. 横向信息通报工作

建立覆盖各地区、各部门的综合信息共享平台，整合应急信息资源，加强跨部门的信息共享与业务协同，完善综合应急管理机构与公安、交警、消防、急救等专项应急机构的会商通报机制，实现突发事件信息在各地区、各部门之间的共享共通。建立军地信息共享机制，加强与驻地部队和武警部队的沟通与联系，积极开展网络信息交流，强化现代信息技术设施的建设，实现军地之间的网络对接，通过网络、电话等方式传输信息。加强信息共享支撑体系建设，实现不同地区和部门之间组织、资源、信息的有机整合；建立信息共享协调机制，重点建设基础信息共享平台和共享应急基础数据库。

4. 信息报告激励机制

信息报告激励机制可有效引导报送单位，将该报的信息上报、不该报的信息不报，同时发挥工作主动性。突发事件信息不同于一般的政务信息，与各地区、各行业公共安全形势密切相关，不能简单地以信息数量多少、领导同志批示多少来衡量工作的优劣。及时、准确是信息报告的总体要求，此外，还要设计科学的具体指标进行量化反映，以便对信息报告工作进行恰当的评价。评判标准包括：

第一，实效性。信息报告的时效性可通过"按时限报送率"来衡量。目前，仅对初报信息是否按时限报送进行评判。对于接报时间以及有争议或难以确定的事发时间，以事件认定的时间为准。

报告方式以书面为主，特殊情况下也可以通过口头报告。计算公式为：

信息按时限报送率=按时限报送数量÷事件发生起数×100%

其中，为防止报送单位漏报，用事件发生起数代替应按时限报送数量。

第二，准确性。这是指未出现要素不全、文字错误、格式不规范等情况，包括初报、续报和结报。计算公式为：

信息准确率=未出错信息数量÷报送信息总数量×100%

第三，主动性。事前预测预警情况、事后信息续报情况以及约稿完成情况等主动报告信息情况，可以通过"信息采用率"来衡量。计算公式为：

信息采用率=信息采用量÷报送信息数量×100%

此外，对领导同志做出批示的信息以条目方式进行反馈，不纳入统计指标。因为领导同志的批示更多是针对事件处置做出的重要决定，而不一定是对信息本身写得好坏、准确与否等的评价。有时因信息内容不详尽，领导同志也会做出批示，要求进一步了解情况，获得这样的批示并不值得鼓励。同时，对于突发事件的处置，也不应等上级领导做出批示才引起当地的重视。信息通报制度的建立应引导报送单位进行合理预期，并将其纳入正常工作中，促进基层应急管理能力的增强。

以上指标按照信息按时限报送率、信息准确率、信息采用率的顺序，对报送单位进行评比，第一指标相同的，第二指标高者为先，依此类推。各单位初始顺序为地区和部门自然顺序，按月通报，按月评比，逐年累计，年底进行总结表彰。

第四节　预警机制

一、预警的定义

预警是指根据突发事件过去和现在的一些数据、情报、资料等，运用逻辑推理和科学预测方法和技术，根据某些突发事件征兆信息偏离预警线的强弱程度，对于未来可能出现的风险因素、发展趋势和演变规律等做出估计和推断，并发出确切的警示信号或信息（即预警信号），使政府和公众提前了解事态发展的趋势，以便及时采取应对策略，防止或消除不利后果的一系列活动。预警必须依靠有关突发事件的预测信息和风险评估结果，根据突发事件可能造成的危害程度、紧急程度和发展趋势，确定相应的预警级别。通过公共媒体、政府内部信息渠道等，及时对特定的目标人群发布警示信息，灵敏、准确地昭示风险前兆，并采取相关的预警措施，从而把突发事件可能给特定的政府部门和潜在的受影响群众造成的损失降到最低。

二、预警机制的目标和原则

2003年10月，党的十六届三中全会《中共中央关于完善社会主义市场经济若干问题的决定》中第一次明确提出"建立健全各种预警和应急机制，提高政府应对突发事件和风险的能力"。科学的预警可以使应急管理人员和公众及时了解和掌握灾害的类型、强度及演变态势，为抑制灾害的进一步发展，防范次生、衍生灾害的发生提供客观依据，为实现"预防为主，关口前移"的应急管理模式提供科学支撑。

开展预警工作的目的有两个：一是及时收集信息，并对收集到的信息进行快速分析、处理，然后根据科学的信息判断标准和信息确认程序，对爆发突发事件的可能性做出准确的预测和判断；二是及时向有关人员和公众发布突发事件可能发生或即将发生的信息，以引起有关人员和全社会的警惕。

建立预警机制的目标主要是多渠道设置规范而直观的预警标志，建立准确、快速、畅通的预警通道，采取科学、有效的预警措施，有效减少突发事件的危害。通过确定预警级别、发布预警信息，迅速、有效地将信息传递给受突发事件影响的区域和人员，帮助这些区域和人员在灾情扩大或爆发前采取有效应对措施，从而实现超前反馈、及时布置、防患于未然。

建立预警机制应遵循以下原则：

1.时效性

从突发事件的征兆出现到全面爆发具有很高的不确定性，事态演变极其迅速，需要借助现代先进技术，及时、准确、全面捕捉各种征兆，并对各类信息进行多角度、多层面的研判，及时向特定的群体传递。因此，预警工作的开展一般需要建立灵敏、快速的信息收集、信息传递、信息处理、信息识别和信息发布系统，这一系统的任何一个环节都必须建立在快速的基础上，失去了时效性，预警就失去了意义。

2.准确性

预警不仅要求快速收集和处理信息，还要对复杂多变的信息做出准确的判断，这关系到应急管理的成败。要在短时间内对复杂的信息做出正确判断，必须事先针对各种突发事件制定科学、实用的信息判断标准和确认程序，并严格按照制定的标准和程序进行判断，避免信息判断过程中的随意性。当然，提高预警准确性的关键是提高科学技术水平。

3.动态性

预警信息的收集和发布是一个动态的过程。由于预警信息采集的时点性和突发事件本身的动态性，某一时点发布的预警信息仅是针对当时情况的研判结果，然而突发事件是在不断变化的，因此预警信息必须根据动态的研判结论进行相应的调整。

4.多途径、全覆盖

突发事件预警机制建设必须考虑各种潜在的不确定因素及其相互关系，同时，突发事件预警涉及政府、企业、公民，是一个复杂的系统工程，需要各方面协调配合。

从2003年非典疫情和2008年南方雨雪冰冻灾害等突发事件可以看出，在进行一个领域的预警时，不能只考虑单一突发事件对公众、财产、经济社会等的影响，而应将相关的主体联系起来综合考虑。同时，决策部门之间也存在相互影响和制约，一个主体发布的预警信息应如何被其他主体接受并影响其他主体的预警信息的发布，不仅涉及灾害次生、衍生机理，还涉及多部门协同应对机制。以典型的综合预警，如气象预报-地质灾害预警为例，国土资源部门、水利部门与气象部门联合行动，气象部门发布预警时及时向国土资源部门、水利部门传递相关的气象数据，便于国土资源部门、水利部门等结合该数据进行综合预警。从提高重大突发事件处置效率出发，建立有效的协同运行机制，开展综合预警，这是目前最迫切需要解决的问题。

5.多层次

预警机制建设必须根据突发事件的不同级别设置不同的层级系统，形成一个从低层级到高层级、从简单到复杂、从小范围到大范围的系统圈。同时，还要注重采用内部预警与外部预警相结合的方式。对于敏感性、恐怖主义等相关信息，以内部预警为主；对于地震、海啸等直接危害民众健康的事件，以外部预警为主。要着重落实预警后的疏散、撤离等相关措施。

三、预警分级

突发事件预警分级是指根据有关突发事件的预测信息和风险评估结果，根据突发事件可能造成的危害程度、紧急程度和发展态势，确定相应的预警级别，标识预警颜色，并向社会发布相关信息。各类突发事件都应当建立健全预警分级制度，自然灾害、事故灾难、公共卫生事件应当划分预警级别。考虑到社会安全事件比较敏感，紧急程度、发展态势和可能造成的危害程度更为复杂和不易预测等特点，社会安全事件的预警工作要从实际出发，内外有别。按照《突发事件应对法》的要求，可以将预警级别划分为四级，并分别用不同的颜色标示。

《突发事件应对法》第42条规定，可以预警的自然灾害、事故灾难和公共卫生事件的预警级别，按照突发事件发生的紧急程度、发展态势和可能造成的危害程度，可分为一级、二级、三级和四级，分别用红色、橙色、黄色、蓝色表示。一级为最高级别，预警级别的划分标准由国务院或国务院确定的部门制定。在总体预案中，要采用一致的预警分级方法。

四、预警信息发布、报告、通告和解除

预警信息的发布、报告和通报工作是建立健全突发事件预警机制的关键，主要包括：第一，建立完善的信息监控制度。有关政府部门要针对各种可能发生的突发事件，不断完善监控方法和程序，建立并完善事故隐患和危险源监控制度，并及时维护、更新数据库，确保监控质量。第二，建立健全信息报告制度。一方面要加强地方各级政府与上级政府、当地驻军、相邻地区政府的信息报告、通报工作，使信息能够在有效时间内传递到行政组织内部的相应层级，有效发挥应急预警的作用；另一方面要拓宽信息报告渠道，建立社会公众信息报告和举报制度，鼓励任何单位和个人向政府及其有关部门报告突发事件隐患。同时，要不断尝试新的社会公众信息反馈渠道，如开通网上论坛，设立专门的接待日、民情热线、直通有关领导的紧急事件专线等。第三，建立严格的信息发布制度。一方面要完善预警信息发布标准，对可能发生和可以预警突发事件进行预警，规范预警标志，制定相应的发布标准。同时，要明确规定相关政府部门、主要负责单位、协作单位应当履行的职责和义务。另一方面要建立广泛的预警信息发布渠道，因地制宜，充分利用喇叭、铜锣、警笛、广播、电视、报纸、电话、手机短信、街区显示屏和互联网等多种形式，发布预警信息，确保广大人民群众在第一时间掌握情况，使他们及时采取有效的防御措施，达到减少人员伤亡和财产损失的目的。

预警信息的发布和解除需要按照有关规定填写发布单和解除单。

单一事件从发生、发展到应对完毕的整个过程中，存在预警级别动态变化的情况。突发事件初起时的预警级别可能较低，随着事态进一步扩大，其预警级别可能上升，反之亦然。如果有关部门不及时更新、调整预警级别，很可能造成重大损失或付出不应有的代价。随着突发事件的演变及相关处置手段的干预，突发事件的发展态势可能逐渐变弱，这就需要解除预警，避免民众因长时间的恐慌心理而造成不必要的负面影响。

五、预警的内容和流程

从预定的目标来看，预警的内容包括突发事件的类别、预警级别、起始时间、可能影响范围、警示事项、应采取的措施和发布机关等。

从预警工作流程来看，预警信息依次包含信息收集、信息筛选、信息评价、阈值设定和报警五个时间序列的工作。从预警机制的建设来看，还应包括预警级别的

调整、预警制度的完善以及预警措施的落实等相关工作内容。综合来看，预警机制主要包括以下几点：

1.预警信息的处理和发布

在各部门与各领域专家的参与下，对收集到的全部信息进行多次分析、研究，完成筛选工作，之后进行评价，确定这些信息的准确性与重要性，然后确定预警指标的临界值，即阈值。当突发事件先兆信息的某些参数接近或达到这个阈值时，就意味着将有突发事件发生。一旦特定参数接近或达到阈值，系统就会在合适的时点上发出某事件即将发生的警告。

2.预警级别的划分

完善现有的预警级别划分标准，对各类突发事件的预警级别加以细化和规范化。完善预警级别的动态调整、重新发布和预警解除机制，提高预警信息的连续性。规范预警标志，多渠道设置规范而直观的预警标志，对突发事件进行更加科学、合理的分类并逐步实现数字化，提高根据综合研判结果快速确定事件预警级别的能力，实现对分级指标进行检索、添加、修改、查看、删除等功能。

3.预警发布制度的完善

根据即将或可能发生的突发事件的类型和特征，参照相关预案规定和预期级别，启动相应的预警信息发布流程。根据"属地管理为主、权责一致、接受上级领导统一指挥"三原则，进一步明确预警信息的发布权和授权制度，规范预警信息的发布内容。扩大预警发布的渠道，建立针对特殊人群和场所的预警发布渠道，如对老、幼、病、孕等特殊人群，以及学校等特殊场所和警报盲区。

4.落实发布预警信息后的预警措施制度

根据风险评估结果，深入分析风险隐患产生的主客观原因，及时修订、完善相关规章制度，制定和完善切实可行的预警措施，提高预警措施的针对性、可行性、规范性和科学性。完善预警措施实施后的反馈和评估机制，适时对预警措施进行监督检查和评估，建立预警措施更新调整机制，根据实际效果不断完善预警措施。

六、预警的方法

突发事件预警的方法主要包括传统方法和技术方法。传统方法是指在没有或只有较少技术设备支撑的基础上，根据简单目测或观测、观察获得的突发事件相关信息，以口头、广播、电话等方式通知相关人员的预警方式。传统方法具有快速、直观的特点。相对于传统方式，技术方法具有精确、可靠、可考证等特点。由于对预警信息的研判需要一定的时间，因此在某种程度上，可能损失一定的时效性。具体来看，技术方法包括：

1.指数预警

该类方法是通过制定综合指数来评价监测对象所处的状态，目前主要应用于宏观公共安全领域（如公共卫生指数、社会安全指数等），用来预测公共安全周期的转折点。

2.统计预警

该类方法主要通过统计方法来发现监测对象的波动规律，它使用的变量少，数据收集容易，操作比较简单，如多元判别分析法、Logistic 回归分析等。

3.模型预警

该类方法是通过建立数学模型来评价监测对象所处的状态，因而在监测点比较多、比较复杂时被广泛使用。该类模型分为线性模型和非线性模型。主要灾害变量之间有明确的数量对应关系时，就可用线性模型预警。非线性模型对处理复杂的非线性系统具有较大的优势，但如何对监测对象的复杂状况，进行有效预警、评价是目前的难点。

第五节 先期处置机制

《中共中央关于加强党的执政能力建设的决定》指出，要形成统一指挥、功能齐全、反应灵敏、运转高效的应急机制，提高保障公共安全和处置突发事件的能力。突发事件发生后，首要的任务是进行有效处置，最大限度地减少损害，防止事态扩大和次生、衍生事件发生。同时，突发事件的责任主体应采用预定的现场应急抢险和抢救方式，在突发事件应急响应中迅速、有效地拯救人员的生命和财产，组织公众撤离，以避免和减少人员伤亡及财产损失。

一、先期处置的定义

先期处置是指在突发事件即将发生或刚刚发生后，有关部门对事件的性质、规模等只能做出初步判断或还不能做出准确判断的情况下，对事件进行早期应急控制和处置，并随时报告事态的进展情况，最大限度地避免和控制事件恶化或升级的一系列决策与执行行动。先期处置的主要任务包括启动现场处置预案、成立现场处置指挥机构、封闭现场、疏导交通、疏散群众、救治伤员、排除险情、控制事态发展、上报信息等。

二、先期处置的目标和原则

先期处置的目标是指在突发事件发生的第一时间开展先期处置工作，按照边处理、边报告的原则，及时、有效地控制事态，防止事态升级和扩大，并将了解到的情况和所采取的措施立即反馈给有关部门和地区。先期处置应当遵循如下原则：

1.统一现场指挥

必须建立应急处置现场指挥员制度，确定越级指挥、先期处置的原则与权限，落实并完善应急管理行政领导负责制和责任追究制。

2.根据事态性质决定处置方式

先隔离事态，后控制处置。对各类性质比较确定的突发事件，以控制与限制为主；对各种原因不明的突发事件，要一边隔离事态和控制处置，一边及时判明事件的性质和发展趋势。

3.边处置、边报告

必须坚持边处置、边报告的原则。对没有明确规定、把握不准的问题，应当及时请示；情况紧急来不及请示时，应当边处置、边报告或边报告、边处置。

三、先期处置的主体

《突发事件应对法》第48条规定，突发事件发生之后，履行统一领导职责，或者组织处置突发事件的人民政府，应当针对其性质、特点和危害程度，立即组织有关部门，调动应急救援队伍和社会力量，依照本法的规定和有关法律、法规、规章的规定采取应急处置措施。由于我国建立的是以"属地管理"为主的应急管理机制，这就意味着区县，尤其是基层政府或基层组织除做好应由本级政府、组织处置的突发事件外，还应依法依规、迅速高效地做好需由上级政府、组织处置的各类突发事件的先期处置工作。

四、先期处置工作内容

1.在事件发生的第一时间，及时采取临时性的应急控制措施

强化属地管理为主、充分授权、及时决策的原则，提高当地应急指挥机构的就近决策与处置权，以保证突发事件能够得到及时而有效的处置。细化突发事件发生后第一时间的先期处置措施，规范突发事件发生地应急管理部门进行临时性前期应急控制的权责，防止事态进一步扩大，尽可能减少危害。建立先期处置队伍和后期增援队伍的工作衔接机制，提高科学处置的水平。

2.在了解现状的基础上，明确资源内容与要素

向有关部门和领导报告事态进展情况，必要时可向上级有关部门和领导请求支援。明确先期处置队伍向有关部门和领导报告事态进展的内容、程序、方式、时限，规范越级报告制度，提高信息报送的质量。明确先期处置队伍向上级有关部门

和领导请求支援以及上级有关部门和领导提供支援的条件、方式和内容,建立情况紧急时向上级部门和领导请求进行越级指挥的制度。

3.重视基层组织在突发事件先期处置中的作用

由于基层组织离现场近、熟悉现场情况,因此是先期处置的最佳主体。突发事件发生后,只有基层组织才能做到见事早、行动快,将事件解决在初发阶段,避免造成更大的人员伤亡和财产损失。同时,事发当地的基层组织也是协助进行大规模应急处置的第一帮手。基层组织和群众可以积极配合上级、外部专业救援队伍开展工作,在现场取证、道路引领、后勤保障、维护秩序等方面发挥重要作用。要建立政府、企业、社团和个人之间"自救、互救、公救"相结合的合作关系,明确各自的权利、职责和义务。区域之间也要加强协作,相互救援,共同防灾救灾,防止灾情的衍生和扩散。

4.注重媒体应对,提高舆论引导能力

先期处置的主体要善于同媒体打交道,强化舆论引导:一是充分尊重,要与媒体保持及时沟通与联系,让其参与其中,自觉接受监督。二是真诚面对,对事故采取实事求是的态度。三是正确引导,事故发生后,要及时公布有关事件原因和救援进展等舆论关注的信息,因条件限制不便召开新闻发布会的,也要拟出权威的新闻通稿,供媒体采用;或充分利用新媒体,如官方微博,及时发布有关信息,主动引导舆论走向。

五、处置措施

1.自然灾害、事故灾难、公共卫生事件的应急处置措施

《突发事件应对法》第49条规定,自然灾害、事故灾难或者公共卫生事件发生后,履行统一领导职责的人民政府可以结合实际情况,采取下列一项或多项应急处置措施:

第一,组织营救和救治受害人员,疏散、撤离并妥善安置受到威胁的人员,以及采取其他救助措施。如在汶川地震中,救援人员实施"先多后少、先近后远、先易后难、先轻后重、优先医务人员"的救助原则,为更好、更快地开展营救创造了良好的条件。

第二,迅速控制危险源,标明危险区域,封锁危险场所,划定警戒区,实行交通管制以及其他控制措施。该措施的目的是防止突发事件进一步蔓延扩大,使人员伤亡与财产损失降到最低限度。

第三,立即抢修被破坏的交通、通信、排水、供水、供电、供气、供热等公共设施,向受到危害的人员提供避难场所和生活必需品,实施医疗救护和卫生防疫以及其他保障措施。

第四，禁止或限制使用有关设备、设施，关闭或者限制使用有关场所，中止人员密集的活动或者可能导致危害扩大的生产经营活动以及采取其他保护措施。如2003年非典疫情暴发后，为防止疫情扩散，国务院果断取消了"五一"假期，暂停全国性比赛，一些地区的学校停课，有的地区关闭了娱乐场所，这些措施对保护人民的生命健康是完全必要的。

第五，启用本级人民政府设置的财政预备费和储备的应急救援物资，必要时调用其他急需物资、设备、设施和工具。

第六，组织公众参加应急救援和处置工作，要求具有特定专长的人员提供服务。通过对现场情况的初步估计，根据相关应急处置预案组织应急响应的人力资源，人员集结要方便应急处置与救援工作，核心力量和现场急需的专业力量要接近现场，组织调度过程要有序进行，不要对现场内外交通造成堵塞。

第七，保障食品、饮用水、燃料等基本生活必需品的供应。

第八，依法从严惩处囤积居奇、哄抬物价、制假售假等扰乱市场秩序的行为，稳定市场价格，维护市场秩序。

第九，依法从严惩处哄抢财物、干扰破坏应急处置工作等扰乱社会秩序的行为，维护社会治安。

第十，采取防止发生次生、衍生事件的必要措施。突发事件发生后，往往会导致一系列次生、衍生事件，有时次生、衍生事件带来的灾害和损失比原生事件要大得多。如汶川地震发生后，针对堰塞湖和震损水库，各地完善应急避险预案，对大型和特大型地质灾害隐患点实行24小时动态监测，建立群测群防网络。为防止疫病发生，各地组建专业卫生防疫队伍、防疫消杀和保洁队伍，进村入户、不留死角、分片包干、落实责任，全力抓好防疫消杀和卫生保洁。

2.社会安全事件的应急处置措施

《突发事件应对法》第50条规定，社会安全事件发生后，组织处置工作的人民政府应当立即组织有关部门，并由公安机关针对事件的性质和特点，依照有关法律、行政法规和国家其他有关规定，采取下列一项或多项应急处置措施：

第一，强制隔离使用器械相互对抗或者以暴力行为参与冲突的当事人，妥善解决现场纠纷和争端，控制事态发展。这是针对群体性突发事件等社会安全事件采取的措施。隔离就是将相互冲突和对抗的当事人置于不可能再发生冲突的地方。当群体性突发事件等社会安全事件发生时，对于相互冲突的当事人，公安机关要依照法律赋予的职权，采取相应的措施，进行强制干预，隔离冲突双方，控制局势，平息事态，恢复正常秩序。

第二，对特定区域内的建筑物、交通工具、设备、设施及燃料、燃气、电力、水的供应进行控制。这是对重点设备、设施的安全保护措施。在社会安全事件发生后，在特定区域内的一些建筑物、交通工具、设备、设施等可能受到威胁，燃料、燃气、电力、水等能源供应系统也可能受到威胁。因此，组织处置工作的人民政府应当组织政府有关部门对这些特定建筑物、设备、设施和能源供应系统进行必要的控制，防止因社会安全事件的发生造成不必要的破坏。

第三，封锁有关场所、道路，查验现场人员的身份证件，限制有关公共场所内的活动。突发事件发生后，为了维护社会治安秩序，必要的时候需要实行现场管制，限制人员进出被封锁管制的场所、道路，对出入封锁区域人员的证件、车辆、物品进行检查，禁止或者限制有关公共场所内的聚众等活动。

第四，加强对易受冲击的核心机关和单位的警卫力量，在国家机关、军事机关、国家通讯社、广播电台、电视台、外国驻华使馆等单位附近设置临时警戒线。这是对要害部位加强保护的规定。

第五，法律、行政法规和国务院规定的其他必要措施。处置社会安全事件的措施是多种多样的，无法全部列出；有的措施在有关法律、行政法规中也有规定，不必——列出。

六、先期处置的流程

先期处置的流程如下：一是通过现场直接观察、访问等方法，核实和收集情报信息并随时报告。二是对事件概况（详细地点、规模、起因、类型、特点等）及发展趋势做出初步判断。三是与已到达现场的协同单位取得联系，互通情报。四是实地考察现场情况，对后续处置力量（该起事件的负责人和相关单位）的进入路线、控制范围等工作提出初步设想。五是在可能的情况下，抢占有利空间，为指挥部的建立和后续处置工作的展开创造有利条件。

第六节　快速评估机制

一、快速评估的定义

快速评估是一种非常普遍的评估类别，是在主要问题还不清楚，同时又缺乏充足的时间和资源以进行长期且详尽评估的情况下，调查复杂情景的一种方法。突发事件的应急处置和救援是一种典型的时间紧迫、信息缺乏而决策质量要求高的情景，是快速评估的重要应用领域。

快速评估是在不确定性高、时间非常紧迫、资源与信息有限的情况下进行的评估。突发事件应急处置和救援的快速评估是指，在突发事件发生后的较短时间内，由履行领导职责或者组织处置突发事件的政府及其有关部门，按照有关规定，指派工作组或由有关机构针对特定问题进行快速调查，短期内提供相关信息的行动或过程。具体而言，这一定义包括以下要点：

第一，快速评估的主体包括：组织者，通常为突发事件应急处置和救援的指挥者或指挥部；实施者，通常由相关领域的专业人士担当，组织者可指派有关专家牵头成立快速评估工作组，也可指定相关专业机构开展快速评估工作。

第二，快速评估的目的是为突发事件应急处置和救援阶段的非常规决策提供支持。

第三，快速评估的对象包括与应急处置和救援相关的用于决策支持或者信息发布的多种信息，以及基于这些信息的形势判断。

第四，快速评估的内容与应急处置和救援的需求，特别是应急决策的需求密切相关，包括突发事件的时间、地点、损失、性质、规模及影响，以及灾区和灾民的短期需求等。

第五，快速评估是为应急决策服务的，因此必须在做出相关决策之前完成，不求全面完备和尽善尽美，而是注重实用、快速，满足决策者的基本需求。

快速评估机制就是围绕应急处置和救援阶段快速评估的需求，建立一套应急指挥组织和开展快速评估的程序化、专业化的工作流程。这是应急管理的核心机制之一。

二、快速评估的特点

快速评估除了具有评估的一般特点之外，还具有特殊性。

1.快速评估区别于其他评估的根本特点

快速评估区别于其他评估的根本特点在于它是一种有着极大约束性的评估。快速评估的目的决定了它受到投入时间和资源的严格约束。常规评估的基础是理性决策模型，要求严格遵循科学的原则和方法，基于周密的调查核实和严密的逻辑推理，以获取客观、真实及精确的事实，并在事实基础上形成较为准确和客观的结论及对现在形势和未来趋势的判断。显然，常规评估的这种要求只能在拥有较为充裕的时间和投入较多资源的情况下才能达到。快速评估因为无法满足这种条件，所以它的基础是满意决策模型，即只要求获得令决策者满意而非完美的事实和判断即可。在这种情况下，快速评估的科学性、客观性和精确性等方面的要求均有一定程度的放松，以满足时间和投入方面严苛的限制。

2.快速评估更重视定性的结果

现代评估理论越来越重视定量分析方法，但是快速评估的资源约束决定了快速评估无法给出精确的定量结论，更多的是一个估计范围或者概率，快速评估的目的也决定了快速评估主要是为应急决策服务，并不苛求精确的数字，而是追求比较准确的定性判断结果。因此，快速评估虽然也大量使用定量分析方法，但更重视定性的结果。

3.快速评估鼓励非程序化和超理性的思维

由于快速评估在投入方面的严苛限制，所以快速评估很难依据常规的评估程序开展评估活动，而必须根据突发事件的实际情况，因地制宜地开展评估工作，最大限度地利用已有或者容易获得的信息。由于快速评估的目的是支持应急决策，所以快速评估更加重视人们，特别是资深专家对事件的理解，重视专家的经验和直觉等超理性思维。快速评估常常与常规评估不一样，后者是先收集信息再获得结论，前者是先给出结论，再收集证据。

4.快速评估是类比的方法

在快速评估中，由于投入的约束，人们难以获取突发事件的全部信息，而是大多采用类比的方法，力图用零碎而分散的片段，去比较过去发生的类似事件，"盲估"事件的相关信息。

三、快速评估的原则

1.时效性

快速评估主要是为应急指挥决策服务的，必须在突发事件发生后的第一时间进行，并在应急指挥决策前反馈评估结果。如果快速评估不能为应急指挥决策提供及时、有效的信息，它就会丧失存在的意义。

2.宏观性与指导性

快速评估不是对突发事件的详细调查，而是在对事件进行粗略分析的基础上对宏观性和方向性的准确把握。相应地，快速评估主要追求具有高度指导性的定性判断和结论，而非精确的定量结果。

3.交互性

快速评估虽然是为应急指挥决策服务的，但并非只有快速评估完成后，才能开始进行应急指挥决策。实际上，应急指挥决策是依据突发事件的发展及应急处置和救援的开展而持续进行的。因此，快速评估不应等待全部工作完成后再递交完整的快速评估报告，而应在快速评估过程中，与应急指挥决策者保持及时的沟通和交流，随时了解决策者的新需要，动态地汇报快速评估进展。

四、快速评估的内容

快速评估的内容由应急处置和救援的需要决定，大至突发事件的性质和初步损失情况，小至特定类别的灾民，如孤儿的数量和需求等。一般而言，快速评估的内容有两类：

1.突发事件损失和影响快速评估

此类快速评估主要为应急处置指挥决策提供信息服务。评估的内容包括突发事件影响范围、突发事件级别、事故灾情隐患、影响区域人员伤亡情况、直接经济损失、房屋倒塌损失及疏散安置人员数量、影响区域基础设施损失情况、影响区域环境情况、影响区域公共服务情况、影响区域社会损失以及次生、衍生灾害等。

2.灾民和影响区域需求快速评估

此类快速评估主要为应急救援决策提供信息服务。评估的内容包括抢险救灾所需要的人财物等资源情况、抢险救灾需求情况、影响区域群众生产和生活物资需求情况、影响区域救援的医疗和防疫需求情况，以及不同时期的救助目标及需求情况等。

值得注意的是，在理论上，充分的应急准备工作可以保障当突发事件发生时，应急处置的决策者能迅速掌握他所能控制的应急资源的数量及分布等信息，但是实践中，应急准备工作往往是不充分的。此时同样需要通过快速评估收集可用于应急处置和救援的资源的相关信息，包括数量、类型及分布等。

五、快速评估的流程

通常情况下，快速评估应遵循如下流程：一是突发事件发生后，事发地政府和部门在第一时间内上报相关情况，并按照事件的类型和级别，根据相关应急预案，启动应急响应，成立应急指挥机构，开展先期处置工作。此时，如有必要，相关政府和部门可以在还未接到上级指示之前，就开展快速评估工作。二是应急指挥机构根据应急处置和救援中的决策信息需要，组织有关部门、单位和人员开展快速评估。三是有关部门、单位和人员选择适当方法，开展快速评估工作。四是有关部门、单位和人员随时向应急指挥机构反馈快速评估的结果，并在规定时间内向应急指挥机构递交快速评估报告。五是应急指挥机构在综合研判各方面的快速评估报告后，进行指挥决策。六是应急指挥机构可根据突发事件的发展，适时开展多次（并行）快速评估活动，直至突发事件结束。

六、快速评估的方法

1.上报汇总法

这种方法是在突发事件发生后，事发单位和基层政府按照上级部门或者应急指挥部门的相关规定或指令，短期内迅速上报各类突发事件信息和数据，以累计汇总为基础，进而进行快速评估。这种方法的优点是，当快速评估的内容较为清晰、明确，且影响区域基层政府和组织可以有效运行时，可以较为准确地获得突发事件的相关信息。

这种方法要求基层政府和组织能够正常、有效运行，否则就难以使用这种方法。此外，这种方法多用于快速评估内容比较简单的场合，否则上报信息和数据的准确性就难以得到保障，可能出现漏报、迟报、重复上报甚至瞒报等情况，这些都会极大地干扰快速评估工作，影响评估结论的准确性和可靠性。

2.灾害模型法

这种方法是针对特定类型的突发事件，采用数学方法建立灾害模型。当突发事件发生后，将突发事件的级别和范围、影响区域人口、社会及经济统计资料以及其他相关参数，代入已建好的灾害模型中，经过快速评估得出所需的相关结果。

如果有较好的灾害模型，应用这种方法可以快速和较为准确地获得评估结果。应用这种方法也需要较为详备的基础资料，例如基层政府或者相关基层单位事先建立了完备的基础数据资料，或者已经建有数据准确、详尽的地理信息系统等。这种方法主要针对那些相关科学研究积累较为充分、对内在运行机理的分析比较透彻的突发事件类型，否则无法建立有实用价值、被广泛认可的灾害模型，也就无法应用这种方法。

3.模拟仿真法

这种方法与灾害模型法类似，只不过更多利用计算机仿真技术，由计算机模拟真实灾害的发生，通过输入灾害和灾区的各种参数，就可以获得灾害造成损失和影响的仿真结果，进行快速评估。

这种方法解决了一些灾害类型由于系统过于复杂，无法利用数学工具建立实用模型的困难，但是同样存在计算能力不足、仿真效果有限的问题。目前已经有一些地方尝试应用此方法。

4.遥感法

这种方法利用现代飞机（包括无人机、飞艇等）或卫星遥感技术，快速获取灾区上方的图像资料，再利用图像处理技术分析灾区损失和影响情况，进而进行快速评估。这种方法能够非常迅速地把灾区的真实情况收集、汇总起来，特别是利用卫星遥感技术，即便是面积非常广大的灾区，也可以在几个小时内获得全部图像。这种方法在森林火灾应急处置方面已经得到普遍使用。

5.历史事件类比法（案例法）

这种方法是利用历史上类似事件与本次事件进行比对，进而根据历史事件的相关数据推断出结果。这种方法的优点是，如果能够找到适合的类比事件，则能够快速和较为准确地获得评估结果。但是由于绝大部分突发事件都有其独特性，因此选择类比的历史事件和根据历史事件的数据进行推断的时候必须非常谨慎。有些突发事件很难找到可以类比的历史事件，或者难以获得历史事件的相关数据，这都会影响这种方法的使用效果。为了便于使用这种方法，基层政府和相关单位应当建设不同类型突发事件的案例库。

6.实地考察法

这种方式是组织有丰富经验的相关领域领导和专家对灾区进行实地考察,并与影响区域的基层政府领导和群众进行座谈等,利用领导和专家丰富的经验,得出快速评估相关结论。这种方法简便易行,如果相关领导或专家具有丰富的经验,往往能够给出令人满意的结果。相对而言,这种方法对领导和专家的能力依赖性过大。此外,如果灾区面积过于广大,或者事发地交通损坏严重,在短期内对灾区各地进行实地考察的难度较大,就无法采用这种方法。

7.快速调查法

这种方法是组织多个影响区域实地快速调查组,或者多个专业调查组,利用设计好的快速评估问卷或(半)结构化访谈提纲,选取多个影响区域抽样点或者不同调查要素进行快速调查。调查时间尽量缩短,一般不超过一周,然后对调查数据进行快速汇总,并按照事先设计好的分析框架,迅速进行分析,获得快速评估结果。这种方法实际上是将常规评估方法简略化和快速化,并采用并行工作的组织方式,争取在最短的时间内完成评估任务。

这种方法与常规评估很相似,具有科学性、客观性和准确性,可以为应急决策提供丰富的信息。但这种方法需要投入较多的时间和人力、物力资源,评估的结果也依赖事前的调查方案设计。当快速评估的时间约束非常紧时,这种方法很可能无法按时提交评估结果。

8.综合法

所谓综合法,就是综合利用以上两种或数种方法,以获得更为准确或者更被广泛认可的评估结果。例如,可以综合上报汇总法和历史事件类比法,用类比历史事件的数据来修正上报汇总数据的误差;也可以综合灾害模型法和实地考察法,利用领导和专家的考察结果来修正灾害模型的误差。综合法具有多种方法的优点,能相互补充,获取更准确的信息,但多种方法综合使用也会增加快速评估的工作量,延长快速评估的时间。在实践中,目前大量使用的就是综合法。

第七节　决策指挥机制

一、决策指挥的定义

决策指挥是指应急指挥者在对突发事件的原因、性质、时空特征、扩散态势、影响后果等进行快速评估的基础上,采用科学合理、及时有效的应急控制模式,对应急管理过程中的各种力量、各种活动进行时间上、空间上的安排与调整的过程。

从层级来看,应急决策指挥包括战略决策、战役指挥、战术行动。从时间先后来看，应急决策指挥包括应急决策和应急指挥。应急决策是当突发事件发生时，决策者在时间紧急、资源有限和事件发展不确定的情况下，为了尽可能地减少人员伤亡和财产损失，而确定应采取哪些应对突发事件的方案和措施的过程。应急决策是一种非程序化决策，具有紧急性、主观性、有限性、渐进性和时效性等特点。应急指挥是指当突发事件发生时，各级政府根据突发事件的实际情况，迅速调度指挥一切可以救灾的资源（队伍、物资、资金），进行有针对性的抢险救援工作的过程。

人们常说：决策的失误，是最大的失误。决策指挥是应急管理工作的重中之重。成立权责统一、分工明确、综合协调的应急决策和组织机构，形成政府统一指挥、各部门协同配合、全社会共同参与的应急协调联动机制，是世界各国在应急决策指挥中共同的做法和经验。

二、决策指挥的目标与原则

决策指挥的目标是，充分发挥各级各类应急指挥机构的统一指挥和协调作用，强化各方面的协同配合，形成有效处置突发事件的合力。

决策指挥应当遵循以下原则：第一，统一领导，分级负责。应急管理工作要在各级党委领导下，实行行政领导责任制；按照事件的所属级别，根据应急预案的要求，由相应级别的应急指挥机构负责。第二，以人为本，减少危害。把生命安全放在第一位，在确保救护人员生命安全的前提下，对受到事件威胁的有关人员进行有效施救。第三，依靠科技，专业处置。充分利用和借鉴各种科技成果和专业人员的专业知识、专业能力，充分发挥专家顾问组的作用。第四，属地为主，先期处置。当地应急指挥机构就近决策与处置，应急部门进行前期控制，防止事态进一步扩大。第五，充分授权，及时决策。应急决策机构和相关领导对于直接指挥和处置的负责人应该充分信任，各级决策者应及时、快速决策。第六，减少层级，沟通畅通。应急指挥机构实行扁平化架构，减少层级，保证各级各类应急管理机构之间的沟通畅通。

三、决策指挥的工作内容

1.启动应急响应

应急响应是指突发事件发生后，开展应急处置与救援行动的有关方法和程序。科学完备的应急响应有助于提高突发事件应对能力和水平。《民政部应对突发性自然灾害工作规程》规定，中国对自然灾害的响应等级可分为四级，不同程度的灾害发生后，都有较为规范的救助措施。中国自然灾害应急救助的制度化、体系化为更好地应对和管理自然灾害提供了强有力的保障。

针对不同级别和类型的突发事件，制定不同的应急响应启动机制，科学规范应急响应启动的组织机构和程序。加强应急响应启动宣传教育和培训演练，做到预案涉及人员熟悉预案流程，明确各自的工作任务和职责。严格执行应急响应启动程序，建立特别重大情况下的应急响应调整机制。遇到特别重大紧急情况应灵活、妥善处理，以确保突发事件得到及时解决。建立应急响应后的跟踪评估机制，应急响应启动后，要继续关注事态的发展，及时做好后续工作。

2.专业化现场指挥

要建立一支由专业化的应急救援指挥人才组成的现场指挥队伍，提高现场指挥的专业水平。《突发事件应对法》第8条规定，国务院在总理领导下研究、决定和部署特别重大突发事件的应对工作；根据实际需要，设立国家突发事件应急指挥机构，负责突发事件应对工作；必要时，国务院可派出工作组指导有关工作。县级以上地方各级人民政府设立本级人民政府主要负责人、相关部门负责人、驻当地中国人民解放军和中国人民武装警察部队有关负责人组成的突发事件应急指挥机构，统一领导、协调本级人民政府各有关部门和下级人民政府开展突发事件应对工作；根据实际需要，设立相关类别突发事件应急指挥机构，组织、协调、指挥突发事件应对工作。第48条规定，在突发事件发生后，履行统一领导职责或者组织处置突发事件的人民政府应当针对其性质、特点和危害程度，立即组织有关部门，调动应急救援队伍和社会力量，依照本章的规定和有关法律、法规、规章的规定，采取应急处置措施。

要明确现场指挥部建立、指挥协调程序，合理区分战略决策、战役指挥、战术行动三个层级，建立专业化的决策处置程序，制定指挥权转移制度。现场指挥包括现场指挥部的建立，不同部门、不同地区、不同单位之间以及它们与军队之间的指挥协调。现场指挥部是指在应急决策与处置过程中，由相关部门组织的、临时性应对突发事件的决策、指挥与处置机构。其主要职责为：迅速设立事件应急处置现场指挥部，指挥现场应急处置工作；确定应急救援实施方案、警戒区域、安全措施；向上级部门和领导汇报、通报事件的有关情况；根据实际情况，指挥救援队伍施救；负责对事态进行监测与评估。要明确现场指挥部的成立条件、构成要素、职能定位、组织架构、工作流程，建立动态灵活的现场指挥机制，根据"谁先到达谁指挥，逐步移交指挥权"的原则，建立和规范现场指挥权的交接方式和程序，提高应急管理领导者的现场研判和决策水平。

3.资源调配与征用

第一，资源调配。应急资源由应急专业救援队伍、应急救援物资、救援设备、志愿者或群众自愿救援组织等组成。应及时、有效调动人、财、物、通信、技术等各种资源，为应急处置与救援提供重要保障。

各单位要根据应急救援的要求，储备一定数量的应急物资及资金，平时要注重对应急资源的维护和保养，切实保障应急资源的质量、延长应急资源的寿命。各单位要定时对应急资源进行检查，对资源的数目、状况进行全面登记。可以采用与生产厂家签订救灾物资紧急购销协议、建立救灾物资生产厂家名录等方式，进一步完善应急救灾的物资保障机制。依托信息技术，建立应急管理中统一的资源地图和资源调配机构，明确紧急情况下对人、财、物、通信、技术等各种资源进行紧急调配的条件、程序和方法，提高资源调配的效率；根据灾情特点、灾区需求以及抢险救灾需求，在不同地区和部门之间实现应急资源科学、有序和快速调度。

第二，紧急征用。紧急征用是指政府因抢险救灾等紧急需要，依照法律规定的权限和程序，暂时使用单位、个人财产的行为。征用权来源于我国宪法以及《物权法》《突发事件应对法》等相关法律的明确规定。依据上述规定，实施征用行为应符合几个方面的条件：征用权行使的前提是突发事件发生后，为了抢险救灾等紧急需要；实施征用行为，必须严格依照法律规定的权限和程序；征用的范围包括应急救援所需的设备、设施、场地、交通工具和其他物资；被征用的财产在使用后，应当返还权利人，如果财产毁损、灭失，应当给予权利人合理的补偿。

我国相关法律法规对紧急征用做了明确规定。《突发事件应对法》第52条规定，履行统一领导职责或者组织处置突发事件的人民政府，必要时可以向单位和个人征用应急救援所需设备、设施、场地、交通工具和其他物资，请求其他地方人民政府提供人力、物力、财力或者技术支援，要求生产、供应生活必需品和应急救援物资的企业组织生产、保障供给，要求提供医疗、交通等公共服务的组织提供相应的服务。履行统一领导职责或者组织处置突发事件的人民政府应当组织协调运输经营单位，优先运送处置突发事件所需物资、设备、工具、应急救援人员和受到突发事件危害的人员。

要明确应急状态处置过程中紧急征用社会资源、采用市场管理强制性措施等的法律依据。完善紧急情况下的征用和借用机制，明确紧急征用和借用的启动条件、基本程序以及相应的补助、补偿、赔偿标准和程序，使政府运用各种应急资源的行为具有更高的透明度、更大的确定性和更强的可预见性。

4.专家参与

专家参与是指专家根据实际情况，参照历史经验和未来预测结果，以自己的专业知识和各种信息为基础，为突发事件应对工作提供科学依据和可行方案，供决策主体参考的过程。专家参与有助于提高专家在预防和处置各类突发事件中的作用，为突发事件应对工作提供各种决策支持，从而提高应急管理的水平。

要进一步完善应急管理专家参与机制，明确紧急情况下专家参与应急抢险救援的条件、方式和工作程序。建立各级应急管理专家库，吸收专家开展会商、研判、培训和演练等活动，充分发挥专家的咨询与辅助决策作用。充分听取、吸纳专家对预防和处置各类突发事件的意见和建议，发挥应急管理专家在突发事件会商会议、应急管理科普宣传和培训、风险隐患排查和治理、应急管理法制建设等日常工作方面的专业咨询、技术支持作用。

5.临时救助安置

临时救助安置是一种非定期、非定量的临时生活救助和安排制度，对因天灾人祸、意外事故等突发性、偶然性因素造成的临时生活困难家庭的吃饭、穿衣等基本生活进行救助，并为这些家庭安排生活场所。《突发事件应对法》第61条规定，受突发事件影响地区的人民政府应当根据本地区遭受损失的情况，制订救助、补偿、抚慰、抚恤、安置等善后工作计划，并组织实施。

在临时救助安置工作中，要进一步明确临时救助安置的启动条件、标准和运作程序。根据救援工作台账，继续做好灾民的救助工作，保障他们衣食无忧，并给予他们一定的医疗救助金。灾民救助可实行"灾民救助卡"制度，灾民凭卡领取救济粮和救济金。民政部门通过募捐、购买等方式准备好灾民救济衣被和救济粮等。灾害发生半年后生活仍然有困难的灾民，符合条件的可纳入最低生活保障救济。

四、现场指挥部

现场指挥部是应急决策与处置的中枢神经，是决定应急处置高效与快捷的核心因素。针对不同类型的突发事件，可以有不同类型的现场指挥部。

1.现场指挥部的要素

（1）场所。现场指挥部要根据突发事件的性质、种类、危害程度和实际需要合理选址，原则上应设在突发事件现场周边适当的位置，也可以在具有视频、音频、数据传输功能的指挥车辆或相应场所设立。一般而言，现场指挥部的场所选择应该符合如下原则：第一，安全。现场指挥部设立的地点应该是安全的，既要保证突发事件次生或衍生灾害不会波及现场指挥部，又要保证现场指挥部能够在比较安静的场所进行决策。第二，就近。现场指挥部应该接近突发事件发生地，以便及时了解事件的动态并及时决策与处置；不能舍近求远，应该以有效指挥和处置事故为导向设立现场指挥部。第三，方便指挥。现场指挥部的场所选择应该更多考虑是否有利于指挥，在安全、就近的前提下，可以忽略舒适。

（2）设备。每个现场指挥部都应该有现场办公设备，包括电话、传真、电脑、打印机、投影仪等；还要有召开决策会议所需要的基本设备，如办公桌椅、展示平台、信息发布设备等；各种设置要醒目、标志齐全。

（3）人员与车辆标志。突发事件发生后，应该确认现场指挥部各成员单位是否到场，并发放各种标志，维持现场秩序，禁止无关人员进出现场。对不同类型的人员发放不同的标志，以区别他们与现场指挥部关系的紧密程度，同时也决定不同标志人员能进入现场指挥部的层次。车辆标志要根据应急处置的实际情况，对不同类型的车辆进行分类，以区别车辆在现场的位置。

2.现场指挥部的职能

现场指挥部承担以下重要职能：根据突发事件的进展、相关工作预案和领导指示，组织指挥参与现场救援的各单位迅速控制局势，力争把损失降到最低限度；实施属地管理，组织公安等相关部门做好交通保障；做好人员疏散和安置工作，维护社会秩序；协调各相关职能部门和单位，做好调查、善后工作，防止出现次生、衍生灾害，尽快恢复正常秩序；及时掌握和报告重要信息，研究紧急处置情况，并向上级部门汇报。

现场指挥部应随时跟踪事态的进展情况，一旦发现事态有进一步扩大或恶化的趋势，有可能超出自身的控制能力，应立即向上级发出请求，要求协助调配其他应急资源。同时，要及时向事件可能波及的地区通报有关情况，必要时可通过媒体向社会发出预警。一旦事件升级，现场指挥部也应该升级。

3.现场指挥部的结构

各突发事件应急预案应该明确规定现场指挥部的领导机构和内设机构。现场指挥部的领导机构由总指挥、副总指挥和各组组长组成。

现场指挥部的内设机构包括现场指挥组、信息保障组、后勤保障组、对外宣传组、综合协调组、专家顾问组、治安交通管理组、社会面工作组、医疗救助救治组、事故调查组等，具体到不同的灾害种类以及不同级别的突发事件，则可以根据实际需要和应急决策与处置的原则合理配置。

4.现场指挥部的工作流程

（1）现场指挥部的设立。根据事件的类型和现场指挥部的组成要素，按照"减少层级，沟通畅通"的原则设立现场指挥部。

（2）现场指挥部的运行。贯彻和落实应急决策与处置的战略部署，指挥机构到位、应急处置人员进入事发现场，按照各自的职责果断处置突发事件。这包括：做好现场记录；确保上级领导与现场指挥部的联络畅通；突发事件现场处置工作结束后，及时汇总处置工作的总体情况。

（3）现场指挥部的撤销。现场应急处置结束后，现场指挥部方可撤销。一般突发事件和较大突发事件，在成立了现场指挥部的情况下，如果现场处理完毕，各种秩序恢复正常，可以确认处置结束。重大和特别重大突发事件处置工作完成，次生、衍生事件被确认彻底消除，应当认定为处置结束。

第八节　协调联动机制

一、协调联动的定义

协调联动是政府应对突发事件最常用的手段，不同部门之间相互配合、互通有无、信息分享、功能互补、资源整合、共同行动、形成应对的合力，从而化解突发事件带来的危害。协调联动机制就是在应急管理中有效组织多部门参与和配合的制度化、程序化和规范化方法与措施，以及协调处理突发事件的运作模式。协调联动机制最重要的作用在于，使每一个参与者在朝着共同目标努力的过程中审视自己和合作者的行动，并且通过知会其他参与者自己在组织中的状态、发出警报等方式，来激发参与者的自主行动。总之，协调联动就是一种齐心协力、互相合作的方式而形成的多部门和多主体参与的应急管理模式。

二、协调联动的目标和原则

协调联动的目标是做好纵向和横向的协同配合，推进不同区域、不同部门甚至不同国家之间在应急管理实践中的合作和交流，切实形成条块结合、上下联动的组织体系和跨地区、跨部门的协调合作框架，提高合成应急和协调应急能力。

协调联动应当遵循"党委领导、政府负责、军地协同、社会参与"的工作原则。第一，建立应急救援联动机制，充分整合各种应急资源，综合协调、分工协作，实现预案联动、信息联动、队伍联动、物资联动，切实提高应对突发事件的能力。第二，政府负责，社会参与。积极发挥政府的组织领导作用、专业部门的技术指导作用和人民群众的主体作用，形成上下联动的工作机制。第三，军地联动，有序协调。通过军地应急联席会议、军地灾情信息共享、军地联合指挥、军地联合应急值守、军地灾害联合会商、军地联合行动、军地综合保障、军地应急演练等各方面的制度和配套措施，逐步提高部队与地方政府之间在应对突发事件方面的联合指挥、科学行动、快速反应、兵力投送、专业保障等各种非战争军事行动能力建设。

三、协调联动的主要类型

1.政府部门之间的协调联动

政府部门之间的协调联动可以划分为政府上下层级之间的纵向协调联动（也叫等级协调联动）和政府相同层级之间的横向协调联动（也叫水平协调联动）。在不同的国家，由于政治体制的差异，纵向协调联动与横向协调联动的运作模式有所不同。

纵向协调联动主要依靠等级权威来完成，一般而言，上级政府对下级政府进行的协调联动带有强制性，尤其是实行中央集权制的国家，更是如此。虽然纵向协调联动也存在一定的局限性，尤其是当处于同一层级的政府单位数量众多时，他们在应急管理的范围上可能彼此冲突，有时候会超出上级政府的协调能力，但是，总体上看，纵向协调联动的问题不是太大，因为在现代科层制下，上级政府的权力与命令对下级政府有较大的压力，这会使下级政府在协调联动中发挥积极作用。

相比较而言，由于部门利益、专业分工、本位主义和不同隶属关系等因素的存在，同级政府之间的横向协调联动无法简化成"领导与被领导"的关系，同级政府之间的横向协调联动难度更大。横向协调联动的目的在于整合不同政府部门的力量，使其相互配合，形成应对的合力。具体而言，横向协调联动可以根据部门间整合的程度分为配合、协调与联动三个方面。

配合通常是指政府部门之间的一种短期合作关系。互相配合的政府部门可能彼此分享相关的信息与资源，但各自仍然保持独立性并拥有所属部门的资源。可以说，配合仅仅是政府部门之间建立一种良好的合作关系，并以此提升本部门的效能，这是一种最低程度的整合状态，是政府部门之间一种较弱的交流与互动。

协调就是用一种更为正式和紧密的机制，来实现政府部门之间的整合。因此，在协调关系中，政府部门之间不仅分享信息，还涉及决策的做出、政策的执行等内容。协调的目的是使相互独立的部门形成一个有序的整体，并使之产生 $1+1>2$ 的效果。协调的整合程度比配合强，因此，协调在某种程度上具有一定的强制性。

联动是最能发挥政府部门之间应对合力的整合模式，但联动要求彼此配合的程度更高，有时甚至要放弃本部门的自主性。因此，联动不仅需要制度安排，也需要在政府部门之间建立更高程度的信任，必要时还需要建立一个更高级别的联动指挥中心，来负责部门之间的统一联合行动。

经济合作与发展组织（OECD）提出了一份关于政府之间协调判定的清单，用于分析应急管理中政府部门之间协调联动的标准步骤（见表3-3）。

2.不同行政区域的协调联动

"失火而取水于海，海水虽多，火必不灭矣，远水不救近火也。"这充分说明了区域协调的重要性。实际上，突发事件的发生是不以人的意志为转移的，发生的地点可能超出一个行政区域的范围；突发事件的连锁性反应也会造成次生或衍生灾害，造成区域性破坏。即使发生在一个行政区域内的突发事件不会波及其他行政区，但是，在本行政区应急能力和资源有限的情况下，也需要其他区域的帮助和支援。因此，不同行政区域之间的协调联动是非常重要的。

表 3-3 政府部门之间协调联动的标准步骤清单

协调联动步骤	说　明
1.独自做出决定	各政府部门在自己的应急管理领域中保留决策自主权
2.与其他政府部门信息共享	政府部门之间相互了解彼此最新的信息，包括最新的议题以及将要采取的行动等，同时建立可信的沟通渠道
3.咨询其他政府部门的看法与建议	这是一种双向过程，可以使其他政府部门了解本部门的做法，也可以咨询其他部门
4.避免各政府部门之间的分歧	确保避免各政府部门间的分歧，并且对外的发言口径应保持一致
5.有分歧的前提下先寻求共识	避免各政府部门隐藏分歧，通过协调机制或跨部门工作小组来达成共识，以符合共同利益
6.裁决政府部门之间的分歧	当政府部门之间的分歧无法通过前述步骤解决时，应该由上级政府进行裁决
7.为协调联动事宜设置准则	跨部门的协调联动机制应该为各政府部门建立协调联动的准则，以界定各政府部门的权限
8.确定行动的优先次序	中央政府扮演重要角色，确定行动的优先次序
9.制定协调联动的应急管理战略	提高国家整体应急管理能力

【案例 3-3】 在不同行政区的协调联动方面，有很多案例。2008 年 8 月 5 日，广东与香港签署了《粤港应急管理合作协议》，标志着粤港应急联动机制取得实质性突破。该协议指出，双方坚持"一国两制"方针，加强沟通与协调，充分发挥双方的优势和特色，以促进合作、增进友谊、优势互补、共同提高为目的，相互尊重、平等互利，共同推进区域内影响粤港两地突发事件（公共卫生事件除外）的应急管理合作，提升突发事件处置能力，促进区域内应急管理工作水平的整体提升，建立健全相互尊重、协调共赢机制。该协议确定，双方重点在应急管理信息共享、应急管理理论研究、科技及人才交流、平台建设、共同应对影响两地的区域突发事件等方面开展合作与交流。为保证有效开展应急管理合作，推动合作事项的落实，双方建立合作协调机制：一是粤港合作联席会议下设立粤港应急管理联动机制专责小组，粤方由省政府应急办为牵头单位，港方由香港特别行政区政府保安局为牵头单位。二是双方根据合作需要，原则上每年举行一次会议，研究协调区域内应急管理合作事项。必要时，可以召开临时会议。三是建立联络制度，双方指派专门的部门和人员负责联络双方合作事务。四是建立专题工

作小组，双方根据合作需要，成立若干专题工作小组，开展具体的专项合作。五是建立应急管理工作交流通报制度，定期通报和交流应急管理工作情况，互通有无，取长补短。

资料来源　佚名. 粤港签署应急管理合作协议［EB/OL］.［2008-08-05］. http://www.gdemo.gov.cn/gzyw/200808/t20080805_60831.htm.

3.政府与企业及社会的协调联动

突发事件应急管理不仅是政府的责任，也是全民的责任。政府拥有丰富的资源、训练有素的专业队伍、强大的动员能力、有效的指挥体系和众多的智库等，政府在应急管理中起主导作用。不同部门的协调联动也可以称为政府部门与社会参与或民间参与之间的协调联动。实际上，与政府部门相比，民间组织也具有自己的优势，主要体现在专业性、灵活性、低成本等方面。不同部门协调联动，就需要跨越政府、企业与非政府组织的界限，充分发挥各自的优势，形成一种伙伴关系。从经验来看，当大规模灾难发生时，完全依赖政府部门的应对是不现实的，需要其他组织的支持与合作。

4.军队与地方政府的协调联动

在应急管理中，军地的协调联动是非常重要的。需要说明的是，参与救灾等应急处置毕竟不是作战，救灾的前提是不能影响军事任务的执行。2005年国务院和中央军委联合颁布的《军队参与抢险救灾条例》中就明确规定："军队是抢险救灾的突击力量，执行国家赋予的抢险救灾任务是军队的重要使命。"在2008年南方雨雪灾害、汶川特大地震中，解放军指战员、武警部队官兵、民兵预备役人员和公安民警的参与发挥了重要作用。

5.全社会有序参与

紧紧依靠群众，动员和组织社会各方面的力量，有序参与应急处置工作。切实发挥工会、共青团、妇联等人民团体在动员群众、宣传教育、社会监督等方面的作用，重视培育和发展社会应急管理中介组织，鼓励公民、法人和红十字会、慈善机构等其他社会组织为应对突发事件提供资金、物资捐赠和技术、人力等方面的支持。

四、协调联动机制建立的方式

当突发事件发生时，采取什么样的方式建立协调联动机制，一般会根据突发事件的规模、破坏程度和应对难度等来综合考虑。

1.国家应急管理综合协调指挥机构

为了实现指挥有力、信息共享、资源共用、协调顺利、联动一致的目标，真正发挥协调联动机制的作用，就要成立国家应急管理综合协调指挥机构，把平时分散的政府各部门、分割的各行政区域，甚至社会力量整合起来。比如，美国1979年成立了联邦紧急事务管理局（FEMA），将原本分散在不同部门的应急管理机构整合起来。2003年，FEMA同其他22个联邦机构一起归入国土安全部，形成了在美国总统领导下，由美国国土安全部统一规划、协调的庞大的应急管理综合协调指挥机构。

2.专项应急管理指挥部

针对不同的突发事件种类，要成立相应的专项应急管理指挥部，如常态和临时专项应急管理指挥部就是根据突发事件发生的频率划分的。我国常设专项应急管理指挥部有国家防汛抗旱总指挥部，负责组织、指导、协调和监督防汛抗旱应急管理工作。临时专项应急管理指挥部主要是在突发事件发生以后成立的，如汶川特大地震以后，成立了抗震救灾总指挥部；玉树地震后，也成立了抗震救灾总指挥部。

3.联席会议

联席会议就是在突发事件应急管理中，在没有上级部门统一指挥领导机构的协调下，没有隶属关系但有工作联系的政府部门或行政区域，为了解决应急管理中的协调联动问题，由一方或多方牵头，以召开会议的形式，充分发挥参与部门的积极性，形成具有约束力的规范性意见，用于解决应急管理中的协调联动问题，达成共识并组织实施。联席会议作为应急管理协调联动机制的一种有效方式，主要可以分为部际联席会议和区域联席会议。

4.临时工作领导小组

有的突发事件可能在危害和规模上不是非常巨大，不需要成立专项应急管理指挥部来应对，这时可以考虑成立临时工作领导小组来协调不同部门之间的协调联动。但是，如果平时缺少协调联动部门，临时工作领导小组就需要花费大量的时间，来对不同的政府部门进行协调。

5.合作契约

应急管理中的协调联动机制还可以通过合作契约的方式建立。这种方式不同于层级协调，不能依赖权威的命令和控制，而要依靠市场或法律合作契约中的互惠、信任、激励、约束和惩罚等。合作契约在政府部门与企业、非政府组织的协调联动中较为广泛。

第九节　信息发布机制

一、信息发布的定义与重要性

信息发布是指履行统一领导职责或者组织处置突发事件的政府及其有关部门按照有关规定向社会统一、准确、及时发布有关突发事件事态发展和应急处置工作信息的行为或过程。第一，信息发布的主体是县级以上人民政府。《突发事件应对法》规定，国务院和县级以上地方各级人民政府是突发事件应对工作的行政领导机关，也是有关突发事件事态发展和应急处置工作信息发布的主体。第二，信息发布的对象包括公众、相关机构和人员、有关国家和国际组织。第三，信息发布的内容包括：有关人民政府及其部门做出的应对突发事件的决定、命令；反映突发事件信息的渠道；有关的突发事件预测信息和分析评估结果；可能受到突发事件危害的警告；避免、减轻危害的常识、建议和劝告以及咨询电话等。

1.体现政府的公信力和现代政府工作的透明度

信息公开是现代民主制度的根基，也是现代政府取信于民的基础。我国自2008年5月1日起实施《中华人民共和国政府信息公开条例》，体现了政府提高工作透明度、积极推进民主政治建设的决心。信息公开、透明不仅体现在行政机关在履行职责过程中对常规信息的披露上，也体现在对于突发事件信息的公布上。《中华人民共和国政府信息公开条例》规定，行政机关对符合下列基本要求之一的政府信息应当主动公开：一是涉及公民、法人或者其他组织切身利益的；二是需要社会公众广泛知晓或者参与的；三是反映本行政机关机构设置、职能、办事程序等情况的；四是其他依照法律法规和国家有关规定应当主动公开的。涉及公众生命财产安全、需要公众知晓或参与的突发事件，属于应当被公开的政府信息。

2.满足公众知情权、参与权、表达权和监督权

党的十七大报告在论述"扩大人民民主，保证人民当家做主"时提出，"保障人民的知情权、参与权、表达权、监督权"，这"四权"是我国公民的基本权利。准确、及时地发布突发事件信息，可以满足公众对于突发事件的知晓权，也是公众参与突发事件应对、表达对政府应对措施的看法、对政府相关行为进行监督的前提。

3.组织群众高效应对突发事件

通过有效的信息沟通，让公众在第一时间获知突发事件信息，并掌握相应的避免、减轻危害的常识，有助于政府更有效地组织、动员群众应对突发事件。公众只有及时掌握统一、准确的信息，才能判断紧急状况，对自身的应急能力做出评估，在可能的条件下主动投入到应急处置和救援中，有效配合政府的应急处置工作，尽可能降低生命财产损失，维护社会稳定。

二、信息发布的目标和原则

信息发布的目标是及时主动、公开透明地发布信息，充分发挥主流媒体的作用，正确引导舆论和公众行为，及时消除社会上不正确信息造成的负面影响。信息发布应当遵循以下原则：

1.坚持正确导向，维护社会稳定

信息发布应在尊重事实的基础上坚持正确导向，维护社会稳定，在准确、及时地公布突发事件信息的同时，强调政府应对事件的信心、解决事件的决心和对事件中不幸遭到伤害的公众的同情心，以凝聚人心、稳定社会。信息发布要有利于党和国家工作大局，有利于维护人民群众的切身利益，有利于社会稳定和人心稳定，有利于事件的妥善处置。

2.坚持以人为本，满足信息需求

信息发布要以满足公众的知情权为基本出发点，本着实事求是的原则发布信息，做到不隐瞒、不欺骗、不有意缩小事件的危害性，通达社情民意，反映人民心声。

3.坚持及时准确，积极引导舆论

信息发布要争取第一时间发布权威信息，及时、准确、客观地全面报道突发事件的动态及处置进程。信息发布还应坚持团结稳定、正面宣传为主的方针，充分利用大众传媒等载体展现政府、公众、社会组织的良好风貌，缓解、消除因突发事件引起的负面情绪，化消极因素为积极因素，把社会舆论引导到健康、理性的轨道上来。

4.坚持公开透明，做到开放有序

除涉及国家安全和国家秘密外，要按照公开透明的原则，对公众、相关机构和人员、有关国家和国际组织及时准确地发布信息。在此前提下，开放有序的组织采访，统一组织新闻发布工作，做到信息报送程序规范、数据核查及时、对外发布口径一致，切实做好媒体服务引导工作。

5.坚持统筹协调，明确工作职责

把突发事件信息发布和新闻报道工作纳入突发事件处置总体部署中，建立信息发布的内部规范，做到专人负责、分级管理，坚持事件处置与新闻报道同步安排、同步推进，处理好与媒体的关系，积极主动地做好信息公开和舆论引导工作。

6.坚持规范管理，依法开展报道

依法开展突发事件信息发布和新闻报道，做到科学、依法、有效管理，促进工作的规范化、制度化、法制化。杜绝媒体为追求眼球效应而扭曲事实的做法，反对虚假报道，反对不负责任、消极有害的炒作和渲染，杜绝可能激化社会矛盾、制造社会恐慌情绪、诱发不稳定因素的报道。对违反规定、不守纪律、造成严重后果的新闻媒体的直接责任人和有关负责人，要严肃追究责任。

三、信息发布的工作内容

1.应急管理过程中的新闻发布和舆论引导

完善政府应急管理信息发布和舆论引导制度，做好各类突发事件的应急管理信息发布工作，采取授权发布、发布新闻稿、组织记者采访、举办新闻发布会等多种方式，及时向公众发布突发事件发生发展情况、应对处置工作进展和防灾避险知识等相关信息，保障公众的知情权和监督权。依法做好重特大突发事件及敏感事件的信息发布和舆论引导工作，大力宣传政府采取的措施和干部群众的先进事迹，树立负责任政府的形象，形成良好的舆论环境。

2.决策者在灾害现场进行沟通

明确应急管理领导者在突发事件现场进行沟通和交流的渠道、方式、内容、程序和技巧，提高应急管理部门和决策者进行现场信息发布和有效沟通的水平。利用灾害现场应急通信系统，强化灾害现场与后方之间的信息交互机制，提高在巨灾抢险救援过程中现场救援队与后方信息保障中心之间进行海量信息交互的能力，健全在第一时间收集灾情整体信息制度，强化现场向后方及时报送信息的能力。

3.建立信息发布的专家参与机制

突发事件的信息发布要重视专业团队、专业人士的作用，建立健全专家参与信息发布制度，提高专业化水平。应主要依靠专业团队来发布信息、进行公共沟通，政府官员应该在专业团队后面进行指导，并在恰当的时间充当发言人。

4.信息发布的受众、阶段、内容、形式与途径

（1）信息发布的受众。为了让信息发布工作有的放矢，需要对信息发布的受众进行专门的规定和划分（见表3-4）。由于不同类型的受众对突发事件关心的侧重点不同，政府部门应从不同角度提供事件相关信息。

表3-4 突发事件信息发布受众的分类

国家	划分标准	分　类
英国	与突发事件的联系不同	（1）直接受众和潜在受众：突发事件发生时直接受伤害的公众、灾害进一步发展可能危及的公众。 （2）当地群众、朋友和亲戚：灾害进一步扩大、复杂化或灾害应急过程中可能影响到的公众，以及与受害人关系密切的朋友或亲戚。 （3）更大范围的公众；与灾害没有关系但关注此灾害的人、新闻媒体
美国	与突发事件的联系以及是否参与突发事件处置	有14大类：受事件直接影响的公众、不受事件直接影响的其他公众、突发事件应急处置人员、参与事件处置的相关专家、事件中的伤员和死难人员家属、其他没有参与事件处置的专家、各级政府领导人、议会、商业界、实业界、全国、邻国、国际社会、媒体

（2）信息发布的阶段。在应急管理过程中，信息发布的阶段有多种不同的划分方法。一般而言，应急处置可划分为突发事件潜伏期、突发事件爆发期、突发事件延续期、突发事件恢复期、评估阶段五个阶段，每个阶段都有其特殊的信息发布要求（见表3-5）。

表 3-5 应急处置各阶段信息发布的主要任务和主要措施

发布阶段	主要任务	主要措施
突发事件潜伏期	准备	制定预案；建立工作机制；确定新闻发言人；开展相关培训；建立与媒体、专家等的合作关系
突发事件爆发期	发布	调查事实真相；简单明了地向公众发布信息并表达关注；向公众及时提供切实可行的行动信息；承诺保持沟通，及时传递最新信息；努力树立和维护政府官员和新闻发言人的公信力
突发事件延续期	进一步发布	教育公众，使其了解面临的风险；及时向公众提供背景材料和重要信息；寻求公众对应急行动的理解和支持；听取公众的反馈意见并及时纠正错误信息；修正不实信息；提供各种应对方案，并进行解释；着手对风险进行评估
突发事件恢复期	善后	继续教育公众，增强其应急能力；认真分析引发突发事件的原因和处置过程中出现的问题、失误，总结经验；说服公众支持政府的各项政策，服从各种资源的调配；及时通报恢复工作的进展情况
评估阶段	评估	对政府信息发布工作的有效性进行评估；撰写信息发布经验总结报告；对信息发布预案进行修订；重点对新闻发言人的工作和应对媒体的工作进行评估

（3）信息发布的内容。由于不同受众的需求不同，突发事件信息发布的内容也有所不同（见表 3-6）。

表 3-6 公众希望知道的有关突发事件的核心信息

有关事件的一般信息	事件基本细节：事件内容、时间、地点、关注者、事件背景和如何应对
	有关风险评估可靠性的信息：卫生和安全、交通、电力供应、通信、供水等方面的影响
	谁是主管单位和责任人的信息
	面向公众采取的旨在减少风险和负面影响的各种措施的信息，包括求助热线信息、指定新闻发言人等
增强信心信息	确定所提出的建议和决定是建立在充分的信息和分析的基础上的，确信旨在减少事件不确定性的相关行动正在进行
	确定必要的风险管理程序可随时启用
	确定负责评估和风险管理的那些人正在为公共利益行使领导职责，全力以赴地采取行动
参与信息	参与风险评估和救援行动过程的信息：劝说和引导

资料来源 闪淳昌，薛澜. 应急管理概论［M］. 北京：高等教育出版社，2012.

媒体也是信息发布的重要受众，灾害发生后，媒体关注以下几点：一是快速提供一致信息的组织机制。二是电话查询热线。三是现场媒体指定集合地点。

（4）信息发布的形式。《国家突发公共事件总体应急预案》规定，信息发布的形式主要包括授权发布、散发新闻稿、组织报道、接受记者采访、举行新闻发布会等。从信息的表现形式来看，通常有三种：

第一，日常安全警告信号。依据造成的危害程度、发展情况和紧迫性等，突发事件由高到低可以划分为不同的预警类别，这也是国际上通常采用的警告信号类别。

第二，文字警示信息。通过可显示文字的设备，如手机、电脑、传真机和平板电脑等，向公众发布信息。

第三，声音警示信息。应急管理人员通过电话、广播等，通知已经发生或可能发生突发事件地区的人员，并建议他们采取一定的应急措施，如撤离、躲避等。

（5）信息发布的途径。信息的发布、调整和解除可通过多种途径进行，既可以利用先进的通信技术，也可以使用传统的信息通报手段，主要包括：

第一，以大众传媒为载体的信息发布。在城市及有条件的农村地区，要充分发挥广播、电视、报刊、互联网信息传递快、信息覆盖面大的优势，在突发事件发生的第一时间广而告之。

第二，新兴媒体。随着技术的发展，手机短信、微博、微信等新兴媒体形态也在信息发布中扮演着越来越重要的角色。

第三，以非大众传媒为载体的其他信息发布途径。在大众传媒之外，还应按照土洋结合、群专并举、多管齐下、迅速高效的原则，因地制宜，积极借助其他渠道，尽可能全方位发布信息。

第四，在农村地区，要灵活采用适合当地情况的多种信息发布手段，如大喇叭、铜锣、口哨等。

第五，对老、幼、病、残、孕等特殊人群以及学校等特殊场所和警报盲区，应当采取有针对性的公告方式。

此外，不同媒介具有不同的传播特点，为了获得有效的信息发布效果，应当选择合适的信息发布媒介（见表3-7）。

表 3-7　　　　　　　　　　四种主要媒介的传播特点

信息发布媒介	传播方式	优　势	劣　势
报纸	视觉	保存性强、选择性强、比较权威、适合传达深度信息	时效性差
广播	听觉	时效性强、覆盖面广	保存性差
电视	视听合一	时效性强	保存性差
网络	视听、互动	保存性强、选择性强、时效性强	不好监督管理

5.突发事件新闻发布与新闻发言人制度

（1）突发事件新闻发布的定义。突发事件新闻发布是信息发布的主要途径，是由法定的行政机关依照法定程序，将其在行使应急管理职能过程中所获得或拥有的突发事件信息及时、准确、客观、全面地向媒体及公众公开介绍，并回答新闻记者提问的活动。

新闻发言人是国家、政党、社会团体任命或指定的专职或兼职新闻发布人员。新闻发言人的主要职责是利用新闻发布会、接受记者采访等形式，就某些特定的政府新闻信息通过媒体向社会公开发布，其固定化和制度化就构成了新闻发言人制度。新闻发言人作为一个"制度人"，通过各种形式为政府代言，发布新闻，沟通媒体和公众。

新闻发布的意义在于：一是发展社会主义民主政治，健全社会主义政治文明，坚持科学执政、民主执政、依法执政，加强党的执政能力建设的要求。二是推行政务公开、提高政府工作和政府信息透明度、加强政府自身建设的要求。三是对外全面、准确、主动、及时地介绍中国，向国际社会展示国家良好形象的要求。

（2）突发事件新闻发布会的层次和类型。中国政府新闻发布会主要包括三个层次：国务院新闻办公室、国务院各部门和省级政府举行的新闻发布会。其中，既有定期的例行发布会，也有为配合国家有关重要方针政策出台、发生突发事件时介绍情况、应对不实舆论报道、向公众解疑释惑等而举行的不定期新闻发布会。

中国政府的新闻发布会按照发布方式分为两种：一是自主发布，即由新闻发言人出面，定时、定点举行新闻发布会，如外交部、教育部、公安部、卫生部、国务院港澳台事务办公室和上海市政府新闻发言人定期召开发布会，回答记者的提问。二是搭台发布，由各级政府新闻办公室定期或不定期邀请不同业务部门有关负责人或新闻发言人进行新闻发布，国务院新闻办公室、国务院各部门和省级人民政府新闻办公室举行的绝大部分新闻发布会均属此类。

（3）突发事件新闻发布的流程。

第一，快速确定媒体沟通目标。媒体沟通目标是指新闻发布方代表事件处理的主体想要告诉公众和媒体什么样的信息，希望公众和媒体做出何种反应。例如，当某处发生了严重的传染性疾病时，首先确定的媒体沟通目标是呼吁公众保持适度的警惕，以免疫病大面积传播，并确保公众知道相关部门已经投入了大量的人力和物力，以防治和控制疫病的传播。媒体沟通目标在突发事件的不同阶段，要有相应的调整。

第二，快速确定对外发布的形式和口径。通常情况下，突发事件新闻发布都会选择新闻发布会的形式，有些情况下会选择集体采访的形式。发布口径的拟定是一项很有技巧的工作，要根据自己掌握的突发事件的各种情况，结合媒体沟通目标，拟定相应的口径。要注意以下几点：一定要实事求是，任何时候都不能说假话；必须清晰简明，以防"言多必失"；一定要包含事实信息，不要过多充斥"我们一定能……""我们决心……"这样的态度表达；信息传播的预期效果与媒体沟通目标是一致的；说话要留有余地，不要因说得太满带来工作上的被动。

第三，快速指定新闻发言人。在突发事件发生后，要尽快指定突发事件新闻发言人。新闻发言人最好符合以下条件：有媒体沟通经验，对新闻报道的运作有一定的认识，最好有新闻发布从业经验；形象稳重，有较好的口语和书面表达能力；在突发事件处理中，能参与决策或者列席会议。确定了新闻发言人之后，要对媒体宣布新闻发言人是授权的信息发布人，这样可避免在采访中出现口径混乱、事实不一致、态度不统一等问题。

第四，快速召开新闻发布会。在以上工作都完成后，就要以最快的速度召开新闻发布会，不必理会当时是工作时间还是休息时间。

第五，快速成立临时新闻中心。突发事件发生后，一般情况下，现场会有大量记者聚集采访。要立即成立临时新闻中心，以方便记者发稿。临时新闻中心应该能够提供或租借给记者一些必要的设备，例如电话、传真、互联网、发电设备甚至小型卫星传输设备等。临时新闻中心自然成为记者集中的地方，其设立给记者管理带来了方便。

第六，快速滚动发布新闻。滚动发布新闻是经常使用的方式，因为在突发事件初期，由于情况还不明朗，对相关事实的信息了解还不够，所以只能发布不完整的信息。而在情况渐渐明朗之后，就要不断更新、补充新的信息，或是纠正之前不准确的说法，引导公众不断接近事实真相，看到政府为处理突发事件所做的努力和取得的成效。

第七，快速跟踪研判。在第一次新闻发布会之后，就要有专人不断跟踪媒体对此突发事件的处理，要有专职人员做好报纸剪报、电视录像和网络报道的汇总。通过研究这些报道，负责新闻发布的部门要做好两方面的工作：联络媒体或召开发布会，纠正报道中的错误信息；每天写出舆情分析简报，提供事件处理的决策参考，新闻发言人应及时调整发布策略，如果有特殊情况应随时报告。

（4）突发事件新闻发布的主要形式。突发事件新闻发布有12种常见形式，其中正式的新闻发布形式有6种：新闻发布会、记者招待会、专访或联合采访、公报或声明、考察采访、回应记者询问；非正式的新闻发布形式有6种：新闻讨论会、新闻通气会、背景吹风会、"新闻泄露"、"试探气球"、记者座谈会。对于这12种新闻发布形式，新闻发言人可以灵活运用。

（5）突发事件新闻发布的特殊要求。突发事件新闻发布在某些方面不同于常规新闻发布，有一些非常态特征：突发事件的发生具有突然性，对突发事件的报道往往是负面新闻；突发事件往往威胁公众利益，全面考验政府的应对；舆论难以管理，突发事件发生后，公众和媒体会通过各种渠道收集相关信息，流言和谣言也会通过各种渠道以各种形态传播，所以舆论往往不一致。这些特征对负责新闻发布的工作人员也有特殊的要求：

第一，现场发布新闻。现场发布新闻往往更令人信服。突发事件具有突发性和不可预测性，记者往往都在现场周边采访。在现场召开新闻发布会，记者会有现场感，也乐于参与。现场发布新闻还有一个优势是能够满足"第一时间发布"原则。现场发布新闻需要注意的事项有：确保现场发布新闻不会阻碍和影响现场救援和处置工作的正常进行；确保现场有必要的设备以保证记者正常工作；确保到会人员的安全；确保不会侵犯现场有关当事人的隐私。

第二，破除"负面新闻发布难"的思维方式。正常情况下，大部分人都不愿意站出来发布负面信息，这种传统思维方式往往使工作陷入被动。突发事件发生后，公众期待的是真实的情况和对问题积极有效的解决，而不是隐瞒和拖延。所以，政府部门首先要通过媒体向公众通报真实情况，同时把政府积极合理的解决情况告知公众，塑造一个负责任政府的形象。

第三，主动提供采访机会，引导舆论走向。突发事件发生后，媒体总是通过各种渠道寻找消息。如果没有正常的采访渠道，或者消息来源有限，某些媒体就会将非常规渠道得来的不准确消息披露给公众，这有可能造成公众对政府的信任危机。在突发事件处理期间，与滚动的新闻发布活动相配合，新闻发布方还应主动提供一些深入采访的机会。通过这两种方法，可以有效吸引媒体的注意力，引导舆论走向。提供采访机会要注意以下几点：要考虑场地的大小，如果场地不够大，可以只邀请几家有代表性的媒体，条件是其他媒体可以共享采访内容；不要造假，不要授意受访对象讲其本人不想说的话；要有专人负责媒体联络，尽可能满足记者的采访要求。

第十节　恢复重建机制

古人云"吃一堑，长一智""亡羊而补牢，未为迟也""前车已覆，后来知更何觉时"等，这些古语都强调应当不断总结经验教训，全面提高科学判断形势的能力、驾驭市场经济的能力、应对复杂局面的能力、总揽全局的能力，更好地应对各种可能发生的突发事件，更好地推进现代化建设。

一、恢复重建的定义

恢复重建是指在突发事件发生后，为保障正常的社会和经济活动，修复各类生命线工程，修复各类公共基础设施，恢复正常的生活、生产秩序而采取的相关措施，以及当突发事件应急处置工作基本结束，为恢复受影响地区群众的生活、生产，促进受影响区域经济发展所做的规划及其实施等工作。

恢复重建机制就是指在突发事件应急处置和救援基本结束后，围绕受影响区域社会秩序及人民生活、生产的恢复，围绕受影响区域的重建工作，建立一套从过渡性安置、调查评估、规划及其实施到相关监督管理的工作流程，这是应急管理的核心机制之一。

二、恢复重建的目标和原则

恢复重建的目标是恢复受影响区域的生命线和其他各类基础设施的正常运行，恢复受影响群众正常的生活、生产秩序，重建受影响区域经济和社会发展所需要的各类要素，帮助受影响区域和受影响群众实现未发生突发事件时所应当实现的正常的社会、经济和文化发展等。

恢复重建是突发事件应急处置和救援之后，消除突发事件所造成的破坏和负面影响的必要工作，应遵循以下工作原则：

1.以人为本

恢复重建的中心任务是帮助受突发事件影响的群众恢复重建，因此，必须关爱受到突发事件影响的群众，把保护人的生命健康和安全作为恢复重建的首要任务。在恢复重建过程中，无论是规划还是实施，都要注重受影响群众的感受、参与和最终评价。

2.及时高效

突发事件发生后，恢复重建就已经进入议程，因此有必要根据需要，随时开展相应的恢复工作，特别是受影响区域社会秩序的恢复、受影响群众基本生活的保障和救助以及水电气热等生命线的运行等。

3.统筹协调，科学规划

重大及以上级别突发事件后的恢复重建工作通常涉及多个社会系统，难免出现多个目标间的矛盾，如以生存为取向的紧急恢复和以发展为取向的持续恢复间的矛盾、物质层面（各类基础设施、服务设施及住房等）的恢复与非物质层面（社会层面和心理精神层面）恢复间的矛盾等，因此需要重视统筹协调工作。

突发事件后的恢复重建不仅是受影响区域的简单恢复，还要面向受影响区域的未来发展，需要全面考虑区域内经济和社会发展的需要，必须在科学规划的指导下进行，确保重建的科学性、规范性。

4.突出重点，分类指导

突发事件后的恢复重建涉及面广、影响范围大，必须将工作重点放在那些关键性、标志性、支柱性的项目上，如生命线工程、医院、学校等重大民生设施以及支柱产业等。对于量大面广的恢复重建项目，要制定符合实际、具有导向性的政策，根据不同项目的特点，提出有针对性的措施，分类指导。

5.因地制宜，地方为主

恢复重建要有宏观的整体规划，还必须结合受影响区域的实际情况和特点，因地制宜地开展工作。特别是影响区域大的重大及以上级别突发事件，由于恢复重建涉及的地方多，整体规划主要发挥一般性指导作用，在具体实施中，还需要各个地方根据实际情况，制定符合自身特点的详细规划。恢复重建的实施工作也应以地方为主，中央及其他省（市、区）政府主要发挥宏观协调和资源协助的作用。

6.广泛参与，社会协同

突发事件后的恢复重建同样需要形成党委领导、政府负责、社会协同、公众参与的工作格局。应充分发挥企事业单位、保险机构、人民团体、社会组织、慈善机构、基层社区、各界人士及志愿者的作用，动员多方面资源，协同开展恢复重建工作。既要发挥政府的主导作用，又要减轻其不合理的负担并动员多方面的力量。

7.立足自救，多方帮扶

恢复重建的基础是受影响区域的自助自救，恢复重建的主体也是受影响群众。由于突发事件的破坏，受影响群众的自救工作面临很大的困难，需要积极动员从中央到其他地方、从企事业单位到社会组织，以及海内外志愿者多方帮扶。

8.公开公正，依法监督

恢复重建是各级政府应急管理的重要工作内容，受到全国人民的普遍关注。根据受影响区域遭受损失的不同程度和不同需求，在拨付多少恢复重建物资和资金的问题上，相关经办部门和工作人员都必须自觉接受监督，确保恢复重建工作的公开公正、合法合情。对于在恢复重建过程中违反法律法规的规定，如未及时组织开展生产自救等工作，造成各种不良后果的当事人和有关政府部门，应依据有关法律、党纪和行政规定，给予相应的责任追究和法律惩罚。

三、恢复重建的内容

根据《突发事件应对法》，当突发事件的威胁和危害得到控制或者消除后，恢复重建工作即开始。恢复重建不仅包括受影响区域的恢复以及经济和社会方面的重建，也包括以下内容：

1.防止次生、衍生事件发生

恢复重建开始于停止执行应急处置措施，此时虽然突发事件的威胁和危害已经得到了控制或消除，但是还存在发生次生、衍生事件或者重新引发社会安全事件的可能。因此，恢复重建必然包含防止发生自然灾害、事故灾难、公共卫生事件的次生、衍生事件或者重新引发社会安全事件的内容，需要采取或者继续实施相关的必要措施。

2.社会秩序恢复

突发事件尤其是重大以上级别的突发事件，不但给人民的生命财产造成极大损失，而且破坏了原有的生活、生产秩序，容易引发违法犯罪乃至群体性事件等社会安全问题，使社会秩序处于不稳定状态。这种情况不仅会出现在应急处置和救援阶段，也可能延续至恢复重建阶段。所以，即便在应急处置措施结束之后，公安部门及其他相关部门依然需要根据突发事件影响区域的实际情况，加强治安管理和安全保卫工作，预防和制止各类破坏与犯罪活动，并及时、有效组织相关力量，确保救灾和重建物资，特别是生活必需品的调拨、运输、存储及发放的安全有序进行。社会秩序恢复的重点是对实施盗窃、抢劫、损毁公私财物，哄抢救灾物资，制造、散布谣言和虚假信息，借突发事件用手机短信和网络诈骗敛财，违法经营，阻碍执行公务等行为坚决予以打击，并依法从重处罚。情节较轻的，依照《中华人民共和国治安管理处罚法》予以处罚；情节严重，构成犯罪的，依法追究刑事责任。在此基础上，有效威慑违法犯罪人员和破坏分子，迅速稳定突发事件影响区域的人心、民心，尽快恢复社会正常的生活、生产和社会治安秩序。

3.公共设施恢复

恢复重建的首要基础是恢复各类公共设施的运行，特别是公共基础设施的运行，包括交通、通信、供水、排水、供电、供气、供热、广播、电视、学校及医院等公共设施。公共设施的恢复应分轻重缓急，有计划、有步骤地开展。其中，水、电、气、热等与人民生活密切相关的公共基础设施，又称生命线设施，应予以优先恢复。移动通信已成为当代社会运行和人民生活须臾不可离的基础性服务，因此也应予以优先恢复。学校和医院，特别是公立学校和医院，与人民日常生活息息相关，它们的正常运行对于安定受影响区域的人心、增强受影响人群的信心有着重要作用，因此也需要尽快恢复。

4.生产和经济的恢复

社会生产和经济活动是一个社会最基础的活动。在救灾阶段，一切社会活动都让路于救灾工作，社会生产和经济活动基本处于停滞状态。进入恢复重建阶段后，即便不考虑维持基本生活的需要，如果没有社会生产和经济活动，一个社会也无法从人心稳定和运行井然两个方面实现救灾现场向常态的恢复。因此，即便仅从恢复社会常态的角度来看，也需要尽快恢复社会生产和经济活动。通过社会生产和经济活动的恢复，人们可以恢复到正常的工作状态，这不仅保证人们可以获得收入以维持生活需要，其本身也直接促进了社会秩序的正常化。因此，强调生产和经济的恢复对于恢复重建有重大意义。

5.恢复重建的组织架构建设

对于恢复重建工作较为繁重的重大及以上级别突发事件，有必要根据突发事件灾情状况和恢复重建需求，建立相应的恢复重建组织架构，总体负责有关突发事件后恢复重建的所有工作。如在突发事件影响区域内，各级地方政府相应成立恢复重建工作委员会，并承接突发事件应急指挥机构，完成恢复重建组织上的有机转换。恢复重建组织架构建设的核心目的是保障受突发事件影响区域实现灾区恢复重建与经济社会整体发展两类不同工作互不干扰、有序开展的工作格局。

6.突发事件灾情调查和损失评估

突发事件灾情调查和损失评估是保证恢复重建有序进行的基础工作，直接为恢复重建方案的制定和具体实施提供数据支持。调查评估的目的是获得突发事件影响的准确信息，以确定突发事件影响区域恢复重建工作所需资金、人员、资源及服务等。

7.恢复重建规划的制定

为了保障突发事件受影响区域恢复重建的有序进行，有必要在恢复重建工作开展前进行细致的规划。对于重大及以上级别突发事件，恢复重建规划尤为重要。恢复重建规划的制定应依据相关法律法规和预案规定，在调查评估的基础上，由各级政府和各部门分级分类进行。通常先制定总体规划，之后再编制详细规划。恢复重建规划包括职责分工、工作目标、资源配置、监督检查等内容，用以指导恢复重建工作。恢复重建规划应当坚持短期恢复与长期发展并重的方针，按照因地制宜、合理布局、科学规划、分类指导、区别对待、突出重点的原则，在有关人民政府统一领导下，有计划、有步骤地实施。

8.恢复重建工作的实施

恢复重建工作的实施是指受突发事件影响区域的各级恢复重建组织架构，在恢复重建规划的指导下，充分调动和发挥当地各政府部门、企事业单位以及人民群众的主动性和积极性，在上级政府对口支援省（市、区）以及广大社会力量的支持、支援和扶助下，恢复正常的生活、生产和社会秩序，重建正常的社会、经济和文化的过程。

9.恢复重建相关优惠政策的制定及实施

恢复重建工作的主要抓手是恢复重建相关优惠政策的制定及实施。在针对受影响区域的优惠政策的制定及实施过程中，既要照顾受影响区域的特点和行业特点，也要考虑宏观经济的发展需要。这些优惠政策主要包括对受影响区域的财政支持措施，对受影响区域群众就业和创业的优惠措施，对参与对口救援省（市、区）政府、组织和个人的鼓励措施，对受影响区域增加资金供给的金融类措施，对支持恢复重建工作并进行捐助的组织和个人的免税措施，对受影响区域及事业单位、社会组织和个人的税费减免、贷款贴息、财政补助等政策措施，对赴受影响区域投资建厂的组织和个人的各项优惠措施等。

四、恢复重建机制的要点

恢复重建机制与其他应急管理机制有较大的区别，需要依据具体突发事件的情况而具体确定。一般而言，需要特别注意以下几个要点：

1. 重视恢复重建与应急处置和救援之间的衔接

在实际工作中，应急处置和救援与恢复重建之间难以做出明显区分，它们在一定程度上是相互交叠的，但是由于应急处置与和救援与恢复重建是由不同的组织负责的，所以二者之间必然有着工作上的交接和过渡。如何实现恢复重建与应急处置和救援间的无缝隙衔接，是恢复重建机制必须解决的重大问题。

2. 重视依法恢复重建

恢复重建工作不同于常规建设工作，不仅需要遵循一般性的法律法规，而且必须遵循针对特定突发事件的恢复重建而制定的特定法规和政策，因此，恢复重建机制必须把合法性放在首要位置。

3. 重视恢复重建规划与实施之间的配合

虽然所有的规划和实施之间都存在配合难题，但是这一问题在恢复重建工作中尤为突出。由于恢复重建工作的特殊性，恢复重建规划的实施难度更大，甚至可能出现无法实施，或者与受影响区域实际情况完全不符的情况。因此，恢复重建机制需要充分考虑恢复重建规划与实施间的配合问题，特别是当规划和实施出现冲突和矛盾时如何解决等问题。

第十一节　救助补偿机制

一、救助补偿的定义

救助是指给需要被帮助的人一定物质上的支援或精神上的安慰，保障其基本生活和心理安定；补偿的基本意思是抵消损失，就是弥补在突发事件中受影响群众或其他人员的损失。救助补偿就是通过各种方式，为在灾难中受到影响的社会成员提供衣、食、住、行、医疗等基本生活资料，以维持其基本生活水平，并且利用财政资金、必要的行政手段和市场行为等，对灾难造成的损失进行补偿的应急管理机制。

救助补偿保障受灾民众基本的生活需要，维持社会稳定和体现政府责任。譬如，在汉代，政府就有"赈济"，即在灾害发生后向灾民提供粮食、衣服和钱；还有"养恤"，即施粥和居养（临时设置各种收容机构和场所）；此外，还有"赈贷"和"免税赋"等一系列措施。可以看出，即使在古代，政府对灾民的救助也是非常重视的。现代政府基于人权和福利公义的原则，对灾民进行及时的救助，这是对公民基本权利中生命权和财产权等权利的保护。

二、救助补偿的目标与原则

救助补偿的目标是降低突发事件对群众和其他人员的影响和损害。救助补偿应当与突发事件造成的社会危害的性质、程度和范围相适应，当有多种措施可供选择时，应当选择最大限度保护公民、企事业单位和其他组织权益的措施。

救助补偿应当遵循以下原则：一是坚持以重点受灾对象救助为主，兼顾受益面，既减轻受灾最严重的对象的负担，又兼顾所有救助对象获得救助服务。二是科学测算救助补偿比例和程度，按照国家规定和实际需要来确定救助补偿的标准。三是坚持逐步调整、保障适度的补偿原则，防止出现补偿比例过高造成透支或补偿比例过低而补偿不足的现象。四是坚持专项管理、科学管理、定期审计、民主监督，严格掌握补偿救助资金和物资的使用范围，防止资金和物资的滥用。

三、救助补偿的多元主体

政府在救助补偿方面起到主导作用，但是并不意味着政府是唯一的主体，有效和充分的救助补偿机制需要多元主体的参与。一是要发挥社会组织的作用。汶川特大地震发生后，除了政府各部门以外，各种社会组织也迅速行动起来，除了募集资金和物资，很多社会组织也深入一线，参与对灾区民众的救助，对保障灾民生活、稳定灾民情绪和保持社会稳定等发挥了积极作用。二是要发挥企业的作用。当重大灾害来临时，对灾区民众的关怀体现出一个企业高度的社会责任感。很多企业在巨灾面前都积极参与救助，履行了其应有的社会责任，是救助补偿不可或缺的主体。三是要发挥市场和金融机构的作用。金融机构在补偿方面发挥重要作用，如1995年日本阪神地震后，金融机构出台了一系列救助政策，如临时缓缴按揭贷款、减少贷款利息、延长贷款时限等。只有建立多元的救助补偿主体，让政府、社会、企业和市场都参与进来，才能建立强有力的救助补偿机制。

四、救助补偿的内容

《突发事件应对法》第61条规定，受突发事件影响地区的人民政府应当根据本地区遭受损失的情况，制订救助、补偿、抚慰、抚恤、安置等善后工作计划并组织实施。

1. 救助

对受突发事件影响的群众实施救助措施，属地政府应该及时制订安置计划，提供最基本的生活条件，以尽快满足灾区群众最基本的生活需要。对受突发事件影响的"孤儿、孤老和孤残"人员进行积极的救助。公民参加应急救援工作或者协助维护社会秩序期间，其在本单位的工资待遇和福利不变；没有工作单位的，由所在地区、县人民政府给予补贴，属地政府对在应急救援工作中伤亡的人员，依法给予抚恤。属地政府及其部门应当将突发事件损失情况及时向保险监督管理机构和保险服务机构通报，协助做好保险理赔工作。

2. 补偿

建立并完善应急资源征收、征用补偿制度，解决基层群众和综合应急队伍的实际困难和后顾之忧。因应对突发事件而采取措施造成公民、企事业单位和其他组织财产损失的，属地政府应当按照国家规定予以补偿；国家没有规定的，属地政府应当组织制定补偿办法。根据有关规定，结合实际情况，暂时制定补偿标准和补偿办法，完善补偿程序，建立补偿评估机制，必要时召开由受损者参加的听证会，确定补偿方式、补偿标准和补偿数额，并进行公示。审计、监察等部门应当对补偿物资和资金的安排、拨付和使用进行监督。

3. 法制保障

救助补偿具有及时性、应急性和强制性等特点，突发事件发生以后，需要通过立法的形式来保障。我国于2010年颁布的《自然灾害救助条例》规定，自然灾害救助工作实行各级人民政府行政领导负责制。国家减灾委员会负责组织、领导全国的自然灾害救助工作，协调开展重大自然灾害救助活动。国务院民政部门负责全国的自然灾害救助工作，承担国家减灾委员会的具体工作。县级以上人民政府应当将自然灾害救助工作纳入国民经济和社会发展规划，建立健全与自然灾害救助需求相适应的资金、物资保障机制，将人民政府安排的自然灾害救助资金和自然灾害救助工作经费纳入财政预算。国家鼓励和引导单位、个人参与自然灾害救助捐赠、志愿服务等活动。

五、救助补偿的主要形式

救助补偿的主要形式有：第一，设置紧急避难所，紧急转移安置受灾人员。第二，紧急调拨、运输应急资金和物资，及时向受灾人员提供食品、饮用水、衣服、取暖、临时住所、医疗防疫等应急救助，保障受灾人员基本生活。第三，发放慰问金和抚恤金。第四，抚慰受灾人员，处理遇难人员善后事宜。第五，组织受灾人员开展自救互救。第六，组织灾害救助捐赠活动。第七，减免税赋和提供低息贷款。第八，组织重建或者修缮因灾损毁的居民住房，对恢复有困难的家庭予以重点帮扶。向经审核确认的居民住房恢复重建补助对象发放补助资金、物资和提供其他技术支持等。

第十二节　心理抚慰机制

一、心理抚慰的定义

心理抚慰是指对受突发事件影响的群众及时给予适当、适时的心理援助，以最大限度地减少突发事件对其心理造成的危害，使之尽快摆脱困难或尽量减轻痛苦。

二、心理抚慰的目标和原则

1.心理抚慰的目标

根据心理创伤的相关理论，基于世界各国灾后心理援助的经验，心理抚慰的目标是，在灾区建立心理援助工作的长期机制，降低受灾群众的心理创伤程度，增强受灾群众面对灾难和挫折的能力，培养积极、乐观、向上的心理品质，帮助受灾群众深刻认识生命的意义和价值，促进个体顺利发展。具体目标是：

第一，为受灾群众提供及时的心理援助，帮助受灾群众心理康复，激发其内在的积极性，重建对自我和生活的自信心，增强其承受挫折和适应环境的能力。

第二，发现、鉴别心理创伤严重的受灾群众，给予科学、有效的心理咨询和治疗，使他们尽快摆脱灾难带来的阴影；预防和减少心理疾患的发生比例。

第三，重点协助儿童、教师、其他弱势群体，以及救灾人员，改善其悲伤失落的情绪体验，减轻其灾后心理压力，以尽快适应日后的生活。

第四，为社会大众提供重大灾害发生后的心理健康知识，减少社会的心理恐慌，增强人们的自我调节能力。

第五，为政府相关部门的救灾方案提供心理学补充和具体措施。

2.心理抚慰的原则

第一，正常化。恰当地向幸存者说明其灾害后的反应和表现是正常的、绝大多数幸存者都会出现的，使其正确认识自身的应激反应，从而主动调节自己的情绪。

第二，协同化。心理援助专业人员和幸存者之间是一种协作互助的关系，幸存者的自尊感和安全感明显降低，此时必要的肯定和适当的安慰、鼓励有助于其恢复自信、增强安全感和确定感。

第三，个性化。心理抚慰必须遵循"以完整人为中心"的服务原则。心理援助专业人员应当设身处地、换位思考，结合幸存者的躯体、心理、社会层面的具体情况，进行正确的评估。

第四，依靠科学的理论和技术。心理援助是一项专业性很强的工作，必须遵循灾后心理康复的发展阶段和过程，依据心理创伤理论与技术，科学、有序、持续地进行，避免产生二次伤害。

第五，区分重点人群。在面向全体受灾群众开展多种形式的心理干预的同时，重点关注丧亲、儿童、老年人、妇女、残疾人和创伤较严重的受灾群众。另外，还应重视教师和在救灾一线的政府工作人员以及受到情绪困扰的救灾人员及志愿者等。

第六，坚持分阶段开展。心理援助要注意不同时间和空间序列的特点，对受灾群众的心理创伤程度进行诊断、转介和治疗后，转向发现、建构和发挥个体的积极心理潜质和内在自我恢复能力，激发良好的心理素质。

第七，尊重本地文化背景。每个人都是一定文化下的个体，其性格和表达情感的方式都有文化的烙印。因此，心理援助一定要结合当地的民俗，尊重当地的文化。

三、心理抚慰的对象

心理抚慰的对象包括：第一级受害者：第一现场亲身经历了灾难事件者；第二级受害者：有亲属在灾难中遭受伤亡者；第三级受害者：与前两级人群有关的人；第四级受害者：参与营救与救护的人员，主要有医生、护士、精神卫生人员、战士、警察、受灾区域的公务人员、报道灾难事件的记者等。这四类人员均需要进行心理抚慰，他们目睹了灾难现场和死难者，情绪受到冲击；第四级受害者还担负着紧迫而繁重的工作任务，容易造成身心疲惫、心情压抑，他们同样需要接受心理抚慰。

四、心理抚慰技术

在心理抚慰过程中，需要采取一系列具体的技术，主要包括：

1. 心理支持和陪护技术

突发事件发生后，大量受害者的社会支持系统崩溃，心理支持和陪护正是解决这一问题的有效手段。心理支持和陪护体现来自社会的关爱，建立临时的社会支持系统，并尽力帮助受害者解决急需处理的问题，从而对受害者起到平复心理创伤的作用。

2. 放松技术

放松技术主要用于减轻受害者体验到的恐惧和焦虑，通常有四种方法：

（1）渐进性肌肉松弛法，即让被干预者遵循由四肢到躯干、由上到下的系统顺序，紧张或松弛躯体的每组主要肌肉群。这可以使他们保持比先天更松弛的状态，达到放松的目的。

（2）腹式呼吸法，即让被干预者以一种慢节奏进行深呼吸，每一次吸气，被干预者都把氧气深深吸入肺内。因为焦虑的人最常出现浅而快的呼吸，腹式呼吸以一种更放松的方式取代了这种浅而快的呼吸方式，从而减轻了焦虑。

（3）注意力集中训练法，即让被干预者把注意力集中在一个视觉刺激、听觉刺激或运动知觉刺激上，或者让被干预者想象愉快的情境或影像等。注意力集中训练常常结合其他放松技术一起使用。

（4）行为放松训练法，即让被干预者坐在一张靠椅中，让身体的所有部位都得到一致的支撑，使被干预者身体每一个部位的姿势都是最舒适的，同时，让被干预者正确呼吸、注意力集中，使身体得到放松。

3.心理宣泄技术

干预者主动倾听受灾人员心里的苦闷或思想矛盾，鼓励其将自己的内心情感表达出来，以减轻或消除其心理压力，避免引起更严重的后果。经历突发事件后，人们需要专业危机干预者提供一个通道宣泄他们的不良情绪，从而获得精神解脱。干预者要耐心对待经历突发事件的人们，让他们畅所欲言而无所顾忌，使他们由于不良情绪得到宣泄而感到舒畅，进而强化他们战胜灾难的信心和勇气。

4.严重事件晤谈技术

严重事件晤谈是一种通过系统的交谈来减轻压力的方法。严格来说，它并不是一种正式的心理治疗方法，而是一种心理服务，服务的对象大部分是正常人。严重事件是指任何使人体验异常强烈情绪的情境，可能对人的正常功能有潜在影响。严重事件可能使个体出现适应性不良情绪，如紧张、焦虑、恐惧甚至冷漠、敌对等。需要注意的是，严重事件晤谈不适合处在极度悲伤期的受害者，因为误判时机可能会干扰其认知过程，引发精神错乱。

5.转介技术

对那些意识不够清晰的当事人，在不能进行心理辅导和心理治疗的情况下，需要施以物理、化学治疗，首先改善神经系统的功能，然后再施以心理治疗和调节。对初步判断为精神病反应的当事人，需要及时进行转介。

从总体趋势来看，心理抚慰的领域在不断拓宽，心理抚慰技术也日趋多样化，在心理抚慰的形式上更加强调多学科合作。

第十三节　调查评估机制

一、调查评估的定义

调查是指在一定的流程指导下，由特定的人或小组、委员会等，获得被调查事件、部门、项目、政策等相关信息的过程。但获取信息并非目的，而是一种手段，通过获得相关信息，可对这些信息加以规范性的判断，而这一判断的过程就是评估。调查评估是一种非常普遍的社会活动，在应急管理工作中也广泛应用。综合而言，我们可以给应急管理调查评估做如下定义：为了增强应急管理能力、了解突发事件发生原因和损失情况、借鉴突发事件应急处置和救援中的经验教训以及其他目的，而按照一定的流程、依据一定的指标体系以及遵循相关法律法规，进行数据收集、信息获取及情况调查等活动，进而根据相关要求，对应急能力高低、突发事件性质和责任认定、突发事件处置的经验教训以及其他需要评估的问题，给出明确结论。

一般的调查评估理论认为，评估主要可以发挥出四方面的作用：改进性作用、问责性作用、辅助传播作用和促进启发作用。应急管理在我国属于新兴的公共领域，2003 年以后才开始全面加强应急管理工作和应急管理体系建设，因此，我们更需要通过调查评估来不断发现和改进在突发事件预案以及应急管理法制、体制以及机制等方面存在的问题和不足。

二、调查评估的分类

调查评估在应急管理的多类工作中都有应用，在《突发事件应对法》《国家突发公共事件总体应急预案》，其他部门、地方应急预案，以及包括《生产安全事故报告和调查处理条例》等在内的多项应急管理相关法规中，对应急管理不同工作环节中的调查评估都有规定。总体而言，可以将其分为三种不同的类型：

1.应急管理能力和应急管理工作相关的调查评估

这主要是针对各级政府和政府相关部门应对突发事件的能力及常态应急管理工作的开展情况进行调查评估。目的是监督、检查、考核和推动政府及相关部门应急管理工作的开展，促进其应急能力的提升。

2.突发事件相关的调查评估

这类评估的对象直接与突发事件相关，既包括事件发生的经过、原因、人员伤亡情况、直接经济损失等，也包括突发事件事前、事发、事中、事后全过程的应对和处置工作。这类评估又分为两个子类：一是针对突发事件本身的调查评估，以事件定性、责任认定、损失补偿为目的；二是针对突发事件应急处置的调查评估，目的在于改进应急处置的各个环节，包括预案设计、组织体系、程序流程、预测预警、善后措施、保障准备以及其他相关工作。

3.其他应急管理工作相关的调查评估

这包括所有其他与应急管理工作相关的各类调查评估，其对象多样，如风险、危险源或突发事件所造成的社会影响和环境损害等，目的是配合、完善、改进特定的应急管理工作。

在应急管理工作实践中，以上几类调查评估各有其意义和价值，但所有类别的调查评估最终目的是一致的，即查找、发现常态和非常态应急管理工作中的问题和薄弱环节，进而改进应急管理工作，完善应急管理体系建设。

三、调查评估的原则

1.独立性原则

调查评估是一个信息发现和整理的过程，其意义就在于提供有别于常规的信息渠道，因此独立性是调查评估的重要原则。独立性主要表现在以下几个方面：不应受到决策层政治倾向的影响；不应受到执行部门态度的影响；不应受到利益群体的影响；不应受到社会公众或媒体压力的影响；不应受到物质和经济利益的影响。保证调查评估的独立性，主要依靠调查评估机制的设计。例如，由高一级政府组织调查评估，或者适当引入第三方进行调查评估，当然对于评估者的慎重选择也至关重要。

2.客观性原则

独立性原则的目的之一在于客观性，这就要求调查评估主体在既有知识、信息、技术和方法等条件下，尽量保证调查评估活动和结果的客观性。调查评估是一个辅助性环节，而非决策性环节，调查评估的目的是发现、整理信息，并在此基础上进行符合逻辑和有限度的推理，应尽量避免掺杂调查评估者的主观性论断。

3.科学性原则

实现客观性原则的主要保障是在调查评估过程中坚持科学性，采用科学工具和方法获取应急管理和突发事件的相关信息，杜绝主观、武断、缺乏证据而做出的判断。在客观事实、证据和结论之间，要有科学的、符合逻辑的论证。

4.规范性原则

调查评估必须遵循一定的规范，需要对调查评估主体、程序、原则、经费的使用、责任的追究，以及调查评估结果的使用和公开的内容都做出明确详细的规定，以保证调查评估的科学性、有效性，规范评估者的行为。

5.经济性原则

调查评估发现、获取信息是需要成本的，并且这种信息、成本的关系并非线性的。为了获得更为详细、具体的信息，付出的成本可能会成倍增加。此时，就需要考虑发现信息与付出成本之间的平衡，即经济性原则。评估者要把调查评估的范围、深度和精度控制在一个可接受的范围内。

6.政治性原则

任何调查评估均处在政治环境中，因此调查评估是一种政治性的活动。调查评估并非一种单纯的政治活动，它是作为一种基于实证的规范性判断出现在决策过程之中的，它的作用和力量都来自实证性的部分，因此调查评估的政治性原则又要求它必须坚持独立性、客观性、规范性等原则。

7.发展性原则

调查评估不仅一般地服务于调查评估设立的特殊性目标，还在一定程度上担负着探索、发现一般性知识和规律的任务。通过这种一般性知识和规律的发现过程，人们可以对调查评估对象有更深刻的认知，从而为调查评估对象改进工作提供便利。因此，无论何种调查评估，都必须将改进和完善应急管理工作列为最核心的目的，有建设性地开展相关调查评估工作。

8.公众参与原则

应急管理和突发事件处置的根本原则是以人为本。处于基层和第一线的群体往往更能深刻地感受到日常应急管理工作中存在的问题，对于解决已有问题也较有发言权。突发事件涉及的群体对于事件处置的感受、理解和评价是决定处置效果的一个重要因素，也是获取突发事件和处置过程相关事实的重要信息来源。若不重视公众参与，就会使调查评估流于形式，发挥不出知识挖掘、问题发现的作用。因此，无论哪一类应急管理调查评估，都必须重视公众参与，采取多种措施鼓励公众参与到调查评估中来。

四、调查评估的流程

应急管理调查评估可分为应急管理能力（工作）调查评估和突发事件调查评估两类，分别讨论如下：

1.应急管理能力（工作）调查评估的流程

应急管理能力（工作）调查评估应作为一种常规性的应急管理工作，周期性举行。内部调查评估可1~2年实施一次；或从便于同类别部门进行横向比较出发，按地方政府、专项突发事件应急指挥部以及应急管理相关委办局三类轮流进行评估；也可每年抽取一定数量的部门组织内部评估。外部调查评估因为人员、经费及时间等方面的约束更大，可采用较长的实施周期，如3~5年实施一次；也可对不同部门轮流进行调查评估，或者每年随机抽取数个部门进行调查评估；还可以根据内部调查评估的结果，选择数个部门进行外部调查评估。

（1）内部调查评估流程。按照既定计划，通常为行政年度即将结束时，已经确定开展内部调查评估的地方政府、专项突发事件应急指挥部以及相关委办局，应根据计划要求和实际需要，确定内部调查评估的领导者，拨付调查评估工作经费和提供其他必要条件，开展内部调查评估。工作周期一般为1~3周，完成后要向上级应急管理领导机构提交一份内部调查评估报告，内容主要是应急管理能力（工作）调查评估过程及结果，并应给出总的结论，包括改进措施和工作建议。内部调查评估报告可用于部门内部工作完善和改进，也可用于应急管理办事机构对不同部门进行横向比较、评优考核以及政策制定。在适当的时机，内部调查评估报告可由应急管理领导机构向社会公布。内部调查评估流程如图 3-1 所示。

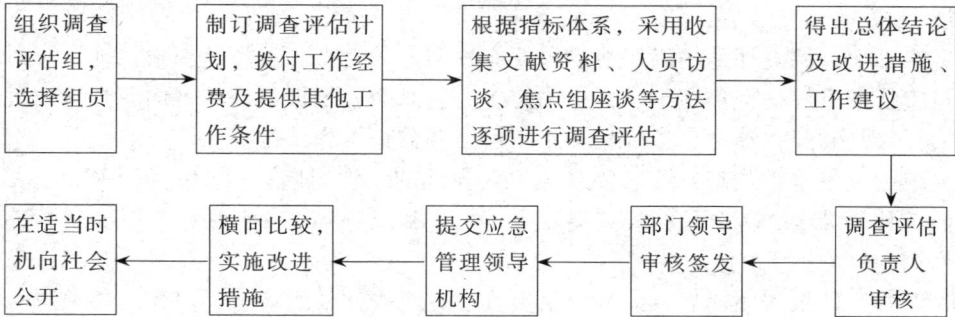

| 组织调查评估组，选择组员 | → | 制订调查评估计划，拨付工作经费及提供其他工作条件 | → | 根据指标体系，采用收集文献资料、人员访谈、焦点组座谈等方法逐项进行调查评估 | → | 得出总体结论及改进措施、工作建议 |

| 在适当时机向社会公开 | ← | 横向比较，实施改进措施 | ← | 提交应急管理领导机构 | ← | 部门领导审核签发 | ← | 调查评估负责人审核 |

图 3-1　内部调查评估流程

（2）外部调查评估流程。根据外部调查评估计划，应急管理领导机构确定负责外部调查评估的领导者和需要进行外部调查评估的部门，并根据外部调查评估的规模和实际需要，拨付工作经费和提供其他必要工作条件。工作周期由需要调查评估的部门数量和调查评估开展方式确定，通常每个部门外部调查评估工作周期为 2~3 周。外部调查评估的方式之一是在调查评估组之下分为数个小组，分别负责不同的部门，如需调查评估的部门不多，也可由调查评估组轮流对其进行调查评估。调查评估组最终应向应急管理领导机构递交一份调查评估报告，内容主要是外部调查评估过程和结果，并应给出总的结论以及改进措施和工作建议。应急管理领导机构应对外部调查评估报告给予适当回应，特别是报告所提出的改进措施和工作建议。应急管理办事机构应把外部调查评估报告作为自身工作改善和政策制定的重要依据。在适当的时机，外部调查评估报告可由应急管理领导机构向社会公布。外部调查评估流程如图 3-2 所示。

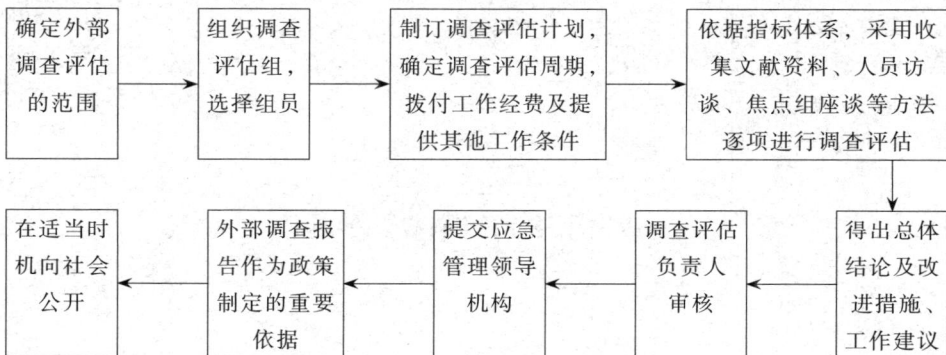

| 确定外部调查评估的范围 | → | 组织调查评估组，选择组员 | → | 制订调查评估计划，确定调查评估周期，拨付工作经费及提供其他工作条件 | → | 依据指标体系，采用收集文献资料、人员访谈、焦点组座谈等方法逐项进行调查评估 |

| 在适当时机向社会公开 | ← | 外部调查报告作为政策制定的重要依据 | ← | 提交应急管理领导机构 | ← | 调查评估负责人审核 | ← | 得出总体结论及改进措施、工作建议 |

图 3-2　外部调查评估流程

2.突发事件调查评估的流程

突发事件调查评估应在不影响事件应急处置的前提下尽快开展。在理想状态下，调查评估工作组应在突发事件发生后即全过程参与事件应急处置过程，以保证第一手资料的获得。但通常情况下，突发事件调查评估在突发事件处置结束后才能开展。

突发事件调查评估的组织者应根据突发事件的性质、规模等因素，确定合适的人员担任调查评估工作组组长，并确定组员。同时，根据组长制订的调查评估工作方案、计划和经费预算，提供相关工作经费和其他工作条件。

根据突发事件的级别，特别重大突发事件的工作周期为4~6个月；重大突发事件的工作周期为2~4个月；较大突发事件的工作周期为1~2个月；一般突发事件的工作周期在1个月以内。

调查评估报告完成后，应提交给突发事件调查评估组织者，以作为相关决策和问责的重要依据。同级应急管理领导机构和办事机构应当把调查评估报告纳入奖惩考评等绩效考核体系，同时应采取适当措施，对调查评估报告提出的各项改进措施和工作建议给予回应，对其中有参考价值的部分，要适时开展后续的可行性研究和政策制定（修订）工作。

突发事件调查评估组织者应当将调查评估报告递交给上级人民政府，并应当以适当的形式向同级人民代表大会（或其常委会）进行报告。

如果突发事件具有较高级别，或受到社会公众的广泛关注，可适时以适当的方式将调查评估报告向公众公布。突发事件调查评估流程如图3-3所示。

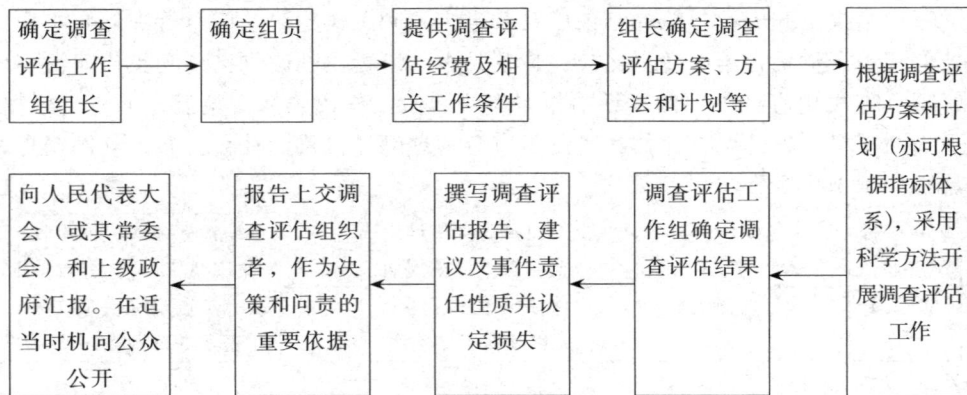

图 3-3 突发事件调查评估流程

第十四节　责任追究机制

一、责任追究的定义

应急管理责任追究是指在突发事件发生过程中或突发事件应急处置过程中，由于工作失误或错误，未履行应有职责或未正确履行职责，而造成不良影响或后果时，依据党纪、政纪、法律或者道义追究相应责任的工作。

有权就有责，责任追究不仅是应急管理的工作内容，而且是非常普遍的社会现象。《中华人民共和国行政监察法》和《中华人民共和国公务员法》等对责任追究都有明确的规定。针对应急管理，《突发事件应对法》对责任追究也有明确的规定。此外，《国家突发公共事件总体应急预案》、《生产安全事故报告和调查处理条例》以及《国务院关于特大安全事故行政责任追究的规定》等，对责任追究也都有或多或少的表述。

二、责任追究的目标和原则

责任追究的目标不仅是追究责任，更是想通过责任追究形成对领导干部和工作人员的负向激励，预防他们出现不应有的失误或错误，以真正提高应急管理能力和水平。责任追究总是与特定的权力使用或职责履行相对应的，是为了规范和制约权力的运用和职责的完成。与这一目标相对应，责任追究也总是包含确责、履责和问责的系统性过程。责任追究应当遵循如下原则：

1.严格要求，实事求是

责任追究主要是针对领导干部来说的。领导干部所拥有的权力具有不对称性特征，即掌握权力者做出决策和行使权力所造成的社会后果远远超过其个人的能力范围，并且权力越大，这种不对称性越突出。因此，对于领导干部的责任追究必须严格要求，越是级别高的领导干部，要求应当越严格。同时，责任追究必须建立在事实的基础上，必须坚持实事求是的原则，不能因为严格要求而把责任追究建立在猜测、想象、莫须有或自由心证之上。

2.权责一致，惩教结合

虽然领导干部的权力和个人能力存在不对称性，但责任追究的前提是领导干部所拥有的权力。一个领导干部有多大的权力，就必须在多大程度上承担权力行使所造成的后果，也必须完成其权力所规定的职责。责任追究总是针对一定的权力而言的。

此外，由于领导干部的权力和个人能力的不对称性，责任追究的目的不是简单的惩罚，而是预防领导干部出现不应有的失误或错误，因此，责任追究不仅包括事后惩罚，也包括事前教育。要让领导干部明确认识到责任追究的范围和内容、严肃性和有序性，再辅以严密、完整的责任追究过程，这样才能够真正达到责任追究的最终目的。

3.依靠群众，依法有序

为了确保责任追究目的的达成以及以上两个原则的实现，仅仅依靠责任追究的专职部门是不够的，也不符合中国共产党的工作原则。有效的责任追究机制必然需要依靠群众，也只能依靠群众；否则，责任追究往往会流于形式，丧失应有的价值。当然，责任追究也不能变成群众运动。责任追究必须建立在明确、清晰及合理的规范之上，建立在完善的制度体系之上。目前，我国已经初步建立起一套责任追究的法律法规体系，初步形成了有序统一的责任追究制度框架。责任追究必须在这一框架下依法、有序进行。

4.具体工作原则

除了以上基本工作原则外，在实践中，为了更好推进责任追究工作的进行，还需要遵循以下具体工作原则：

（1）分级追究责任原则。根据失误或错误的程度，或者未履行或未正确履行职责的程度，责任人需要承担的责任不尽相同，需要分级追究。最严重的是承担违法犯罪责任，其次是承担党纪、政纪责任，最次是承担政治和道义层面的责任。不同层级的责任不能相互替代，也不能混同追究。

（2）公开透明原则。实施民主监督的一个最起码的必要条件就是让公众知情，让公众知情的前提是事情的全部经过必须公开透明。同时，追究责任的目的并非单纯的惩罚犯错误者，更多的是警示其他人，追究责任过程不公开透明就无法实现这一目的。

（3）适用性原则。责任追究的过程需要有理、有据、合法、合理且合情，因此每一项责任追究条款的确定，都必须以是否适用作为基本标准。

三、责任追究的工作内容

责任追究的工作内容包括：第一，责任追究的内容、范围和对象、主体。责任追究工作要确定责任追究的内容、主体、范围和对象，这些要素在一定程度上与突发事件的类型、等级和特点相关，也要遵循相关的法律法规、行业标准以及规章制度等。第二，责任追究的情形、方式及适用。第三，责任追究后的复出程序。根据我国的实际情况，有必要建立与追究责任相配套的复出机制，做到责任追究后被追究责任官员的复出、晋升程序的制度化、规范化、透明化。

四、责任追究的程序

1.启动

责任追究主体根据领导的指示和批示，上级的通报，人大代表和政协委员提出的议案、提案和建议、批评、意见，公民、法人和其他组织的检举报告，新闻媒体的报道，有关部门和人员提出的意见，巡视、工作检查或工作目标考核中发现的问题，通过其他渠道发现的应该追究责任的情形，由纪检监察机关或者其他相关法律法规确定的责任追究部门进行初步核实，视需要按程序启动责任追究程序。

2.调查

责任追究程序启动后，事实基本清楚，责任追究主体组成相关部门人员参加的责任追究调查组，对事实进行调查核实，并形成责任追究调查报告。

3.决定

实施责任追究的单位或部门接到调查报告后，在规定时间内，由领导班子集体研究，做出追究责任或不予追究责任的决定，并决定责任追究的方式。

4.申诉

被追究责任的对象对责任追究决定不服的，可自收到决定书之日起，在规定时间内，向做出责任追究决定的机关和部门或其上级机关及部门提出申诉。

5.复议、复查

责任追究主体收到被追究责任人的申诉后，应及时进行复议、复查，在规定时间内做出决定。申诉、复查期间，原责任追究决定不停止执行。

【资料3-1】 　　　现阶段税务机关应急管理机制存在的主要问题

《突发事件应对法》规定，应急管理主要应包含以下机制：一是预防与应急准备机制；二是监测与预警机制；三是应急处置与救援机制；四是善后恢复与重建机制。

通过对部分税务局、基层税务所的实地调研，并对相关应急管理制度、文献进行研究，我们发现，税务机关应急管理机制存在以下几个方面的问题：

（1）预防与准备机制缺失。虽然各级税务机关按应急管理的要求制定了本部门的应急管理预案，但由于预案内容不详细、缺乏可操作性等，不能发挥预案的真正功能与作用。突发事件一旦发生，就会手足无措或者仓皇应对。此外，对税务干部，尤其是基层税务干部的应急管理培训不足。一方面，税务机关普遍缺少危机管理专门人才；另一方面，广大税务干部缺乏危机意识，更缺少对基本规范与应对流程的了解与运用。在应急管理的物资保障上，经费和物资不足，基层税务所的问题尤为突出，这严重制约了突发事件的及时、有效应对。

（2）监测与预警机制不完善。在实地调研中，我们发现，一些税务局较重视运用现代化的信息收集手段，对网络信息、网络舆情进行监控，但缺少对监控数据的科学分析与研判，监测与预警机制不完善。税务机关普遍缺少对危险源的确认、对风险的评估与排查等环节，监测与预警机制需要进一步完善。

（3）应急处置与救援机制不规范。突发事件发生后，由谁确定税务机关进入应急状态、适用应急管理原则，启动标准如何、由哪个主体依据什么确定，不同类型的突发事件应对规范、流程是什么，每个应对主体能否达成一致等问题的存在，说明税务机关应急处置与救援机制还很不规范。

（4）恢复重建机制没有得到足够重视。突发事件事态平息并不意味着应急管理结束，税务机关对于突发事件的追责、相关制度的完善等没有引起足够的重视。

应急管理机制在整个应急管理体系中的地位和作用十分重要，它解决了应急管理的动力和活力问题，应该针对现阶段税务机关应急管理机制存在的主要问题，根据应急管理机制建设的理论和法律要求，进一步完善相关机制。

（1）确保预案的可操作性和实用性。应急管理预案一般包括以下内容：对预案制定的目的、制定过程等的描述；突发事件应急管理队伍、机构，应急管理中的有关组织及其义务，这些机构及其主要工作人员的联系方式的详细介绍；应急响应程序，包括预案如何启动、应急救援活动如何开展等；恢复与重建；预案的及时修订，以及针对预案的演练要求。

（2）对税务干部进行分类培训。一线税务干部、基层决策者、突发事件应对的主要责任人应掌握的应急管理知识、技能不尽相同，应依据税务干部的不同类别进行分类培训。

（3）尝试建立多市税务局联动机制。应急管理是非常态管理，短时间内对专业人员和物资的需求急剧增加，税务局单靠自己的力量很难满足，因此，应考虑在可以互助的半径内建立多市税务局联动机制。

（4）建立危险源、风险评估与排查的长效机制。危险源处在不断变化中，要根据变化了的情况，不断更新危险源信息，并对存在的风险进行评估和及时排查。

（5）形成应对的统一规范和流程。由国家税务总局出台应对突发事件的标准、规范和流程，各地市税务局可以依据自己的实际情况补充完善。税务机关应以关键工作流程的开发和优化为重点，推进应急管理机制建设，以解决应急管理实践中存在的突出矛盾和问题。

第四章

健全我国应急管理体制

【学习目标】
　　◇ 掌握健全应急管理体制的途径
　　◇ 熟悉我国应急管理体制的特点
　　◇ 了解应急管理体制的内涵和构成

【案例导引】

　　2008 年 1 月，我国南方十多个省区遭受了 50 年一遇的持续雨雪、冰冻等自然灾害，受灾人数过亿，并造成电力中断、水管爆裂，十多个机场、众多高速公路关闭，京广铁路主干线和诸多铁路路段及国道停运，导致人员和物资流动阻滞等连锁反应。全国先后有 23 个省区公路交通受到不同程度的影响，其中，13 个省区公路交通多次中断，客货运输受阻。全国 68 条、13.3 万千米的国道中，有 21 条、近 4 万千米路段因积雪严重、路面结冰导致通行不畅。公路基础设施受损面广，直接经济损失达 125 亿元。由于雪灾正值中国农历新年前后，雪灾造成大量铁路、航班停运，大量返乡旅客滞留。

　　此次雪灾所暴露出的诸多问题表明，我国的应急管理体制并不健全，面对涉及范围较大的复杂事件，我们的应急管理体制，包括治理模式都有值得反思之处。各级政府在应对灾难的过程中，如何承担起组织、协调、指挥等方面的重要职能；如何通过权力、职责的合理划分，组织形式的选择，部门、机构之间的协调配合，更好地应对突发事件，是履行好社会管理职能的关键所在。

资料来源　黄鑫. 突发公共事件应急管理体制研究［D］. 上海：上海交通大学，2008.

第一节　应急管理体制概述

一、应急管理体制的内涵

　　从应急管理实践来看，建立健全高效的应急管理体制，已经成为我国中央及地方政府的一项重要战略任务。伴随着国内各类突发事件的发生，我国的应急管理体制已经形成基本的框架，但理论界对应急管理体制的内涵还没有明确、权威的界定，学者们从多个角度对应急管理体制的内涵进行研究和解读。戚建刚在《行政应急管理体制的内涵辨析》中将应急管理体制界定为"由应急性机关、应急性权力和应急性机制所组成的制度体系"。他认为，这三个要素即是行政应急管理体制的基本构造。陈安等则从应急管理体制的功能出发，认为"应急管理体制包括以下四个系统：行政责任与社会责任系统、事件响应与评估恢复系统、资源支持与技术保障系统、防御避难与救护援助系统"。薛澜等将应急管理体制的建构主要视为政府机构的设置，提出"国家应急管理体制从垂直角度看应当包括中央、省（自治区、直辖市）以及市、县地方政府的应急管理体系；从水平角度看应当包括各种类型、各种程度的突发公共事件。上述两个角度构成了国家应急管理体制的等级协调机制和无等级协调机制运作模式"。高小平认为"政府应急管理体制是指政府为完成法定的应对公共危机的任务而建立起来的具有确定功能的应急管理组织结构和行政职能"。

准确、科学地把握应急管理体制的内涵，可以从"体制"这一基本概念入手。根据《辞海》的定义，体制是指国家机关、企事业单位在组织建设、领导隶属关系和管理权限划分等方面的体系、制度、方法、形式等的总称。《现代汉语词典》的定义则是"国家机关、企业、事业单位等的组织制度"。综合以上学者的观点，我们认为，应急管理体制是指应急管理机构的设置及其隶属关系，在应急管理中各项职权的划分与运行及为保证应急管理顺利进行而建立的一切组织体系和制度的总称。应急管理体制又是一个动态管理过程，包括预防、预警、响应和恢复四个阶段。应急管理体制还是一个完整的系统工程，可以概括为"一案三制"，即应急预案，应急的机制、体制和法制。

二、应急管理体制的特征

第一，应急管理组织的集权化。由于突发事件的不确定性、破坏性和扩散性，应急管理的主体行使处置权力时必须快速、高效，这就要求整个组织严格按照一体化集权方式管理和运行，上下关系分明，职权明确，有令必行，有禁必止，奖罚分明。应急管理强调统一领导、统一指挥、统一行动的一体化集权管理。例如，要保证税务机关的应急管理组织具有预防、应对突发事件的基本权力，各级税务机关都设立应急工作领导小组。该小组的首要责任人是局长，此外，这一组织的成员还包括其他局领导，以及办公室、政策法规处、纳税服务处、征管和科技发展处、财务管理处、人事处、机关党办、监察室、信息中心、机关服务中心等部门的主要负责人。应急工作领导小组负责研究、决定和部署重大应急管理工作，指导、协调重大突发事件应对工作，按规定向上级机关报告重大突发事件的有关情况等。

第二，应急管理人员职责的双重性。在各国的应急管理实践中，除了少部分应急管理人员从事专业应急管理工作外，大多数应急管理参与主体来自不同的社会领域和工作部门，在正常情况下，他们从事其他工作，只有在应急管理工作需要时，才参与应急管理活动，担负应急管理方面的职责。因此，税务机关在构建应急管理体制时也应该体现这一特征。应急管理部门的成员，平时主要从事其本职工作，同时也要承担起预防和监察突发事件动态的职责。在敏感时期、重要时段，或者出现突发事件发生迹象，以及突发事件爆发后，上述相关人员应该在第一时间担负起应急管理的职责。

第三，应急管理组织结构的模块化。在应急管理组织中，每个单元体都有类似的内部结构和相似的外部功能，由不同单元体组成的功能体系也具有相似的结构和功能，具有模块化特征。当不同类型、不同级别和不同区域的突发事件发生时，可通过灵活、快速的单元体组合，形成相应的应急处置体系。因此，在构建税务机关应急管理体制时，可以将税务机关划分为不同的单元体。

第二节　应急管理体制的构成

一、应急管理体制的总体架构

应急管理体制是以单元体为元素构建的，每个单元体相当于一个独立的行政单位或社会专业应急管理部门，比如公安、消防、急救、防汛等。通过单元体左右组合，可以构成应对不同类型突发事件的复合体；通过单元体上下组合，可以构成应对不同级别和区域范围内突发事件的复合体。整个应急管理体制是一个模块化的机构，可以灵活拆分与组合。

二、应急管理体制的基本结构

每个单元体与复合体一样，都具有相同的基本结构，包含决策层、执行层和行动层。决策层包括决策机构和顾问团队；执行层包括执行机构和专家小组；行动层包括各行动机构，其中有各种社会力量。

（一）决策机构

决策机构由政府各应急单位最高领导人挂帅，各部门负责人组成，是应对突发公共事件的领导机构。其主要职责如下：第一，全面领导突发公共事件的处置工作；第二，研究、制定、确定应对突发公共事件的重大决策；第三，协调与其他应急组织的关系；第四，确定突发公共事件应急响应工作的启动与结束。

（二）顾问团队

顾问团队由管理专家、业务专家、法律专家、社会专家等权威人士组成，为决策机构出谋划策，起参谋作用。其主要职责如下：第一，协助制定城市公共安全应急法律法规以及相关政策和管理办法；第二，为公共安全应急管理提供意见和建议；第三，为决策机构提供重大应急事项决策方案；第四，保持与外部其他相关专家和专业机构的联系。

（三）执行机构

执行机构由政府各单位组成，贯彻落实决策机构做出的决定和决策，指挥应急队伍完成突发公共事件响应工作。其主要职责如下：第一，指挥、部署、协调突发公共事件的处置工作；第二，监测事态的发展状况，汇集有关信息并及时向决策机构汇报；第三，开展应急资源的配置、调动工作；第四，收集应急活动与事件信息；第五，处理媒体报道、采访、新闻发布会等相关事务，保证报道的可信性和真实性。

在执行机构中，有一部分是常态机构，是专职应对突发公共事件的机构。常态机构之间在业务上保持密切联系，形成稳定的组织系统。在正常状态下，常态机构要做大量的突发公共事件预防、应急准备管理工作。其主要工作如下：第一，研究、制定和贯彻落实应急法律法规、政策与管理制度；第二，制订应急规划和应急预案；第三，建设和完善应急组织体系；第四，建立和完善应急运行机制；第五，统筹规划和部署应急资源；第六，监督政府部门应急培训和演练的实施；第七，监测、汇集突发公共事件信息，及时通报相关单位做好准备工作；第八，建设和完善应急运作平台；第九，开展应急普及宣传教育和培训。在非常状态，常态机构将成为执行机构的核心，要做好突发公共事件的指挥协调、监督、控制和处置工作，开展事后的评估、评价、总结、建议和奖罚。

（四）专家小组

专家小组由各领域的业务和技术专家组成，为执行机构制定具体的突发公共事件应对方案和措施。其主要职责如下：第一，对突发公共事件进行识别、评估和风险评价；第二，提出针对具体突发公共事件的处置方案和措施；第三，协助制定处置突发公共事件的行动程序；第四，参与处置突发公共事件的行动过程；第五，为应急业务系统和应用系统的建设把关；第六，为应急业务管理提供建议和意见。

（五）行动机构

行动机构由政府、社会团体、企业、公民、军队和医疗单位等组成，是突发公共事件应急响应的处置队伍。其职责如下：第一，抢险与消防；第二，救援与疏散；第三，警戒与治安；第四，医疗与卫生；第五，消毒与去污等。

在平时，行动机构要加强突发公共事件的应急准备、应急培训、应急训练和应急演练，大力开展应急宣传教育活动，强化社会公众的应急防范意识，提高人们的应急素质和能力。

三、应急管理组织机构——多元化主体

突发公共事件的应对是一个系统工程，仅仅依靠应急管理机构的力量是远远不够的，需要动员和吸纳社会各种力量、整合和调动社会各种资源共同应对突发事件，形成社会整体应对网络，这个网络就是应急管理组织体系。在有些突发公共事件的响应过程中，不仅有正规应急组织的行动，还会有支援应急组织的参与。这些支援应急组织可能来自其他政府组织、非政府组织、营利组织和社会公众，在某些情况下还涉及军队和国际性组织。

（一）政府及其部门

政府及其部门作为公共管理者和社会服务的提供者，拥有其他组织不可比拟的大量社会资源，领导、组织全社会构建应急管理体系是其义不容辞的职责。公共安全的核心是保障公民人身权和财产权，维护人民的利益。有效预防、准备、回应和化解突发事件，使人民群众免受突发事件侵害，保障社会秩序正常运转是政府及其部门的责任。政府领导者和高层公共管理者应该具有强烈的危机意识、忧患意识，安而不忘危、存而不忘亡、治而不忘乱。政府及其部门应将应急管理纳入整个国民经济和社会发展规划，创造一种应急管理文化，建立健全应急管理体制、机制和法制，制定各类应急预案，加强各部门、各地区的协调与配合，加强政府与外界组织和公众的沟通与动员，提高现代社会政府治理能力，确保各类突发事件的有效防范和应急处置，保持社会经济健康发展和社会稳定。我国政府在长期的执政治国实践中，积累了许多宝贵的应对突发事件的经验，取得了抗击各种灾害的伟大胜利，如非典疫情、高致病性禽流感疫情、南方雨雪冰冻灾害、汶川地震、青海玉树地震，稳妥地处置了一系列事故灾难，领导干部在面对突发事件时认真负责、靠前指挥，充分发挥中流砥柱和坚强领导作用。

（二）非政府组织

所谓非政府组织，是指不以营利为目的，主要开展各种志愿性的公益或互益活动的社会组织，包括各类群体组织和民间社团等。作为一种社会力量，非政府组织具有众多促进社会发展的职能，在参与公共政策制定、监督政府政策的实施、推动公益事业发展、整合民间社会资源、开展灾害自救、推动公民参与、唤醒公民意识及塑造公民文化等方面发挥着越来越重要的作用。优秀的非政府组织能够与政府形成协调互动的良性关系，协助政府共同应对突发事件。非政府组织具有民间性、公益性、志愿性的特征，在应急管理中，在调动社会资源方面具有独特优势，可以弥补政府在组织、人员和资源等方面的不足之处。2003年非典疫情发生后，中华慈善总会、中国青少年发展基金会、中国扶贫基金会、中国医学基金会、中国国际民

间组织合作促进会等10多家非政府组织联合向全国的非政府组织发出倡议，号召各种非营利组织积极行动起来，协助各级政府开展防治非典的宣传，动员社会各界捐款捐物，关心和帮助需要救助的弱势群体，广泛寻求国际社会的支持，并实施了非营利组织抗击非典疫情联合行动，在主动配合政府应对非典疫情这场人民战争中发挥了巨大作用。因此，各政府部门要积极吸纳非政府组织加入应急管理行列，广泛动员各种非政府组织和社会力量参与突发事件应对，发挥它们的作用，形成应对和处置突发事件的巨大合力。

（三）营利组织

营利组织是社会基本经济单位，是社会生产和经营的主体。随着其经济规模、业务范围和经营领域不断扩大，它对社会的影响也愈来愈深远。很多突发事件都是由企业危机引发的，作为突发事件发生地的营利组织是应急管理中不可缺少的重要组成部分。突发事件发生后，受灾地区的营利组织作为灾害的直接利益相关者，在向政府及相关职能部门报告信息的同时，应责无旁贷地承担起在第一时间处置突发事件的责任，组织抢险救灾工作，最大限度地减少人员伤亡和财产损失。而受灾地区以外的营利组织作为社会资源的重要构成部分，在必要的时候，也应当通过各种方式为灾区提供资金、物资、技术设备、人员等方面的帮助。政府在应急管理中也常常借助营利组织的资源，满足应急处置的救援需求、物资需求和重建需求。由此可见，营利组织在应急管理中有着不可替代的作用。

（四）社会公众

社会公众是突发事件的主要威胁对象，他们既是受保护的对象，也是应急管理活动的积极参与者。尽管政府是应急管理的主体，政府应急管理的根本目标是保护公众的生命财产安全，但公众的危机意识、自我管理能力、生产自救能力和对政府应急管理措施的支持配合程度是决定政府应急管理成效的重要因素。例如，2008年汶川地震发生后，在救援队伍到达之前，灾区群众就开始了自救和互救行动，大大降低了人员伤亡和物资损失。政府作为应急管理的行为主体，动员和组织公众积极参与应急管理，不仅可以丰富和充实政府的公共管理内容，强化政府责任，而且可以提升公共服务品质，保证公共利益的实现。当然，公众能否积极参与应急管理，在很大程度上取决于政府自身建设和政府的威望，取决于社会发展水平以及公众的综合素质。

（五）国际力量

一方面，各国政府面对的很多突发事件都具有世界性、国际性，如区域冲突、局部战争、金融危机、食品安全、偷渡贩毒等跨国界突发事件，以及危害各国安全的自然灾害等，这些突发事件的有效应对需要各国乃至国际社会的全面合作；另一方面，在一国发生重大突发事件尤其是重大灾难时，各国政府会通过国际人道主义救援，为受灾国输送大批急需的食品、药品等应急物资和相关救援人员，缓和和减轻灾害发生国的突发事件应对压力，帮助他们尽快恢复重建，渡过难关。随着全球经济一体化的不断深入，应急管理对国际社会的影响愈来愈深刻，国家间的相互依存更加紧密，共损共荣的局面正在逐步形成。建立全球应对突发事件的合作协调机制、建立安全稳定的国际环境，已经愈来愈多地受到各国政府和国际组织的高度关注，利用国际力量和资源已经成为各国应对突发事件的一种有效补充方式。比如上海合作组织成员国签署的《上海合作组织成员国政府间救灾互助协定》就是新形势下进行国际合作的有益尝试。汶川特大地震发生后，许多国家和国际组织派出大批专业救援队伍奔赴灾区实施救援，同时捐赠了大量紧急救援资金和物资，对我国抗震救灾工作起到了重要作用。

第三节　我国应急管理体制的现状

一、我国应急管理体制的发展

中华人民共和国成立以来，党和政府就高度重视应急管理，应急管理体制随着各项事业的发展而逐渐完善起来。纵观我国政府应急管理体制的历史演进，大体经历了三个阶段：一是专门部门应对单一灾种的应急管理体制（中华人民共和国成立至改革开放初期，简称单一性应急管理体制）；二是议事协调机构和联席会议制度共同参与的应急管理体制（改革开放至2003年防治非典期间）；三是强化政府综合管理职能的应急管理体制（2003年防治非典结束至现在，简称综合应急管理体制）。

第一阶段单一性应急管理体制的特点：一是应急管理组织体系主要以某一相关主管部门为依托，对口管理，其他部门参与；二是对自然灾害等突发事件分类别、分部门进行预防和处置；三是应急管理机构事实上是应对单一灾种的。历史经验表明，这种管理模式在应对所设机构管理范围以内的突发事件时是有效的，既能做到分工明确，又能协调各方面力量，但是，当出现已设机构管理范围以外的突发事件时，就可能因无专门应急管理机构而耽误应对的最佳时机，或者即使某一突发事件有相应的机构负责应对，但由于这个机构无法协调其他部门予以协助，也会造成应对不力的局面。

第二阶段应急管理体制的特点：为了应对日益复杂的突发公共事件，增设了有关应急管理的议事协调机构，并以这些机构为依托，建立了一系列有关应急管理的联席会议制度，为综合性应急管理体制的形成奠定了基础。

第三阶段综合应急管理体系的特点：一是把应急管理工作和应急管理体系建设提上议事日程，并为此进行了一系列探索，取得了实质性进展；二是全面推进"一案三制"建设，将各类灾害和事故统一称为"突发事件"，将各类灾害的预防与应对统一称为"应急管理",进而确立了突发事件应急管理的组织体系、一般程序、法律规范与行动方案;三是在行政管理机构不做大的调整的情况下,一个依托政府办公厅(室)的应急管理办公室发挥枢纽作用、以若干议事协调机构和联席会议制度为协调机制的综合应急管理新体制初步确立起来。

二、我国应急管理组织机构的构成

依据《突发事件应对法》和《国家突发公共事件总体应急预案》的规定,我国应急管理组织机构分为五个层次:

(一)应急管理领导机构

国务院是突发事件应急管理工作的最高行政领导机构。在国务院总理的领导下,国务院常务会议研究、决定和部署特别重大突发事件的应急管理工作;设立国家突发事件应急指挥机构,统一领导突发事件应对工作,如国家防汛抗旱总指挥部、国家森林防火总指挥部、重大工业事故国家救灾总指挥部、国家抗震救灾总指挥部。

国务院负责处置跨省级行政区域,或超出事发地省级政府处置能力的特别重大突发事件;国务院及地方各级政府按照分工,对相关领域的突发事件处置工作全权负责;国务院及地方各级政府成立相关应急指挥机构,对不同级别、不同类别的突发事件实行分级分类管理与处置。地方各级政府是本行政区域突发事件应急管理工作的行政领导机构,负责本行政区域各类突发事件的应对工作。县级以上地方各级政府应设立突发事件应急委员会,统一领导、协调本行政区域突发事件的应对工作,政府主要领导挂帅,分管领导和各相关单位主要负责人为成员。常态时,应急委员会定期研究本行政区域应急管理工作的重大问题及政策措施;非常态时,即本行政区域发生了全局性、综合性或特别重大的突发事件时,应急委员会则履行组织指挥应急处置职能,依法行使紧急状况处置权,充分调动各种资源应对突发事件。应急委员会下设若干个突发事件专项应急指挥部或应急领导小组。这样做既可在突发事件发生后不再临时成立指挥机构,又可保证政府专项应急预案的贯彻实施和专项突发事件的应急处置。各专项应急指挥机构常态管理的主要职责是:研究制定本行政区域内本专项突发事件应对工作的指导意见,部署和总结年度工作;组织实施本行政区域应急管理重点项目建设。

(二)应急管理办事机构

国务院和县级以上地方各级人民政府是突发事件应对工作的行政领导机关,其办事机构及具体职责由国务院规定。县级以上人民政府有必要在其内部设立相应的突发事件应急管理综合办事机构,负责应急管理的日常工作。《国家突发公共事件总体应急预案》明确规定,国务院办公厅是突发事件应急管理的办事机构,设国务院应急管理办公室（国务院总值班室），履行值守应急、信息汇总和综合协调职能，发挥运转枢纽作用。从地方来看，全国各省（区、市）成立应急管理办公室，设在各级政府办公室（厅），履行值守应急、信息汇总和综合协调职能，发挥运转枢纽作用。当前，我国应急管理机构级别低、人员配置不充足、协调难度大的问题制约应急管理机制的发挥，应急管理体制改革十分必要。

（三）应急管理工作机构

上级人民政府主管部门在各自职责范围内，指导、协助下级人民政府及其相应部门做好有关突发事件的应对工作。各级政府主管部门是突发事件应对的工作机构，其职责是具体负责相关类别的突发事件专项和部门应急预案的起草与实施，承担相关应急指挥机构办公室工作，在政府统一领导下开展应急处置工作，同时指导、协助下级政府及其相应部门做好突发事件的预防、应急准备、应急处置和恢复重建等工作。基于历史的原因和应对特定行业或领域的突发事件的需要，《突发事件应对法》颁布前已经形成了有关法律法规确定由国务院有关部门对特定行业或领域的突发事件应对工作负责的工作格局，这主要是指民航、铁路、海事、核利用等部门，其发生的突发事件具体包括民航事故、铁路行车事故、水上交通事故、核事故等，由相关部门负责处置，突发事件发生地政府应当积极配合并提供必要的支持。

（四）应急管理地方机构

地方各级政府是本行政区域突发事件应急管理工作的行政领导机构，负责本行政区域各类突发事件的预测预警、应急处置、应急响应和恢复重建的组织领导工作。

1. 应急管理地方机构的组成

应急管理地方机构采用联席方式，特点是"联而不并"。

（1）由综合性部门，如政府办公厅，担任地方应急管理的中心组织者，可以选出若干人员专门从事应急工作，较大的省市可以组建专门的委员会。

（2）各职能部门都要有专人从事应急管理工作，可以不是主要领导，但必须能在政府应急联席会议中代表本单位。

（3）综合性部门以各种方式，定期组织联席会议，协商应急管理事宜，形成制度。日常的应急协调由该组织内部完成，在危机发生时，联席会议充当应急指挥，或充当政府指挥部与各职能单位之间的协调平台。

2.应急管理地方机构的职责

（1）信息综合。拟定地方应急事件管理的法规、政策和实施办法；编制和修订应急事件管理总体规划和项目建设规划；组织拟定应急事件管理总体预案；督促、检查相关部门和单位在总预案下制定、修改本部门和本单位处置应急事件分预案；收集、分析、整理国内外应急信息，适时提出预警建议；牵头或协调重特大应急事件的新闻和信息发布工作；组织编制面向公众的应急宣传教育计划和相关宣传资料；拟定综合应急演习方案和计划；负责对各级有关职能部门和单位的应急工作提供指导。

（2）应急指挥。负责日常值班工作，处理各级政府通过值班室发来的文件；对各类应急事件做出快速反应，提出处置建议；负责应急事件处置的现场协调和督导工作；承办上级领导交办的各类事项，做好跟踪落实及信息反馈；汇总、整理每日值班信息和应急信息；根据应急演习方案和计划，组织各专业队伍和相关单位进行合成演练和协同演习。

（3）资源保障。组织编制各类应急资源分布图谱；建立应急事件处置专家网络，定期听取专家意见；建立与各职能部门和各专业机构的工作联系网络；拟定应急专用物资保障方案和应急装备、器材配置方案，并组织实施；掌握应急物资的生产、储存，以及装备、器材的有关情况；协调相关部门和单位做好应急事件的事后评估和善后处理工作；组织整合各类应急信息技术资源，搭建应急信息化系统网络平台和应急指挥平台；负责电子设备的维护和管理；负责日常事务和后勤管理工作。

【资料 4-1】　　　　突发公共卫生事件发生后地方政府的职责

1.传染病暴发、流行时，各级人民政府及有关部门应该做到早发现、早报告、早隔离、早治疗。对传染病病人和疑似传染病病人，采取就地隔离、就地观察、就地治疗的措施，加强重点单位、重点人群、重点环节的预防和控制，防止疫情蔓延。

2.突发事件发生后，应成立由政府主要领导人担任总指挥的突发事件应急处理指挥部，统一领导和指挥本行政区域内突发事件的应急处理工作。建立严格的突发事件防范和应急处理责任制度，切实履行各自的职责。

3.省级人民政府在接到突然发生的、对公众健康造成或可能造成严重损害的报告后，于1小时内向国务院卫生行政主管部门报告。县级人民政府在接到报告后2小时内向设区、市人民政府或上级人民政府报告，设区、市人民政府接到报告后2小时内向省级人民政府报告。

4.对从传染病疫情重点区域返乡的人员，县级以上人民政府可以对其做出隔离医学观察的决定。

5.对传染病暴发、流行区域内的流动人口，突发事件发生地的县级以上地方人民政府应做好预防工作，落实有关卫生控制措施；对传染病病人和疑似传染病病人采取就地隔离、就地观察、就地治疗的措施。对需要治疗和转诊的，按照规定将病人及其病历记录的复印件转送至接诊或指定的医疗机构。

6.县级以上地方人民政府应提供必要的资金，保障因突发事件致病、致残的人员能得到及时、有效的救治。

7.突发事件发生后，保证突发事件应急处理所需要的医疗救护设备、救治药品、医疗器械等物资的生产、供应。

资料来源 佚名. 突发公共卫生事件应急条例［EB/OL］.［2011-01-08］. http://www.gov. cn/gongbao/content/2011/content_1860801.htm.

可见，县级政府对本行政区域内发生的突发事件负首要的应对处置责任，包括信息收集、险情监测和预警、组织调动应急队伍、依法采取必要的其他措施；涉及两个以上行政区域的，由有关行政区域共同的上一级政府负责，或者由各有关行政区域的上一级政府共同负责。《突发事件应对法》这样规定的目的有三点：一是有利于上下级形成高度统一的领导与指挥应急管理系统，更好地调配各方面的资源。二是有利于遵循应急管理属地为主、分级负责的原则，强化地方政府特别是县级政府对突发事件预防、应对、处置的第一责任，也就是说，突发事件发生地政府应迅速反应和有效应对，最大限度地遏制突发事件的发展。三是符合政府应急管理机构的设计要求，各级政府应急管理权限的划分是根据突发事件的类别、级别以及政府层级和管理职能确定的。

街道、社区、乡镇等基层政府建立突发事件工作机制和责任部门，特殊行业的突发事件信息员要设置到社区、行政村。要及时反馈地质灾害，公共卫生事件，畜牧、农作物、森林病虫害，森林火灾、山洪、水库塘坝险情，以及群体性事件等信息。虽然没有必要在乡村设立专门的机构，但要利用行政村的相关人员作为相关机构的专职联络员，并建立相应的激励机制和责任追究机制来保证信息的及时、准确传递。要建立和加强相应的组织网络，加强区域应对突发事件的基础设施建设；充分发挥社区和非政府组织的作用，组建社区应对突发事件志愿者队伍，不断提高基层政府综合处置突发事件的能力。

（五）应急管理专家组

应对突发事件除了要有健全的管理体制、灵活的社会参与机制外，还要设置咨询机构，建立应急管理专家制度。要让应急管理专家参与处置与预防工作，让他们为应急管理和突发事件应对决策出谋划策。应急管理专家组的主要职责是：为应对突发事件提供决策咨询和工作建议，必要时参加突发事件应急处置的技术援助工作。县级以上政府及相关部门设立这类咨询机构的作用有：一是通过发挥专家的咨询参谋作用，促进应急管理按照科学规律办事，提高决策科学化程度，做到科学决策、科学执行。二是由专家对突发事件进行识别、评估和风险评价，提出针对具体突发事件的处置方案和措施，并参与处置突发事件的行动过程。三是组织各领域专家有针对性地研究危险源识别、预防、监测、控制、应急救援等环节的核心技术，加快应急管理研究成果的转化利用，推动公共安全科技的发展。四是由专家对突发事件进行解释，帮助公众提高心理防御能力，缓解心理压力，克服精神障碍，消除突发事件带来的精神后遗症。

三、我国应急管理体制的特色

应急管理是政府公共管理活动中的一项重要内容，建立一套科学的应急管理体制，是具有根本性、长远性的举措。根据《突发事件应对法》的规定，我国已经初步建立起"统一领导、综合协调、分类管理、分级负责、属地管理为主"的具有中国特色的应急管理体制。

（一）统一领导

1.统一领导的内涵

统一领导既包含中央政府对地方政府、部委的领导，也包含地方政府对下级政府、地方部门的领导。这种纵向关系要求把握好上下级之间的集权和分权程度，层层落实职责，健全运行机制。

统一领导是应急管理的首要原则，也是突发事件应急管理不同于其他政府管理过程的主要特点。政府应急管理与常态事务管理的不同之处在于，突发事件应急管理往往需要在短期内做出决策，因此要求管理权相对集中，实行统一集中决策，这也是世界各国应急管理机构的主要特点之一。统一领导是指在各级党委的统一领导下，国务院是全国突发事件应急管理的最高行政领导机关，统一负责全国范围内的应急管理工作；地方各级人民政府是本行政区域内应急管理工作的行政领导机关与责任主体，统一负责本行政区域各类突发事件应急管理工作。在突发事件应对中，各级党委、政府的统一领导权主要表现为以相应责任为前提的决策指挥权、部门协调权。

2.统一领导的应急管理格局

（1）统一由党委领导。首先，这是由我国的政治架构所决定的。党在我国政治生活中处于领导地位，政府的公共管理活动要在党委的统一领导下进行，对突发事件进行管理是政府管理活动中不可忽视的组成部分，也应该在党委的统一领导下进行。党对突发事件的领导主要包括政治领导、思想领导和组织领导三个方面。其次，统一由党委领导也是我国应对突发事件的现实需要。突发公共事件是突然发生的，给社会公众的利益带来直接或间接重大损失，处置人员必须在最短的时间内制止事态的扩大和蔓延，而要实现这样的目的，很多时候需要调动事发地各方面的资源共同应对，包括党、政、社会，甚至军队的资源，只有党委才能担当此任。

（2）统一由中央政府即国务院来领导。这既是我国单一制中央和地方关系的要求，也是应急管理工作自身特点的要求。就单一制中央和地方关系而言，中央政府统一行使全部国家主权，统辖全国各级地方政府；地方政府是中央政府的下属或代理机构，依中央的意志和需要而设立，地方行政机关的各种权力受中央权力统辖，地方自治权被限制在统一的国家权力之内，是从中央政府权力中分离出来、由地方行政区域享有的；地方政府的立法和行政权来源于中央政府的授权或委托，不得与中央的法律和法令相抵触或冲突。这种中央和地方的关系决定了中央政府对各级地方政府的所有公共管理活动都拥有统一的管辖权，对地方政府的应急管理事项也不例外。就应急管理工作本身的特点而言，突发事件所具有的起因复杂、牵涉部门多、影响范围广、发生次生和衍生事件的可能性大等特点决定了很多突发事件单靠事发地的地方政府是很难应对的，它需要更广泛的人力、物力和财力支持。从这个意义上来说，统一由国务院来领导是更好地进行应急管理工作的现实需要。

（3）在应急管理中，实行党委领导下的行政领导责任制，是贯彻执行国家应急预案的制度保证，也是应急管理体制的主要环节。党委领导下的行政领导责任制，就是在各级党委的统一领导、统一组织、统一指挥下，各级行政领导亲自安排和部署处置突发公共事件，并进行检查督促和承担领导责任的制度。

建立党委领导下的行政领导责任制，首要问题是明确领导责任形式。领导责任是领导人实施领导行为应当承担的责任形式的总称，在具体认定时可细分为非法律责任（政治责任）和法律责任（行政责任、民事责任和刑事责任）两大类。在处置突发公共事件时，党委负责人承担政治责任，如果违反法律，承担民事责任或刑事责任；政府负责人则承担行政责任、民事责任和刑事责任。

从我国国情来看，政治责任主要有以下几类：一是个人责任。按照责任分工，领导干部对自己职责范围内的工作，应承担领导责任。二是集体责任。领导班子集体做出不当或错误决定的，应由主要领导和提议者承担直接领导责任，其他人承担次要责任。三是直接领导责任。分管领导干部在职责范围内对分管的工作不负责任、不履行或不正确履行职责并造成损失的，负直接领导责任。四是主要领导责任。领导干部在职责范围内，对主管或参与的工作，不履行或不正确履行职责并造成损失的，负主要领导责任。

关于行政责任，根据《中华人民共和国公务员法》，主要分为警告、记过、记大过、降级、撤职、开除六种。

（二）综合协调

1.综合协调的内涵

综合协调与统一领导实际上是同一问题的不同表述方式，也可以理解为统一领导的手段。参与应急管理工作的政府机构众多、职能各异，在日常工作中可能缺乏联系的一些部门需要在短期内按照共同目标，开展有效的合作，综合协调工作变得比日常工作更为重要。综合协调既包含应急管理中负有责任的地区、部门、单位之间的协调联动，也包含军地之间的协调联动，还包含政府与非政府组织、企事业单位和社会公众之间的协调联动，以及跨地区、跨国的合作等。这种横向关系要求发挥各方面的积极性，实现信息互通、资源共享、协调配合、高效联动。

应急管理综合协调包括三层含义：一是各级政府对所属各有关部门、上级政府对下级政府的综合协调，以及共同的上级机关对互相没有隶属关系或业务指导关系的不同层级政府和不同政府部门的协调。二是对政府之外的各类主体进行的综合协调，包括对武装力量、国内外企业、社会团体、非政府组织、国内外公众的综合协调。三是各级政府突发事件应急管理办事机构根据职责所进行的日常协调工作。综合协调的本质和取向是在分工负责的基础上，强化统一指挥、协调联动，以减少运行环节、降低运行成本、提高效率和快速反应能力。

2.综合协调的办事机构

（1）政府应急办。我国各地政府总值班室与应急办多实行"一套人马，两块牌子"甚至"多块牌子"的管理体制。作为政府的内设机构，对外可以使用"×××政府应急办"的名称，履行值班应急、信息汇总和综合协调职责，发挥运转枢纽作用。

【资料 4-2】　国务院应急管理办公室（国务院总值班室）的主要职责

1.承担国务院总值班工作，及时掌握和报告国内外相关重大情况和动态，办理向国务院报送的紧急重要事项，保证国务院与各省（区、市）人民政府、国务院各部门联络畅通，指导全国政府系统值班工作。

2.办理国务院有关决定事项，督促落实国务院领导批示、指示，承办国务院应急管理的专题会议、活动和文电等工作。

3.负责协调和督促检查各省（区、市）人民政府、国务院各部门应急管理工作，协调、组织有关方面研究提出国家应急管理的政策、法规和规划建议。

4.负责组织编制国家突发公共事件总体应急预案和审核专项应急预案，协调指导应急预案体系和应急体制、机制、法制建设，指导各省（区、市）人民政府、国务院有关部门应急体系、应急信息平台建设等工作。

5.协助国务院领导处置特别重大突发公共事件，协调指导特别重大和重大突发公共事件的预防预警、应急演练、应急处置、调查评估、信息发布、应急保障和国际救援等工作。

6.组织开展信息调研和宣传培训工作，协调应急管理方面的国际交流与合作。

7.承办国务院领导交办的其他事项。

（2）我国各级政府应急管理机构的设置。

①国务院应急管理机构。根据《国务院办公厅主要职责内设机构和人员编制规定的通知》（国办人〔2008〕60号）的规定，国务院应急管理办公室（国务院总值班室）"负责国务院值班工作，及时汇报重要情况，传达和督促落实国务院领导同志指示；组织开展应急预案体系建设，协助国务院领导同志做好有关应急处置工作；办理安全生产、信访以及国务院应急管理方面的专题文电、会务和督查调研工作"。

②省级政府应急管理机构。各省（区、市）应急管理办公室行政级别上分别有

正厅级、副厅级、正处级三类。在正厅级、副厅级应急办中，大部分负责人由省政府秘书长、副秘书长或办公厅主任、副主任兼任，也有部分应急办主任为专职。正处级应急办主任全部为专职。除了应急办的级别各不相同外，编制名额差距也很大，多的45人，少的不到10人。各级应急办的编制、级别不同是一方面，另一方面在机构设置和职能上也存在差别，大致有如下两种情况：

第一，依托政府日常工作协调机构设置应急管理办公室。采用"一个机构，两块牌子"或将应急办作为内设处室与值班室设在一起，这种情况占到省级政府应急办的近90%。多数省（区、市）应急办的机构和职能设置与国务院应急办保持一致，应急办设在办公厅内，在应急办加挂值班室的牌子，应急办承担应急管理的日常工作和总值班工作，履行值守应急、信息汇总和综合协调职能，发挥运转枢纽作用。有的是让政府办公厅加挂应急办牌子，应急管理工作仍由厅内相关处室承担。

第二，应急办的职责与政府日常业务分开设立。例如浙江省委、省政府值班室，由省委办公厅负责管理，在省政府办公厅内设省政府应急管理办公室；四川省的应急办没有值班职能，值班工作由省政府办公厅办公室承担。

③地市县级政府应急管理机构。地市县级应急办大部分与政府值班室设在一起，承担日常值班、信息接报、综合协调、政府热线、公务接待等工作，与公众的联系较多。

④政府有关部门应急管理机构。国务院各部委、各单位值班室与应急办的设置分为两类，应急办与部、委（局）办、秘书处、综合处等办公厅处室分设的约占54%，部门值班室与应急办设在一起的约占46%。在职能承担方面，除了日常值班等正常工作外，部门值班机构还承担各种信息接报工作、综合协调工作、应急指挥工作，有些部门的值班室还承担领导活动、会议安排等职能。

（三）分类管理

1.分类管理的内涵

由于突发事件有不同的类型，因此，在集中统一的指挥下还应该实行分类管理。从管理的角度看，每一大类突发事件都应由相应的部门管理，在具体制定预案时，就明确规定各专项应急部门收集、分析、报告信息，为专业应急决策机构提供有价值的咨询和建议，按各自职责开展处置工作。但是重大决策必须由组织主要领导做出，这样便于统一指挥，协调各种不同的管理主体。

2.分类管理的应急体制

（1）政府部门应急管理工作机构。国务院、地方政府及其各有关部门，依据有关法律法规和各自职责的规定，负责相关类别突发事件的应急管理工作。在专业化的政府工作部门中，一般都建有专门的应急管理办公室，或在办公厅、业务相近的职能司局加挂应急办的牌子，负责本部门的应急管理工作。

（2）重大突发事件与应急管理部门。为了明确部门职责和责任主体，发挥专业应急组织的优势，以便在不同的专业应急领域形成统一的信息指挥、救援队伍和物资储备系统，我们根据突发事件的类型、产生原因、表现方式、涉及的范围和影响程度等的不同，对不同类型的突发事件实行分类管理。

从目前我国应急管理的分工来看，在自然灾害类突发事件的应对中，水旱灾害主要由水利部负责，气象灾害主要由国家气象局负责，地震灾害主要由国家地震局负责，地质灾害主要由国土资源部负责，草原森林灾害主要由国家林业局负责；在事故灾难类突发事件的应对中，交通运输事故主要由交通运输部负责，生产事故主要由行业主管部门负责，生态环境类事故主要由国家环保部负责；在公共卫生类突发事件的应对中，传染病疫情与中毒事件主要由卫生部负责，动物疫情主要由农业部负责；在社会安全类突发事件的应对中，治安事件和恐怖事件以及群体性事件主要由公安部负责，经济安全事件主要由中国人民银行负责，涉外事件主要由外交部负责。

（四）分级负责

1.分级负责的内涵

不同级别的突发事件需要动用的人力和物力是不同的。无论是哪一个级别的突发事件，各级政府及其相关部门都有义务和责任做好预警和监测工作。地方政府平时应当做好信息的收集、分析工作，定期向上级政府报告相关信息，对可能出现的突发事件做出预测和预警，编制突发事件应急预案，组织应急预案的演练，对公务员及公众进行应急意识和相关知识的教育及培训。分级负责明确了各级政府在应对突发事件中的责任，如果在突发事件的处置中出现重大问题，造成严重损失，就必须追究有关政府和部门主要领导及当事人的责任。对于在突发事件应对工作中不履行职责、行政不作为，或者不按照法定程序和规定采取措施应对、处置突发事件的，要对其进行批评教育，直至对其进行必要的行政或法律责任追究。

分级负责就是较高层级的政府负责较大规模或较大范围的突发事件处置工作。较高层级的政府拥有更大的权限、更强的资源协调能力，能够开展跨区域、跨部门的应对工作。由于各级政府所管辖的区域不同、掌握的资源也有差异，所以应对能力和侧重点不同。一般而言，越是高层级的政府，应对能力越强。

2.分级负责的应急管理体制

根据《国家突发公共事件总体应急预案》的规定，按照各类突发事件的性质、严重程度、可控性和影响范围等因素，我国将突发事件分为四级：特别重大、重大、较大和一般。以《国家地震应急预案》为例，地震应急响应分为四个等级，与地震灾害程度相对应，应急处置工作分别由发生地县级人民政府、设区的市级人民政府、省级人民政府、国务院统一领导。同时，由于地震灾害的特殊性，中国地震局在各级别的地震灾害中承担一定的组织协调工作。

（五）属地管理为主

1.属地管理为主的内涵

《突发事件应对法》规定，"地方各级人民政府是本行政区域突发事件应急管理工作的行政领导机构""县级以上地方各级人民政府设立由本级人民政府主要负责人、相关部门负责人、驻当地中国人民解放军和中国人民武装警察部队有关负责人组成的突发事件应急指挥机构，统一领导、协调本级人民政府各有关部门和下级人民政府开展突发事件应对工作；根据实际需要，设立相关类别突发事件应急指挥机构，组织、协调、指挥突发事件应对工作""突发事件发生后，发生地县级人民政府应当立即采取措施控制事态发展，组织开展应急救援和处置工作，并立即向上一级人民政府报告，必要时可以越级上报。突发事件发生地县级人民政府不能消除或者不能有效控制突发事件引起的严重社会危害的，应当及时向上级人民政府报告。上级人民政府应当及时采取措施，统一领导应急处置工作"。

属地管理为主是应急管理的重要工作原则，其核心是建立以事发地党委和政府为主、有关部门和相关地区协调配合的领导责任机制。地方党委、政府在突发事件处置过程中起核心领导作用，上级领导最主要的任务是帮助事发地政府解决其解决不了的问题，协调事发地政府协调不了的力量。在汶川特大地震的处置过程中就是这样，国务院抗震救灾指挥部依靠四川省委、省政府及时成立了抗震救灾前线指挥部，在协调各地和军队的救援力量、救援物资中发挥了重要的作用。

属地管理为主就是突发事件应急处置工作原则上由地方政府负责，即由突发事件发生地的县级以上地方人民政府负责。但是，法律、行政法规规定由国务院有关部门对特定突发事件的应对工作负责的，就应当由国务院有关部门管理为主。例如，《中国人民银行法》规定，商业银行已经或可能发生信用危机，严重影响存款人利益时，由中国人民银行对该银行实行接管，采取必要措施，以保护存款人利益，恢复商业银行正常经营能力。突发事件发生地县级人民政府不能消除或者不能有效控制突发事件引起的严重社会危害的，应当及时向上级人民政府报告。上级人民政府应当及时采取措施，统一领导应急处置工作。

2.属地管理为主的应急管理体制

应急管理实行属地管理为主原则，是因为地方政府身处事件发生地，能准确把握事件发生所造成的影响范围和程度，并能在第一时间到达现场，了解事态发展情况，也能及时地进行人力、物力和财力的调配，以便更迅速地展开应对工作。就我国目前的行政管理体制而言，中央政府的各职能部门与地方政府相应各职能部门之间有业务指导关系；同时，在专业管理部门，如公安、交通、消防、森林防火、大型工矿企业等实施垂直管理体制，也就是说，分布在各级地方政府管辖范围内的专业管理部门的直接领导者是其上级部门而不是地方政府。这些专业管理部门基本上是有关社会安全和国计民生的重要部门，也是发生突发事件较为集中的部门。在这些部门的职能范围内发生突发事件时，如果按照常规的行政管理体制，其分布在地方的部门应该首先向其上级部门通报情况，并在必要时向上级部门请求人力、物力和财力的支持，但考虑到突发事件的紧迫性和破坏性等特点，这种常规的管理体制有可能贻误事件处置的最佳时机，而以属地管理为主的制度安排则可以有效地防止这些问题的发生。

第四节　我国应急管理体制的健全

一、我国应急管理体制存在的问题

经过多年的探索，我国已经基本形成了具有中国特色的应急管理体制。从总体上说，现行的应急管理体制基本适合中国国情，有自己的特色和优势，但是存在的问题也是不容忽视的，主要表现在以下几个方面：

第一，缺乏强有力的统一应急管理机构。从我国现行突发事件应急管理体制来看，虽然全部省级政府和大多数市县级政府建立了应急管理领导机构和办事机构，但还缺乏一个独立的、常设的政府危机管理部门。在突发事件应对过程中，管理主体更多依赖政府的现有行政机构为应对突发事件而成立的指挥部或领导小组，临时性色彩比较浓重。当需要各级政府或者各部门合作应对时，需要花费大量的时间在政府或部门之间进行协调，影响了应急处置的时效性。从应急管理过程看，依然缺乏统一的协调机构。很多地方政府都建立了"应急管理办公室"，作为应急管理的日常办事机构，但在日常运作中，与原来的值班室没有明显区别，不能很好地发挥应急办的作用，一旦发生特大灾害，则显得无能为力。有些地方的应急办主任由政府办公室主任兼任，这就很容易使工作重心偏向政府办公室工作，而忽视应急办工作职能的发挥。

第二，应急协调联动性有待加强。从应急管理机构的职能来看，各部门之间的职责分工不够明确，存在职责交叉和管理缺位的现象。例如，对突发公共卫生事件的应急处理，卫生、交通、通信、信息、物资供应等部门和地方政府都有各自的应急管理职能，但如何统一行动、协同运作，没有明确的规定。各部门往往只知道本部门的职责，在灾害应对中不知道如何协调。有些部门职责交叉现象比较严重，一旦灾害事故发生，容易出现相互推诿、扯皮现象，可能错过应急管理的最佳时机，使小灾演变成中灾，甚至是大灾、巨灾。另外，我国突发事件应急管理机构分属于不同的管理部门，这些部门之间职能划分不够清晰，且存在严重的条块分割、部门封锁现象，这可能使各机构之间信息沟通不畅，无法协调统

一、步调一致，对需要多个部门协同运作的复合型突发事件的应急管理来说，这会导致效率低下。

第三，应急管理的社会参与度不足。我国应急管理体制过分依赖政府及其所属部门的力量，不重视发挥社会组织的作用，造成应急管理主体单一、社会参与度较低。现代社会分工愈来愈细致、利益追求更趋多元化、公众的权利意识逐渐觉醒，这使得政府难以通过突发事件发生后的临时动员、指示和命令有效调动社会公众参与应急管理的积极性。只有事先明确政府与社会力量的权责，建立起共同应对突发事件的体制、机制安排，二者才能有效合作。这不仅有利于降低事发后协调的外部交易成本，还能够保证社会参与的质量。

二、健全我国应急管理的体制

针对上述问题，健全和完善我国应急管理体制应着重从以下几方面入手：

1.强化各级政府应急管理的综合协调能力

第一，在应急管理体制顶层设计中，要考虑如何保证党中央和地方各级党委有效地对应急管理实行统一领导，使党中央关于应急管理的一系列指示精神得到贯彻落实。同时，国务院和各级地方政府作为应急管理的决策者和实施者，在应急管理中发挥重要的宏观综合协调作用。强化国务院和各级地方政府在应急管理中的宏观综合协调职能，并予以制度化、系统化是我国应急管理体制改革的一项重要内容。政府层面的应急管理宏观综合协调不仅包括国务院对有关各职能部门的宏观综合协调，还包括国务院对有关地方政府的宏观综合协调；不仅包括地方政府对有关职能部门的宏观综合协调，也包括上级地方政府对有关下级地方政府的宏观综合协调。

第二，以牵头部门为主、多部门参与的应急指挥部制度是中国特色应急管理体制的一项重要内容，也是重要的应急综合协调机制或现场综合协调机制。应该进一步完善应急指挥部制度，更好地发挥其综合协调功能。为此，要按照《突发事件应对法》的规定，参照国家防汛抗旱总指挥部的做法，适时成立国家级的、与重大突发事件相关的应急指挥部。这类指挥部一般由政府副职负责，由某个职能部门牵头，其他相关部门参与，通常为非常设机构，平时主要在突发事件防范中起协调作用，一旦发生突发事件，即迅速启动，发挥应急指挥协调功能。

第三，加强政府应急管理办事机构的权威和力量，增强其综合协调能力。实践表明，综合协调机构如果没有一定的权威（包括机构具有适当的行政级别），没有足够的力量（包括机构有相应的人、财、物），就很难搞好综合协调，很难真正发挥作用。因此，要强化应急管理机构的综合协调能力，就要加强应急管理机构的权威和力量。为了提高应急管理办事机构的权威，同时便于把政府日常工作的综合协调与紧急状态下综合协调工作统一起来，最好是由政府办公厅（室）的主任兼任应急管理办公室的主任，另设一个专门负责常务工作的副主任。在常态下，负责常务工作的副主任主持工作；在非常态即紧急状态下，应急管理可能上升为政府的主要工作，需要政府办公厅（室）的主任承担应急协调工作重任。

2.健全应急管理的协调联动机制

一是日常信息的联动。各级政府应急管理办公室应当承担信息汇总功能，通过与各专业应急部门、垂直管理部门以及相邻地方政府在应急信息方面联网，实现部门之间、条块之间和区域之间信息共享。

二是各部门之间的联动。通过应急管理法律法规和预案，明确各种突发事件的主管部门、协助部门以及它们的职责、权力和工作程序等，一旦突发事件发生，相关部门就可以按规定自动进入相应的角色。

三是不同层级政府之间的联动。在坚持属地管理为主的原则下，建立凡属地政府可以处置的突发事件由属地政府统一负责的应急响应机制；当属地政府无力应对、需要更高一级政府协助时，建立以属地政府为主负责应急处置，上级政府予以人力、技术和物资援助的组织协调机制。当突发事件升级为跨区域事件时，建立以上一级政府为主负责应急处置、各属地政府积极配合的分级响应机制；建立特别重大和跨地区、跨部门重大突发事件由国务院统一指挥、各地方政府积极配合的应急响应机制。

四是条块之间的联动。通过应急管理法律法规和预案，建立垂直管理部门和属地政府之间在信息通报、应急响应、资源调配和技术支持等方面的联动机制。

五是相邻地方政府之间的联动。中央政府要积极鼓励和协助相邻的地方政府通过协议方式，建立跨区域的应急联动机制，比如日常应急信息的互报制度、应急物资和人员的互助制度等。

六是党政之间的联动。可以考虑在应急办上面设立一个以党委书记为兼职主任，行政首长为兼职副主任，党委相关部门比如宣传部门、组织部门等和政府各职能部门的领导人员担任委员会成员的应急管理委员会，将其作为本行政区域应急管理的最高决策咨询机构，对本行政区域所有突发事件实施统一领导。行政领导以指挥长的身份，以临时成立的应急指挥机构为载体，负责具体的应急指挥工作。各应急管理办公室就应急处置的情况同时上报各应急管理委员会成员，当应急管理委员会认为有必要介入或对政府的应急管理工作存在异议时，可以向行政领导提供咨询、警告和建议。

3.充分发挥非政府组织和社会力量的作用

有效的应急管理要按照"党委领导、政府负责、社会协同、共同参与"的社会管理思路，建立社会动员机制，动员国内和国际社会各种力量共同参与突发事件的应急管理。

（1）需要进一步明确非政府组织在应急管理中的权责，并在有关应急管理政策法规中予以体现。权利、责任和义务三者相互关联，要进一步提高非政府组织的自主应对能力，首先要赋予其一定的权限；其次是改革其参与应急管理的途径和任务分工，如在民间赈灾捐赠方面，可确立红十字会、慈善总会等社会慈善组织的主体地位；最后是以责任制规范其行为，使非政府组织真正成为应急管理体制的组成部分。

（2）需要进一步明确非政府组织与政府组织的联系沟通渠道，加强信息共享。在政府应急决策中，应当有红十字会、慈善总会、各专业协会等非政府组织的代表，即非政府组织应作为应对突发事件应急决策的参与主体之一。

【能力测试 4-1】　案例分析：广东省的应急管理体制

广东省按照《突发事件应对法》和《国家突发公共事件总体应急预案》的有关要求，建立了党委领导、政府负责、属地管理，统一指挥、军地联动、综合协调，分类响应、分类处置、社会参与的应急管理体制。

2007 年，广东省成立了省应急管理委员会，由省政府主要负责同志任主任，省委副书记、政法委书记、省政府相关副省长和驻粤军队、武警负责同志任副主任，并成立了 21 个专业指挥部，省应急管理委员会在省政府办公厅设立副厅级的办事机构（即省政府应急管理办公室）。各专业指挥部以相关厅局作为办公室，军队、武警有关单位为相关应急指挥机构的成员单位。广东省 21 个地级以上市、121 个县（市、区）均成立了应急管理领导机构、办事机构和工作机构。

各级应急管理委员会按区域统筹部署自然灾害、事故灾难、公共卫生突发事件、社会安全突发事件的防范和应急处置工作。在特大突发事件发生后，根据需要可由党委主要负责同志任总指挥、政府主要负责同志任一线总指挥。在重大突发事件发生后，由政府主要负责同志或分管负责同志任总指挥。指挥机构启动后，政府有关职能部门、应急办以及党委宣传部门作为成员单位，在指挥部的统一领导下开展应对处置工作，应急办主要承担与各方面的联络沟通工作，发挥运转枢纽作用。单一灾种的处置由相应专业指挥机构负责，军地各成员单位参与，应急办主要负责信息报告、跟踪事态和综合协调。

广东省各地在街道办事处（乡镇）建立起了由党委政府统一领导、一专多能的应急管理工作机构和运行机制，有机整合了应急、综治、维稳、信访（群众）工作等职能。同时，全省各区县建立了以公安消防队伍为依托的综合性应急救援队伍，并加强了防汛抗旱、地质灾害、森林防火、公共卫生等基层专业应急救援队伍的建设。

广东省探索了动员社会各方面力量参与应急管理的做法。全省建立了约 2.5 万人的基层信息员队伍。深圳市组建了公安消防、红十字会、海上搜救和山地应急救援四支应急志愿者队伍。广东省成立了应急管理学会，推动应急管理产、学、研一体化，促进应急管理科技成果转化为生产力。暨南大学设立了应急管理学院。

资料来源　陆俊华. 广东省应急管理体制机制调研报告〔EB/OL〕.〔2010-12-22〕. http：// www.360doc.com/content/11/1020/15/1184379_157730468.shtml.

讨论题：

1. 广东省的应急管理体制有哪些特点？

2. 结合工作实际，讨论我国目前应急管理体制存在哪些问题？如何改进？

【学习目标】

通过本章学习，应了解企业资产管理环节的主要业务内容、业务流程和应留下的业务痕迹，熟悉企业资产管理环节缺失内控后容易产生的常规企业所得税风险和重大企业所得税风险，掌握资产管理环节内控薄弱点的查找思路以及相应的重大税收风险防控措施。

◇ 掌握加强应急管理法制建设的策略

◇ 熟悉我国应急管理法制建设的特点

◇ 了解应急管理法律体系的内涵和构成

【案例导引】

2002 年 11 月和 12 月，广东河源、佛山、中山等地出现了非典病人。

2003 年 3 月 17 日，10 个国家的 17 个实验室依靠卫星通信与互联网开始跨实验室和跨国界的合作，寻找新的病原体。

2003 年 3 月，中国香港、新加坡机场要求乘坐飞机的旅客登机前必须接受相关调查，并回答如下问题：你是否有以下症状——发烧、咳嗽、呼吸急促、呼吸困难？是否曾经接触过染上非典的病人？最近是否到过受非典影响的地区？

2003 年 4 月 13 日，国务院总理温家宝发表讲话，把非典定性为"一场突如其来的重大灾难"，号召"全国必须进一步动员起来，坚决打好同'非典'做斗争的这场硬仗"。

2003 年 4 月 20 日，新任卫生部常务副部长高强在国务院新闻办公室举行的新闻发布会上坦承，卫生部的工作"确实存在一些缺陷和薄弱环节"，此时，北京已确诊的非典患者达到 339 例，疑似病例 402 例。

2003 年 5 月 12 日，国务院颁布《突发公共卫生事件应急条例》。

截至 5 月 19 日，全国内地共有非典病人 5 236 例，共有 26 个省（自治区、直辖市）发现非典病例。从疾病突发到万众一心抗击非典，中国政府和人民从多个领域、多个层次进行了富有成效的努力和工作，可以称得上是举全国之力抗击非典。

国家最高管理机构充分认识到这次危机的严重程度。4月14日，在有国务院总理温家宝出席的国务院常务会议上，确定了建设和完善国家突发公共卫生事件应急反应机制的原则：中央统一指挥，地方分级负责；依法规范管理，保证快速反应；完善监测体系，提高预警能力；改善基础条件，保障持续运行。在此基础上，全国防治非典指挥部于4月24日成立，国务院副总理吴仪出任总指挥。与过去不同的是，政策和机制方面的修补与问题解决过程同步进行，《突发公共卫生事件应急条例》迅速出台。

在国务院的统一指导下，中央各部委、地方政府相互协调，共同配合，组成了保障社会安全运行、全力抗击非典的联合战线，负责解决非典时期医药用品的生产组织、财力保障、物资供应、运输协调、市场监测、指挥调度、调剂余缺、资讯汇总和其他有关问题。

非典事件引发了我国政府对应急管理体制和法制建设方面的深刻反思，非典事件之后，我国应急管理工作逐步走向规范化、制度化和法制化轨道，并通过对实践的总结；使法律法规和规章不断得以完善。我国先后制定和修订了40多部与应急管理相关的法律、50多件行政法规和上百件部门规章。特别是《突发事件应对法》的颁布实施标志着我国"一案三制"建设取得了重大进展。我国政府特别注重在应对危机的实践中不断完善法律法规和政策，如2008年汶川地震后修订了《防震减灾法》和《消防法》，发布了《灾区恢复重建条例》；三鹿奶粉事件后，颁布了《乳品质量安全监督管理条例》等。

资料来源　东北财经大学公共政策研究中心《SARS与政府公共政策》课题组. 突发性公共事件中的政府应急能力建设［N］. 中国财经报，2003（2）.

第一节　应急管理法制的概述

一、应急管理法制化的意义

现代法治政府的应急管理是在应急管理法制的框架内进行的，应对突发事件可能需要特事特办，但不能以此为由而背离法治的轨道。应急管理必须有法律依据，依法实施应急措施。建立健全应急管理法制，实现政府应急管理法制化的意义在于：

第一，建立健全应急管理法制是依法治国的基本要求。法治已成为我们国家的治国方略，在现代法治原则的支配下，国家生活的各个方面，包括应急状态的处理与应对都应纳入法治轨道。发生突发公共事件后，政府在社会生活中的任务得到扩张、强化，如果政府行为得不到法律的规制，必然会在应急状态下走向失控、混乱和无序。突发公共事件发生后，依其特性会以一种非程序化、超渐进型的态势发展；而就危机管理而言，却应当是程序化、可持续性的决策、执行系统，只有法律的规范性、程序性、稳定性和预测性才能使之实现。

第二，建立健全应急管理法制是有效化解危机的重要保证。建立健全应急管理法制，一是有利于依法配置、协调紧急权力，使得政府依法调动、整合应急资源，在法的权威保证下，发挥各种资源优势，形成应对危机的合力。二是有利于完善应急系统，通过法定化的监测预警制度、应急预案制度、危机确认宣告制度、危机处理制度、事后补偿与救济制度等，为突发公共事件的处理提供基本模式。法律在某种意义上是一种经验的总结，应急管理法制的功能之一就在于：在总结应对突发公共事件经验的基础上，将其中可行、有效的部分以权威形式固定下来，形成一定的原则和程序，为将来可能发生的突发公共事件的处理提供基本准则。三是有利于推进政府决策的开放性、透明性，将政府如何处理突发公共事件置于公众监督之下，这是法自身公开性的必然要求，既保证了公民的知情权，还有利于调动社会参与应对危机的热情，降低处理成本，同时推进政府依法决策、科学决策和民主决策。

第三，建立健全应急管理法制是保障公民权利的基础。在现代法治社会中，政府应急管理受到法治原则的限制，其核心就是政府不能随意行使应急管理权力，必须符合保护人权的基本宗旨。突发公共事件发生后，公民权利的保护体现为对集中的公众共同利益的保护和对分散的个体公民利益的保护两方面。对公益的保护有赖于法赋予政府的紧急权力，对私益的保护则有赖于法对其赋予政府的紧急权力的规制。应急管理法制体现了"危机管理+利益平衡"的基本原则。只有"法"才能找到公共利益与个体利益的结合点及行政效率与权利保障的平衡点，这也是建立应急管理法制的基本价值理念。

二、紧急状态立法模式

法制建设是应急管理体系的基础和保障，也是开展各项应急活动的依据。应急法律法规体系是法律法规体系的重要组成部分，是在紧急状态下法律法规的具体表现形式。由于紧急与正常是两种截然不同的状态，在正常社会状态下运行的法律法规无法完全覆盖紧急状况下的所有特殊情况，需要有应急法律法规来填补空白。

在依据紧急状态法的规定，由国家立法机关或行政机关正式确认并宣布进入紧急状态之后，对于政府来说，与未宣布进入紧急状态明显不同的是，它可以享有比较大的行政紧急权力。这种紧急权力既是针对其他国家机关所掌握的国家权力而言的，也是针对公民依据宪法和法律所享有的权利来说的。在宣布进入紧急状态之后，政府在整个国家权力体系中享有更高的法律权威，同时，它可以采取各种紧急措施来行使自己所掌握的国家权力。当然，政府也好，具体行使紧急权力的国家机关也罢，它们在紧急状态下所享有的紧急权力也是有一定限度的，其中最大的限度就是不得自己制造权力而不受紧急状态法的限制。我国的紧急状态立法在规定政府享有紧急权力方面比较详细，但是，也存在一些需要加以研究的问题。最突出的问题就是概括性的权力比较大。从维护法治原则的角度出发，政府在紧急状态时期所享有的行政紧急权力应当是紧急状态法明文列举的，而不应当以概括性授权方式出现。概括性条款容易滋生政府的行政自由裁量权。如《中华人民共和国戒严法》（以下简称《戒严法》）第13条规定：戒严期间，戒严实施机关可以决定在戒严地区采取下列措施，并可以制定具体实施办法：（1）禁止或者限制集会、游行、示威、街头讲演以及其他聚众活动；（2）禁止罢工、罢市、罢课；（3）实行新闻管制；（4）实行通信、邮政、电信管制；（5）实行出境入境管制；（6）禁止任何反对戒严的活动。

另外，我国紧急状态法还对政府在紧急状态时期所享有的紧急权力做了特别授权。如《破坏性地震应急条例》确立了特别管制措施制度。该条例第35条规定：因严重破坏性地震应急的需要，可以在灾区实行特别管制措施。省、自治区、直辖市行政区域内的特别管制措施，由省、自治区、直辖市人民政府决定；跨省、自治区、直辖市的特别管制措施，由有关省、自治区、直辖市人民政府共同决定或者由国务院决定；中断干线交通或者封锁国境的特别管制措施，由国务院决定。特别管制措施的解除，由原决定机关宣布。

《中华人民共和国防洪法》（以下简称《防洪法》）第45条也规定：在紧急防汛期，防汛指挥机构根据防汛抗洪的需要，有权在其管辖范围内调用物资、设备、交通运输工具和人力，决定采取取土占地、砍伐林木、清除阻水障碍物和其他必要的紧急措施；必要时，公安、交通等有关部门按照防汛指挥机构的决定，依法实施陆地和水面交通管制。

具体说来，政府在危机管理中的紧急权力主要有以下几个方面：

第一，明确危机等级、宣布进入紧急状态的权力。政府应急管理中的一项很重要的权力就是通过对各种信息的综合分析，判断公共危机的到来、危机的性质及危害程度，并及时向社会发布警示，这也是政府实施危机管理的第一步。一般来说，危机事件可以依照危机程度和对社会的危害程度划分为四个等级：一般性危机（Ⅳ级）、较严重危机（Ⅲ级）、严重危机（Ⅱ级）和特别严重危机（Ⅰ级），并分别以蓝色、黄色、橙色和红色表示，对于Ⅰ、Ⅱ级危机状态，政府可以按照有关法律法规，宣布整个国家或部分地区进入紧急状态，这样就可以迅速启动紧急状态下的行动程序。

政府宣布全国或者某一地区进入紧急状态之后，就可以根据相关法律规定对事发地区实行交通管制、疏散群众、封锁出口乃至戒严和宵禁等多种应急性紧急措施。我国对于紧急的公共安全事件或者公共卫生事件，可以参照《戒严法》和《中华人民共和国传染病防治法》（以下简称《传染病防治法》）的有关规定，对关键地区实施戒严，附之以强制性的外出禁令和人身隔离禁令。2003 年抗击非典成功的关键就在于控制和切断了传染源。最有效的措施就是在全国范围内实行有效的隔离制度，对流动人口进行严格的控制，严守交通要道，严密控制疫区人口向非疫区的流动，防止城市疫情向农村及偏远落后地区的扩散。同时，对于非典病人生活和工作过的场所实行隔离，对病人和疑似病人实行有效集中。这样就避免了更大的危险。宣布进入紧急状态之后，政府可以在有关应急管理法律的基础上，针对该次事件的特殊属性，暂停实施某些地方性和部门性法规，也可以从实际需要出发，迅速制定相应的应急管理法规。

第二，启动实施应急预案的权力。在现代社会的应急管理中，政府不是凭着传统的经验或领导人的个人智慧应对危机，而是事先制定了周密、科学的预案。所谓预案，就是由有关部门和专家学者共同制定的，针对某种公共危机特点的有效行动方案。按照预案行事，才能真正做到"兵来将挡、水来土掩"，使应急管理始终立于不败之地。

"预则立，不预则废。"要使应急管理工作及时高效，就必须在平时从实际出发，多层次、多角度地做好应急预案的制定和修正工作。政府应急管理预案建设是一个系统工程，不仅要有危机一旦发生应对各种可能情况的多套行动（遏制危机，处理、消除危机，重建或恢复正常状态）方案，而且要有明确的组织保证措施，还要事先做好有关危机状态下的法律法规建设。有了这样详细明确的预案，政府在遇到紧急的自然或社会危机时，就可以及时启动，有条不紊地指挥应急管理活动。

第三，及时征调物资、人员的权力。"兵马未动，粮草先行。"政府应急管理要取得成功，除了决策科学、措施果断之外，还要有雄厚的物资储备和丰富的人力资源作为基础，所以赋予政府在紧急状态下在全社会范围内及时征调物资和人员的权力就是十分必要的。要想及时征调，就必须未雨绸缪，做好充足的物资准备，这就要求国家建立完善、系统的战略物资储备制度。所谓战略物资，就是指关系国计民生的粮食、能源、矿产资源、医疗设备等。这些物资在应对紧急事件，特别是灾难的救助，以及灾后重建中都会发挥十分重要的作用。战略物资储备不仅要有量的保证，还应该考虑地理的安全性和分布情况，以保证在关键时候能够迅速发挥作用。

除此之外，在紧急状态下，要根据社会公共利益高于部分利益、整体利益高于个人利益的原则，在必要时强制有关公民或组织有偿或无偿提供一定劳务或者财物。世界各国的法律对此都有规定。美国在民航运输法和民航法里明确规定，国家利益在受到威胁的时候，政府有权征用和租用民航飞机、商船和材料，并有权限制国内企业向外国出售运输工具、通信工具、交通工具。

第四，规范、引导新闻报道的权力。危机时期是流言爆发和传播最迅速的时期，新闻报道的方向、深度、倾向性对于舆论和民心有着巨大的影响。政府在充分保障公民知情权的前提下，享有对新闻报道进行规范、引导的权力。

设立新闻发言人制度就是实现这种引导的一种很好的方式。设立新闻发言人，就是在政府相关部门中选出一定的人员专门负责向媒体公开信息，通过定期的新闻发布制度，将政府的作为和事态的最新发展及时披露给公众，同时加强政府和民众之间的有效互动。这就避免了以往那种"要么缄口不言，要么随口乱说"的混乱局面。

仅仅依靠个别新闻发言人还是不够的，政府有关机构应该在危机到来之前或者危机前期，成立专门的新闻工作小组。该小组的首要任务是根据危机的状况和媒体的不同特点，制定一套应急管理新闻报道方案。这套方案中既要考虑政府工作的需要和领导的意图，又要考虑大众心理需求的变化，从专业角度向决策层提出新闻发布方面的意见，包括新闻发布会的程序和步骤，对舆论进行有效调节和引导的大体思路，有效媒体及工作重点的选择，发布信息的大体渠道的设计，比如情况通报会、吹风会、散发新闻稿、接受集体采访或单独采访、回答记者询问等。在应急管理过程中，该小组除了负责新闻发布、受理记者采访申请、安排记者采访和管理记者等日常事务外，还要根据舆论的反馈及时对方案做出调整，以取得最好的效果。

第五，实时监控、及时调整的权力。应急管理的对象是公共危机和重大突发事件，影响巨大，所以在实施过程中必须十分谨慎。为了保证应急管理的效果，必须对应急管理的全过程进行实时监控，并根据事态的发展迅速做出相应的调整。

实时监控的关键是监控渠道的多元化和中立化，传统政府体制的弊病使得在传统社会中无法对政府应急管理的实际效果进行及时的监控，因为信息反映都是在政府内部的渠道中进行的，出于维护自身利益的考虑，下级政策执行人很难客观、公正地将自己观察到的情况及时上报，而且下级政策执行人观察到的情况也很有限。现代政府应急管理必须建立多元化和客观性的信息来源，这不仅要靠政府机关的内部信息系统，还要广泛依靠学术单位、民间机构、新闻媒体的参与。监控本身不是目的，目的是根据监控的结果及时调整应急管理的相关政策，将不给力的执行者撤换下来，以提高应急管理的实际效果。

三、应急管理法制的内涵和特点

（一）应急管理法制的内涵

法制分为广义与狭义两种。广义的法制是静态和动态的有机统一。从静态来看，法制是法律和制度的总称，包括法律规范、法律组织、法律设施等。从动态来看，法制是各种法律活动的总称，包括法的制定、实施、监督等。狭义的法制是建立在民主制度基础上的法律制度和严格依法办事的原则。

狭义的应急管理法制是指应急管理法律、法规和规章，即在突发事件引起的公共紧急情况下处理国家权力之间、国家权力与公民权利之间、公民权利之间各种社会关系的法律规范和原则的总和，其核心和主干是宪法中的紧急条款和统一的《突发事件应对法》或紧急状态法。应急管理法律法规是一个国家在非常状态下实行法治的基础，是一个国家应急管理的依据，也是一个国家法律体系和法律学科体系的重要组成部分。在现代法治国家，为防止重大突发事件的巨大冲击力导致整个国家生活与社会秩序全面失控，需要运用行政紧急权力和实施系统配套的紧急法律规范来调整公共紧急情况下的各种社会关系，有效控制和消除突发事件造成的危害，恢复正常的生产、生活秩序和法律秩序，维护社会公共利益和公民合法权益。实际上，为有效应对各种突发事件，世界各国在应急管理中最先开展的工作就是制定相关的法律，统一规定政府在应急管理中的职权和职责，确定依法对抗紧急状态和危机情境的法治原则。

狭义的应急管理法制包括国家发布的与应急管理活动相关的各项法律、法规、规章。法制的优越性之一在于形成统一的行动，其主要目的是防止各自为政及保障令行禁止。在紧急状态下，政府的权力和政府采取的措施将突破平常法制框架，超越平时法治要求，甚至暂停某些法律乃至某些宪法条款的执行或效力。制定应急管理法律法规的目的是明确紧急状态下的特殊行政程序，对紧急状态下行政越权和滥用权力行为进行监督并对权利救济做出具体规定，从而使应急管理逐步实现常态化、规范化和制度化，并通过对实践的总结，促进法律法规和规章的不断完善。

广义的应急管理法制还包括各种具体制度。应急管理制度的内容十分丰富，包括日常工作制度、会议制度、民主决策制度、学习制度、廉政监督制度等。规范化的制度一般包括三个部分：一是条件，即规定本制度的适用范围；二是规则，即规定应该做什么，应该怎样做，禁止做什么，禁止怎样做；三是制裁，即规定违反本制度必须承担的责任和后果。制度建设需要注意：一是与国家的相关法律法规相适应，在制度中明确组织机构和人员的权限。应急管理组织所制定的制度，不能和相关的法律法规相抵触。二是制度的制定要符合本单位、本部门的实际，具有可操作性，避免"墙壁上的制度"现象。三是各项制度的制定应发扬民主，鼓励组织成员积极参与讨论。四是制度面前人人平等，追究不遵守制度的行为，保证制度的落实，发挥制度的积极作用。

（二）应急管理法制的特点

应急管理法律法规体系适用于紧急状态下的应急活动，与正常社会状态的法律法规体系不尽相同，它具有以下几个特点：

1. 法律内容的综合性

由于危机产生的多因性、表现形式的多样性、损害程度的多重性、危机性质的差异性、调控任务的多目标性，突发公共事件法律必然具有很强的综合性和边缘性。它关系到政治、经济、文化及社会生活的众多领域，涉及治安、刑事、卫生、环保、防震、防洪、消防、市场、劳资、救助、民族、宗教、军事、外交、舆论媒体等多方面内容。

2. 法律适用的临时性

一般的法律部门调整的是社会的常态，它经常性地在法律规定的时间和空间区域内发挥调整作用；而突发公共事件法律强调的是社会非常态，只有在突发公共事件有产生的危险性或突发事件已经爆发的情况下，才在特定的时间和特定的区域发挥调整作用，在非危机的正常状态下则不适用，也不能把危机时期建立的制度转化为平常的制度。因此，在平时的正常状态下，应对突发公共事件的法制只是有备无患的预备法制，只有在突发事件发生时才会临时启动和实施。虽然突发事件通常是不可预见的，但法律要求可预见性，突发公共事件法律就是在难以预见的情况下，预计可能发生的事情，研究、规定应对处置、化险为夷的方法。

3. 法律实施的紧急性

在非常状态下，与立法、司法等国家权力相比，与法定的公民权利相比，公共行政紧急权力具有某种优先性和更大的权威性，例如可以限定和终止某些法定公民权利。即便没有针对某种特殊情况的法律规定，公共行政机关也可以紧急处置，以防止公共利益和公民权利遭受更大的损失。公共行政紧急权力在行使过程中遵循一些特殊的行为程序，例如可通过特别简易程序紧急出台某些政策与措施。

4. 法律制裁的严苛性

"治乱世用重典。" 突发公共事件法律是针对突发事件对社会的高破坏性和对社会公众利益高损害性而制定的，它调整的是社会非常状态下的权利和义务关系，所以它与社会常态下的法律相比具有更强的严苛性。社会常态下的一些普通违法行为，其行为产生的后果要轻得多，因而其制裁就要轻一些；而同样的违法行为在突发事件情形下就会产生更为严重的后果，因此处罚必须重一些。

5. 立法目的的保障性

社会常态下的法制要保护公民权利，突发公共事件法制更强调对公民权利的保障，在紧张状态下紧急权力更容易被滥用，公民权利更容易受到侵害。因此，各国的应急管理法律无不强调对公众权利的保障，包括规定不得克减的人权最低标准。

四、应急管理法律体系的基本原则

将应急管理纳入法制化轨道是构建应急管理体系普遍遵循的一个原则，也是现代行政法一项重要的法律原则。就依法行政的一般要求而言，政府突发公共事件应急管理主要遵循以下几个基本原则：

1. 合宪性和合法性原则

合宪性原则是指政府采取应急管理措施必须有宪法的授权，合法性原则是指政府启动应急管理机制必须有法律的明确规定。合宪性和合法性原则是依法行政的前提，也是应急管理是否符合法治原则的重要标准。关于合宪性原则，我国宪法已经有关于"紧急状态"的规定，行政紧急权力最终必须接受宪法的约束。即使在特定的紧急状态下，行政机关可以不受现行法律规定的限制，甚至违反法律行使权力，但必须事后公开说明，如向立法机关坦率承认自己实施了违法行为，接受立法机关的审议，如有偏差做出补救等。

2. 合理性原则

所谓合理性原则，是指政府在启动应急管理机制时，必须针对所发生的应急状态下的具体情况，采取相应合理的措施。为了避免政府实施不必要的应急管理，1955 年《法国紧急状态法》规定，非经法律批准，实施紧急状态不得超过 12 天。此外，该法还规定，对于可以通过正常法律程序来处理的事务，也不应当通过实施应急管理的手段来进行。合理性原则主要是为了防止政府滥用危机管理权力而破坏宪法和法律秩序的基本要求。

3. 保障性原则

在政府启动应急管理机制期间，政府依据宪法和法律采取各种应急管理措施来有效地应对突发公共事件导致的紧急状态，特别是可以通过适当限制公民权利的方式来维护社会秩序，但是政府在启动应急管理机制后，仍然有保护公民权利的职责。这种法律上的义务主要表现在：不应该对公民依据宪法和法律所享有的基本人权进行不必要的限制。此外，对于因采取应急措施而给公民的财产和权利造成损失的，也应当在事后给予必要的补偿。例如，1991 年《苏联紧急状态法》第 15 条规定，在危机状态下或者由于进行有关停止和取消紧急状态的工作而遭受损失的公民，由相应的国家机构以及企业、机关、组织向其提供住处，赔偿所遭受的物质损失，在就业方面给予协助和提供其他必要的帮助等。

4. 责任性原则

要保障政府运用应急管理权力符合宪法和法律的要求，就必须建立起与行使应急管理权力相对应的责任制度，这是各国政府应急管理法律制度所确立的重要原则之一。1978 年《西班牙宪法》第 55 条规定，凡在法律规定的范围内宣布特别状况和戒严时，非法使用或者滥用有关组织法所赋予的权力将像践踏法律所保障的自由和权利一样，应当受到法律的制裁。这一规定非常清晰地表明了政府危机管理的责任性原则。

5. 时效性原则

政府危机管理一般会以限制公民权利为前提，从保障公民权利的角度出发，政府采取应急管理措施必须严格控制在一定的期限内，否则必须通过法律规定的形式来延长。这一原则可以有效地防止政府利用实施应急管理的便利滥用或者超越职权，防止给公民权利保护造成一定的危害。各国政府实施危机管理的期限并不是统一的，有的规定不超过 12 天，有的规定不超过 3 个月；可以延长的次数有的是一次，有的允许两次以上，但少见无限期延长的。

总之，在现代法治社会中，政府突发公共事件应急管理受到来自法治原则的各个方面的限制，其核心就是政府不能随意行使应急管理权力，政府应急管理必须以依法行政原则为基础，做到既有效又合法，特别是必须符合宪法所确立的保护公民权利的基本宗旨和要求。

五、应急管理法制的构成

以法律规范的效力等级为标准，可以将应急管理法制分为以下几个层次：（1）宪法中的紧急条款；（2）综合的突发事件应对法或紧急状态法；（3）单行的部门应急法；（4）有关部门关于应急法的实施细则及针对应急管理法制某一独立环节的专门立法等。这些规范性法律文件共同构成了一个系统、完整的突发事件应对法律体系，在不同的领域、从不同的层次对应急管理工作进行规范性调整。

从应急管理法制的法律属性来看，应急管理法制是一个宏大的社会系统工程，其基本要素包括：（1）完善的应急管理法律规范和应急预案；（2）依法设定的应急管理机构及其应急权力与职责；（3）紧急情况下国家权力之间、国家权利与公民权利之间、公民权利之间关系的法律调整机制；（4）紧急情况下行政授权、委托的特殊要求；（5）紧急情况下行政程序和司法程序；（6）对紧急情况下违法、犯罪行为的法律约束和救济机制；（7）与应急管理相关的各种纠纷解决、赔偿、补偿等权利救济机制；（8）各管理领域的特殊规定，如人财物等资源的动员、征用和管制，对市场活动、社团活动、通信自由、新闻舆论及其他社会生活的限制和管制，紧急情况下信息公开方式和责任，公民依法参与应急管理过程等。

如果着眼于应急管理法制的社会属性，同时借助制度学的分析工具，其基本内容可细化为：（1）突发事件应对法律体系。这是承担公共应急职责的立法机关制定各层次的法律规范和法律原则，对突发事件进行法律应对。（2）突发事件应对体制。这是一个由所有国家机关、某些社会组织，基于各种权力的性质以及应急权力的分工所形成的应急管理网络。它由三个层面的法律关系构成：中央与地方、上级与下级之间的领导与分权；同级国家机关之间的分工和配合；各国家机关作为应急职责的主要承担者与其他社会组织之间的管理指导和配合协助。（3）突发事件应对机制。这主要涉及行政机构对突发事件的具体应对制度。行政机关是应对突发事件的主要力量，其具体处置措施可以分为四个方面：预防与应急准备、预测与预警、应急决策与处置、事后恢复与重建。

如果从制度运作的角度，将应急管理法制看作一个动态的突发事件应对过程，其包括的制度环节有：（1）应急管理法制的立法；（2）应急管理法制的执法，包括具有特殊要求的执法机构、公务人员、方法手段、紧急程序、特别经费、技术设备、配套条件等的逐步完善；（3）应急管理法制的守法，即各种组织、个人（也包括行政执法者本身）如何自觉遵守应急管理法律规范；（4）应急管理法制的司法，包括对紧急状态下违法犯罪行为的严格追究、对行政纠纷的紧急审理与裁判、对受损权益予以国家赔偿和补偿的实体与程序法律救济制度；（5）应急管理法制的宣传教育，包括在普法教育中针对全体公民，在普通学校、党团校和各种干部学校中针对青年学生、各级干部进行应急管理法制的基本知识教育，以及关于各种媒体开展应急管理法制建设和运作的宣传报道活动的权利和义务；（6）应急管理法制的环境条件，包括应急管理法制发展所需要的政策环境、社会环境（即社会心理状况）和组织机构内部环境条件的评估和改善。

第二节　我国应急管理的法制建设

一、我国应急管理法制的发展

我国现代危机管理意义上的应急管理法制建设虽然起步较晚，但应急管理法律法规的制定具有悠久历史。五代时期就已有明确的河防奖惩责任制，元代的"帚兵"制度和明清的"铺夫"制度造就了专业化的堤防队伍；在灭除蝗灾方面，清朝有严格的制度规定，地方官必须亲自督捕，毗邻州县必须协助，灭蝗费用全部公出，地方官不得借捕蝗扰民苛派，捕蝗损坏庄稼照价赔偿，违者一律严厉治罪。在其他紧急状态法方面，《三国志》和《晋书》对"戒严"早有记载，此后宋、元、明、清各代也有实行戒严的记录，在《十九信条》中还规定了"紧急命令"。1912年《中华民国临时约法》规定了戒严制度，随后又发布了戒严法17条；1934年发布了《中华民国戒严法》；《中华民国宪法》第43条规定，国家遇有天灾、瘟疫或财政经济重大变故时，总统有权发布紧急命令，并对其发布、追认和法制效力都做出了明确规定。下文我们对中华人民共和国成立后我国的应急管理法制发展历程做一简要回顾。

（一）初创时期：1949—1989年

在这段长达40年的时间里，除了1954年宪法规定了戒严和宣布战争状态外，我国的应急管理法制基本上处于空白状态。这段时期，我国的法制体系还不完善，领导决策在很大程度上替代了法律的作用，而且当时人们对于危机的认识仅停留在自然灾害方面，应急管理法律自然无从谈起。这段时期的特点主要表现在：虽然没有相应的法律来规范危机应对工作，但通过执行国家领导人的指令，对抗危机的行政体制还是具备的。以三年自然灾害为例，1959年出现严重春旱时，毛泽东就对抗灾非常重视。4月17日，他在看了国务院关于山东等省春荒缺粮的材料后，写了《十五省二千五百一十七万人无饭吃大问题》，要求在 3 天内用飞机送到 15 个省的第一书记手里，要求他们亲自处理危机。4 月 24 日，他又对东部沿海地区发生风暴的报告批示："再接再厉，视死如归，在同地球开战中要有此种气概。"三年自然灾害结束后，毛泽东先后提出了"备战备荒为人民"和"广积粮"政策。在具体部署上，1966 年决定由国务院领导分别担任各省区的抗旱组组长，表现出前所未有的重视。从 1971 年起，成立中央防汛抗旱指挥部，由总参、计委，以及水电、农林、财政、商业、交通各部组成，各地区、各部也建立了相应的机构，防治自然灾害成为全国危机应对的长期性工作。

1978—1989 年，我国并没有针对突发事件的单行法律问世，一方面，当时国家政局稳定，经济快速发展，人民生活水平普遍好转；另一方面，"危机管理""依法治国"等还未进入国家领导人的议事日程。总体说来，这段时期应急管理法制还是基本处于空白状态。

（二）发展时期：1989—2003 年

1989 年，我国出台了《戒严法》。《戒严法》可以看作我国应急管理法制的一个起点，它以单行法律的形式，应对突发性政治危机，是我国应急管理法制建设中一个标志性的法律文件。在这段时期，危机管理的理念虽然还没有被人们普遍接受，但国家领导人已经认识到，危机的调控需要通过法律来规范，于是，应对重大自然灾害的《防震减灾法》（1997 年）、《防洪法》（1997 年）、《消防法》（1998 年）纷纷出台，我国的应急管理法制框架初步形成。

这段时期的特点主要表现在：我国政府已经意识到危机的存在，但对危机的认识还局限于政治动乱和重大自然灾害。虽然出台了多部法律应对可能发生的危机状况，但调整范围相对狭窄，调整手段相对单一。以《戒严法》为例，其仅调整严重危及国家统一、安全的动乱、暴乱或严重骚乱，调整手段主要是规制罢工、集会、示威、新闻管制、通信管制、出入境管理。从其调整对象和调整手段上看，有较大的局限性，不能满足调整、规范社会管理性突发事件的需要。再以《防洪法》为例，法律规定我国的防汛抗旱由水利部主管，但仅就长江来说，长江流经多个省、市、自治区，有许多支流，并与洞庭湖、鄱阳湖等湖泊相通，整个流域覆盖 180 多万平方千米，长江的治理，除了水利部门之外，还涉及农、林、渔、能源、交通、工业等部门和行业，而且在干流支流、上游下游、左岸右岸之间存在错综复杂的关系，不是水利部一个部门就可以单独解决的。这些问题都反映出这一时期应急管理法律的制定还处于起步后的探索阶段。

（三）立法时期：2003—2007 年

2003 年的非典疫情是我国应急管理法制建设的一个转折点，它让"公共危机"这一概念被人们广泛接受，促使我国政府开始走入"危机管理"时期。2003 年 5 月 7 日，国务院审议通过《突发公共卫生事件应急条例》，这是我国应急管理法制进入全面立法阶段的起点。2004 年 3 月 14 日，第十届全国人民代表大会第二次会议通过了《宪法修正案（四）》，用"紧急状态"取代了"戒严"，用"宣布进入紧急状态"取代了"发布戒严令"；2005 年，紧急状态法草案列入全国人大立法计划。"紧急状态"入宪、"紧急状态法"列入立法计划，标志着我国对各种不确定因素所引起的突发事件的危机管理进入了全面立法时期。2005 年 1 月 26 日，国务院第 79 次常务会议通过《国家突发公共事件总体应急预案》，作为我国应急管理法制基础的应急预案框架体系开始形成；同年，全国各级政府的应急管理办公室成立，使我国对于突发事件的处置有了行政意义上的管理机构。截至 2007 年 11 月，我国相继制定了应对自然灾害、事故灾难、突发公共卫生事件和社会安全事件的单行法律和行政法规 60 多部，制定各级各类应急预案 130 多万件，"纵向到底、横向到边"的预案体系基本形成。

这段时期的特点主要表现为：国家对"公共危机"的认识逐渐全面，危机管理开始进入了法治化轨道，但针对突发事件的立法模式，一事一法的特征还比较明显。虽然成立了各级政府应急办，但对于突发事件，依然采取分部门的自治型管理模式。以安全生产事故为例，我国先后制定了《安全生产法》《矿山安全法》《矿山安全法实施条例》《国务院关于特大安全事故行政责任追究的规定》《特别重大事故调查程序暂行规定》，由此可见，这个阶段一事一法中的"事"已经具有两级，甚至三级、四级的细分。由于对于突发事件采取分部门的自治型管理模式，每遇规模比较大的突发事件，各部门纷纷针对各自管辖的领域出台各项通知、意见、条例。以非典期间为例，国家各部、委、办共出台了 180 余项通知、意见，可见条块分割比较严重。

（四）法治时期：2007 年至今

2007 年 11 月 1 日，全国人民代表大会颁布实施《突发事件应对法》，填补了我国突发事件应急管理体系中基本法律的空白，标志着我国规范应对各类突发事件共同行为的基本法律制度的确立。该法为有效实施危机管理提供了更加完备的法律依据和法制保障，至此，我国对于危机事件的管理进入全面的法治时期。

按《突发事件应对法》的规定，我国目前建立了"统一领导、综合协调、分类管理、分级负责、属地管理为主"的危机管理组织体系，国务院和县级以上各级人民政府是突发事件应对工作的行政领导机关。国务院在总理领导下研究、决定和部署特别重大突发事件的应对工作；根据实际需要，设立国家突发事件应急指挥机构，负责突发事件应对工作；必要时，国务院可以派出工作组指导有关工作。县级以上各级人民政府设立由本级人民政府主要负责人、相关部门负责人、驻当地中国人民解放军和中国人民武装警察部队有关负责人组成的突发事件应急指挥机构，统一领导、协调本级人民政府各有关部门和下级人民政府开展突发事件应对工作；根据实际需要，设立相关类别突发事件应急指挥机构，组织、协调、指挥突发事件应对工作。

当前，我国应急管理法制的特点主要表现在：《突发事件应对法》作为我国应急管理法制的基本法，局限性还比较大，在实践中，还存在无法执行到位的情况；应急指挥机构"一事一设"的模式，在高效处置危机影响的同时，也存在诸多不足。

二、我国应急管理的法制化

（一）我国《突发事件应对法》的重要意义

当前，我国突发事件应急管理法制建设有了较大进展，相关的法律法规正在加紧制定和出台当中。围绕着自然灾害、事故灾难、公共卫生事件、社会安全事件四个领域，初步形成了基本的法律体系。2007年我国第一部应对各类突发事件的综合性基本法律——《突发事件应对法》出台，标志着中国的社会管理和公共服务日渐成熟。

第一，《突发事件应对法》是我国应急管理长期实践的高度总结。该法吸收了国外的先进立法经验，提炼了近几年应急管理实践创新和理论创新的成果，贯彻了科学发展观的基本内涵。

第二，《突发事件应对法》确立了我国应急管理的基本制度。该法从法律层面明确了我国统一领导、综合协调、分类管理、分级负责、属地管理为主的应急管理体制，建立了预防与应急准备、监测与预警、应急处置与救援等方面的机制，促进了党委领导下的行政领导责任制的进一步落实，从而在法律上确立了应急管理的基本制度。

第三，《突发事件应对法》确立了社会参与制度。该法既明确了政府在应急管理中的主体地位和作用，也规定了社会、公民参与突发事件应对活动的责任、权利和义务，提出政府主导、社会支持、公众参与的应急管理工作基本格局。

第四，《突发事件应对法》推动了政府应急体系建设。该法对应急救援队伍、应急基础设施、物资储备、科技保障等应急体系建设做出了明确规定，有利于推动各级政府加强应急体系建设。

（二）《突发事件应对法》的主要内容

1. 立法目的

《突发事件应对法》的立法目的是预防和减少突发事件的发生，控制、减轻和消除突发事件引起的社会危害，规范突发事件应对活动，保护人民生命财产安全，维护国家安全、公共安全、环境安全和社会秩序。其中，保护人民生命财产安全是最重要的，这是我国社会主义法制保护人权、以人为本的体现，也符合国际上应急管理立法和实践重视与强化人权保障的发展趋势。

2. 基本思路

制定《突发事件应对法》主要遵循 4 项原则：（1）重在预防，关口前移，防患于未然。把预防和减少突发事件作为立法的目的和出发点，这在有突发事件立法的国家中也是一种比较先进的做法。（2）既授予政府必要的应急权力，又规范其行使。这是制定紧急状态法应解决的重要问题。（3）对公民权利的限制和保护相统一，体现比例原则。（4）建立统一领导、综合协调、分类管理、分级负责、属地管理为主的应急管理体制。

《突发事件应对法》贯穿了在有效应对危机的同时最大限度地保障公民权益的基本理念，主要在 5 个方面体现了对公民权利与政治权利的保障：

第一，注重常态管理与非常态管理的转化。《突发事件应对法》第 2 条和第 3 条规定了突发事件的分类和分级，对预警级别的调整和解除做了专门的程序性规定。这一规定为我国突发事件管理的常态行政与非常态行政提供了实用而重要的转化标准，为制定正式宣布紧急状态的程序做了初级准备。

第二，引入比例原则。《突发事件应对法》第 11 条规定，有关人民政府及其部门采取的应对突发事件的措施，应当与突发事件可能造成的社会危害的性质、程度和范围相适应；有多种措施可供选择的，应当选择有利于最大限度地保护公民、法人和其他组织权益的措施。

第三，尊重公民的财产权。《突发事件应对法》第 12 条规定了补偿原则。有关人民政府及其部门为应对突发事件，可以征用单位和个人的财产。被征用的财产在使用完毕或者突发事件应急处置工作结束后，应当及时返还。财产被征用或者征用后毁损、灭失的，应当给予补偿。

第四，尊重公民的知情权。《突发事件应对法》第 53 条规定，履行统一领导职责或者组织处置突发事件的人民政府，应当按照有关规定，统一、准确、及时发布有关突发事件事态发展和应急处置工作的信息。同时，该法第 63 条规定，地方各级人民政府和县级以上各级人民政府违反本法规定，不履行法定职责的，由其上级机关或者监察机关责令改正；有下列情形之一的，根据情节对直接负责的主管人员和其他直接责任人给予处分："迟报、谎报、瞒报、漏报有关突发事件的信息，或者通报、报送、公布虚假信息，造成后果的。"

第五，明确国际合作原则。《突发事件应对法》第 15 条规定，中华人民共和国政府在突发事件预防、监测与预警、应急处置与救援、事后恢复与重建等方面，与外国政府和国际组织开展合作与交流。一方面，通过国际合作可以进行国际减灾技术交流，接受救援和捐赠，最大限度保障受灾国公民的生存权利；另一方面，通过国际合作可以接受国际监督，规范紧急行政权，从而保障公民权利和政治权利。

具体来说，《突发事件应对法》对以下公民权利进行保护和调整：一是生命权和健康权。突发事件发生时，人的生命权受到了严重的威胁，政府必须采取措施，最大限度去保护每一个人的生命权，因此，《突发事件应对法》赋予政府更大的权限采取应急措施。在保护公民生命权和健康权的同时，《突发事件应对法》没有忽视负有特定职责的人的生命权和健康权，国家尽最大努力保护负有特定职责人员的生命权和健康权，尽最大可能降低他们的人身风险。二是人身自由的合理限制。《突发事件应对法》第50条规定了强制带离当事人、封锁有关场所和道路等措施，这些都不可避免地会限制公民的人身自由。三是对诉讼、行政复议和仲裁活动的程序性保护。《突发事件应对法》第13条规定，因采取突发事件应对措施，诉讼、行政复议和仲裁活动不能正常进行的，适用有关时效中止和程序中止的规定，但法律另有规定的除外。这是通过程序性保护的方式来弥补公民由于采取突发事件应对措施而导致的不合理损失，在一定程度上是应急状态公民权利的扩张，是一种人性化的制度设计。

（三）应急管理单行法

在我国，单行的应急法律绝大多数属于"一事一法"，部分为实施法律而制定的法律、规章属于"一事一阶段一法"。除了《突发事件应对法》外，我国还有一些部门的、分散的有关应急管理的专门法律、行政法规、规章和文件。

1. 自然灾害类

我国在对抗自然灾害领域内的立法是整个突发事件立法体系中最为系统和完善的。从20世纪80年代的《森林法》《森林防火条例》，到90年代的《防震减灾法》《防洪法》，再到21世纪的《气象法》《水法》，我国自然灾害类立法从主要针对普遍性灾害到涵盖冷僻性灾害，立法技术从生疏到成熟。2007年《突发事件应对法》的颁布，标志着我国包括自然灾害类立法在内的所有突发事件立法工作开始走向一个新的阶段。

《突发事件应对法》在突发事件的应对上有许多亮点，值得我国以后的相关立法学习和借鉴。首先，建立了一套统一领导、综合协调、分类管理、分级负责、属地管理为主的应急管理体制；其次，确立了预防为主、应急与预防相结合的原则；再次，建立了全国统一的突发事件信息系统，对全国各地发生的突发事件进行有效的监测和预警；再次，明确了突发事件发生后，由政府组织步调一致、及时有效的应急处置与救援；最后，突发事件的威胁和危害得到控制和消除后，政府应当取消特殊时期的控制手段，着手开始进行切实可行的灾后重建。

2. 事故灾难类

人类社会的发展离不开科技的进步，但先进科技是一把双刃剑，在为人类社会提供方便、快捷、舒适生活的同时，也会由于某些人为或非人为因素给我们带来致命的伤害，比如四川井喷、杭州地铁塌陷、山西煤矿塌方事件等。由于事故灾难的种类繁多，事故灾难类的相关法律法规也比较繁杂，从涉及海上作业的《渔业法》到交通运输方面的《铁路运输安全保护条例》《海上交通事故调查处理条例》，从涉及安全生产的《生产安全事故报告和调查处理条例》《安全生产法》再到核作业的《民用核设施安全监督管理条例》《核电厂核事故应急管理条例》，事故灾难类的突发事件应急立法已经涵盖了日常生产生活的方方面面。其中，以 2002 年颁布的《安全生产法》最有特色。

《安全生产法》以加强安全生产监督管理、防止和减少生产安全事故、保障人民群众生命和财产安全、促进经济发展为出发点，以安全第一、预防为主为基本方针，主要目的是通过这部法律的实施，对社会生产生活的安全性进行监督和指导。首先，《安全生产法》对生产经营单位的安全生产保障做了详细规定，主要表现为：明确单位及从业人员的资格及责任，并对人员培训、物资储备，以及生产经营等一系列具体的生产过程进行规制，力求以细化手段使该法具有良好的可操作性。其次，《安全生产法》对从业人员的权利和义务做了规定，主要涉及从业人员的保险以及危险报告义务等。这部分规定既保证了生产过程的安全，也保护了从业人员的人身安全，体现了立法的综合性。再次，《安全生产法》规定了安全生产的监督管理，将追求利润最大化的企业安全生产的监督权交给地方行政部门，从而使生产的安全性得到了切实有效的监督。再次，《安全生产法》对生产安全事故的应急救援与调查处理做出了详细的规定，保证能在事故发生的第一时间由事先规定好的有关部门相互配合，有条不紊地开展救援工作，力求使人民群众的损失降到最低。最后，《安全生产法》将生产安全事故的责任上升到法律高度，保证违反法律的相关责任人能够及时得到法律的制裁。

3. 公共卫生事件类

我国公共卫生事件类的应急立法起步相对较晚，最早的一部法律是 1956 年劳动部制定的《防止沥青中毒办法》。20 世纪我国总共制定了 5 部公共卫生事件应急法律，但仅限于传染病防治、食品卫生和沥青中毒 3 个领域。随着时代的发展，公共卫生事件也逐渐引起人们的重视。21 世纪初，我国就颁布了有关危险化品、传染性非典型性肺炎、血吸虫重大疫情、疟疾暴发流行等应急法律法规。

《突发公共卫生事件应急条例》的颁布是我国突发公共卫生事件应急法律法规的一个里程碑，为此后同类法律法规的建设提供了借鉴。首先，规定了突发公共卫生事件的预防及准备工作，明确了相关部门的组成及职责，以确保事件发生后及时做出反应。其次，规定建立突发事件应急报告制度，并进一步将报告的时限精确到以小时计，同时规定了信息发布制度，在法律层面上确保公民的知情权。再次，明确了政府部门、卫生系统以及临时突发事件应急指挥部在突发公共卫生事件暴发后的应急处理权限及相应的应急手段，明确规定有关单位及人员应当积极配合，不得以任何理由拒绝合作。最后，将所有责任上升至法律层面，从而使得《突发公共卫生事件应急条例》具备了切实的可操作性以及法律上的严肃严密性。

4. 社会安全事件类

近几年来，国际政治局势风云变幻，恐怖袭击也日益猖獗。关于战争状态，我国在 1954 年宪法中就规定了全国人民代表大会决定战争与和平；在应对骚乱方面，我国有 1996 年颁布的《戒严法》，综合安全类有 1993 年颁布的《国家安全法》。但是很遗憾，在当今社会恐怖袭击日益猖獗的国际大环境下，除最高人民法院、最高人民检察院、公安部 2001 年联合下发的《关于依法严厉打击恐怖犯罪活动的通知》外，我国尚无专门针对反恐怖的法律法规出台，我国缺乏严格意义上的高水准社会安全事件类突发事件应急立法。

第三节　加强应急管理法制化建设

一、我国《突发事件应对法》立法的不足

（一）对"紧急状态"的认识不够全面

对于"紧急状态"的定义，目前我国宪法和法律还没有完整统一的规定；2004 年"紧急状态"入宪，也没有对紧急状态的构成要件以及程序方面的问题加以规定。这就造成了紧急状态的一些基本问题，如紧急状态的性质、紧急状态的外延等，不论在理论上还是在立法中都存在争论。一般认为，紧急状态是指在一定范围和时间内出现重大危机事件，严重威胁或破坏公共秩序、公共利益及国家利益，为切实保障公民、法人和其他组织的合法权益，保证国家机关依法行使紧急权力来控制、消除严重突发事件造成的社会危害和影响，迅速恢复经济与社会的正常状态，而依法确立的一种临时性危急状态。经过 2004 年的修改，我国宪法已将紧急状态与战争状态并列；《香港特别行政区基本法》、《澳门特别行政区基本法》和《香港特别行政区驻军法》也明确将紧急状态与战争状态并列。此外，《突发事件应对法》第 69 条规定，发生或者即将发生特别重大突发事件，对人民生命财产安全、国家安全、公共安全、环境安全或者社会秩序构成重大威胁，采取本法和其他有关法律、法规、规章规定的应急处置措施不能消除或者有效控制、减轻其严重社会危害，需要进入紧急状态的，由全国人大常委会或者国务院依照宪法和其他有关法律规定的权限及程序决定。由此可见，当前我国应急管理法制中所指的"紧急状态"，包括应急管理法制中除战争以外的一切突发事件，并且是这些事件达到非常严重程度的情形。

明确紧急状态的所指是非常重要的，前文提到，2005 年紧急状态法列入当年全国人大立法计划，直到 2007 年 11 月才以《突发事件应对法》的形式问世。专家给出的解释是，立法资源的配置要着眼于当前最迫切的社会需要，目前我国多数突

发事件都可以控制在普通行政应急管理的范围之内，一般不至于危害宪法制度，优先制定一部行政法意义上的《突发事件应对法》，比制定一部紧急状态法更为迫切。但这些解释恰恰从侧面反映了当前应急管理法制建设中对"紧急状态"的认识还不够全面，尤其是在当前提倡加强执政能力和建设和谐社会的背景下，"紧急状态"的出现似乎意味着政府的执政能力遭到了否定或是破坏了和谐社会的成果。对于"紧急状态"的片面看法或多或少地影响了紧急状态法的立法进程。我国《立法法》第 8 条规定，对公民政治权利的剥夺、限制人身自由的强制措施和处罚，只能通过制定法律规定。但是，2003 年非典疫情期间，《突发公共卫生事件应急管理条例》是由国务院制定的行政法规，却规定突发事件应急处理指挥部在必要时可以对人员进行隔离。这种明显违背上位法的做法，反而因为其措施得力、反应迅速（从起草到通过仅用了不到 1 个月的时间）获得了媒体的普遍赞扬。

（二）对部分危机调控的缺失

《突发事件应对法》在制定过程中，对"紧急状态"的认识不够全面，造成我国现行的应急管理法制对部分危机事件调控的缺失。而这些危机事件可能对我国经济社会造成巨大影响，有的甚至可能上升为"紧急状态"事件，具体如下：

1. 对恐怖事件调控的缺失

恐怖事件在一般紧急状态中危险度最高，但由于社会制度和国情的不同，恐怖活动在我国的发生频率相对较低，国际恐怖主义对我国的影响也较小，我国缺乏反恐怖立法的实践，迄今为止尚没有专门的国内法意义上的反恐怖法出台，因此我国反恐怖应急机制仅停留在建立反恐怖武装组织、进行反恐怖演练等事务性层次上。在法律制度上，除了 2001 年最高人民法院、最高人民检察院、公安部联合下发的《关于依法严厉打击恐怖犯罪活动的通知》中规定了人民法院、人民检察院和公安机关在惩处各种形式的恐怖犯罪活动中的关系外，大部分反恐机制还只是在我国参加或缔结的国际条约、协定中出现。如 1980 年的《关于制止非法劫持航空器的公约》《关于制止危害民用航空安全的非法行为的公约》，1991 年的《制止危及海上航行安全非法行为公约》《制止危及大陆架固定平台安全非法行为议定书》，2001 年的《制止恐怖主义爆炸的国际公约》《打击恐怖主义、分裂主义和极端主义上海公约》，2002 年的《中华人民共和国和吉尔吉斯共和国关于打击恐怖主义、分裂主义和极端主义的合作协定》《上海合作组织关于地区反恐怖机构的决定》等。根据我国对待国际法的一贯原则，国际法的各项规定只有经过国内法的转化后才具有在我国境内适用的实际效力。我国现行《戒严法》的调整对象为政治性骚乱，《突发事件应对法》的调整对象中的"社会安全事件"在实际操作中主要用来调控社会矛盾及纠纷引起的群体性事件，所以纵观我国现行的应急法律，都不具备对恐怖事件进行调控的权力，有待紧急状态法制定时进一步完善。

必须指出的是，《突发事件应对法》所调整的四大类突发事件，法律本身并没有给出明确的定义，但根据《国家总体应急预案》的解释，社会安全事件主要包括恐怖袭击事件、经济安全事件和涉外突发事件等；根据中国科学院减灾中心的解释，社会安全事件则包括恐怖袭击事件、重大刑事案件、涉外突发事件、重大火灾、群体性暴力事件、政治性骚乱、经济危机及风暴、粮食安全、金融安全及水安全等。若依上述解释来看，我国现行的应急管理法律似乎已经将恐怖事件纳入了调整范围，但是，我国应急管理法律的实际应用，是按照各类危机应对的单行法或国家专项应急预案来实施的，对于恐怖事件机的调控，目前是没有单行法或专项应急预案与之相对应的，所以在最基本的操作层面，需要国家早日出台应急预案来完善应急管理法律的调整范围。

2. 对连锁危机调控的缺失

在《突发事件应对法》的制定过程中，对突发事件的管理主要本着"分级"与"分类"的原则进行，事实上，大部分突发事件也确实只在一个部门或一个地区的管辖范围之内，但 2008 年我国南方雨雪冰冻灾害让我国当前的应急管理法制对危机的管理模式受到了挑战。自然灾害的发生首先导致了灾难的发生：电网崩溃、交通中断、运输瘫痪、能源短缺；广州火车站最高峰时滞留旅客 40 万人，此外，铁路上滞留的火车、公路上滞留的客车不计其数，如果恶劣天气再持续一段时间，这些滞留旅客如果因为情绪失控或暴发公共卫生危机造成大规模骚乱，就会再引发公共卫生和社会安全两大类突发事件。纵观我国当前的应急管理法律，从《突发事件应对法》到四大类突发事件单行法再到国家各级应急预案，没有一项法律法规条款可以用来同时调控这四大类突发事件同时爆发的状态，也就是说，当前我国应急管理法制对连锁危机调控缺失。

3. 对经济类危机调控的缺失

如果说对于恐怖事件和大规模连锁危机还能在当前《突发事件应对法》规定的四大类突发事件中勉强归类并根据现有法律规定，参照实施危机应对措施，那么现行应急管理法律对于经济类危机的调控则是完全缺位的。必须说明的是，广义的经济类危机和狭义的经济危机的含义并不相同，狭义的经济危机是经济学概念，是指资本市场由于有效需求严重不足而造成的生产过剩。把狭义的经济危机归于政府公共危机管理的管辖范围是有争议的，一是因为经济危机的产生是一个比较漫长的过程，不符合当前对突发事件"突然发生"的基本定义；二是在经济危机的调控中，政府的作用只是相对的，主要还是要通过市场本身去调节。广义的经济类危机则涵盖了与经济生活有关的所有突发事件，包括能源危机、粮食危机、金融危机等。这些危机完全符合突发事件"突然发生，造成或者可能造成严重社会危害"的定义，在应急措施上，由于涉及国家对市场供应、贸易、金融、投资、股市、汇率、财政、货币等多个方面的干预和调控，毫无疑问属于政府公共危机的管理范畴。但《突发事件应对法》仅在第 51 条笼统提到："发生突发事件，严重影响国民经济正常运行时，国务院或者国务院授权的有关主管部门可以采取保障、控制等必要的应急措施，保障人民群众的基本生活需要，最大限度地减轻突发事件的影响。"相对于其他四大类突发事件法律给予了极为明确的应急措施实施步骤，经济类突发事件在应急管理法律中一笔带过，不能不说是《突发事件应对法》的重大缺憾。

二、我国应急管理法律体系的不足

改革开放以来，我国应急管理法制已经取得了较大成绩，从总体上来说我国在构建突发事件应急管理法律体系方面具有一定的基础，但我国应急管理法制还不够完善，主要表现在以下几个方面：

第一，现行公共应急法律规范不健全，主要表现在：一是缺乏紧急情况下的特殊行政程序规范；二是对紧急情况下行政越权和滥用权力的监督机制不健全；三是危机管理的权利救济机制不完善（如责令停产停业、强制征用征收、强制隔离、强行检定、其他人身强制措施等造成权利损害后的补救机制不完善）等。以公共卫生应急法律制度为例，《传染病防治法》第 3 条规定，国务院和国务院卫生行政部门可以根据情况增加传染病病种并予以公布。但是，在哪些情况下必须或可以增加、通过何种程序（例如是否应该经过公开听证）来增加、如果必须增加而有关部门不作为或拖延作为时应承担何种责任等，有关法律没有做出明确的规定，给重大突发事件的政府应急管理实践和责任追究造成困难。这种不足忽略了作为行政主体的国家机关及有关组织所应当承担的法律责任，也忽略了对行政相对方的行政救济和司法救济。法律救济始终是各部门法律不可欠缺的重要环节。没有救济的权利即非权利，没有救济规定的法律是一部未完成的法律。《突发公共卫生事件应急条例》对于在非典危机处理中受到不当处置或违法处置的受害人，没有提供明确的行政救济和司法救济的途径，基本上回避了这个问题。这样就为某些具体执行政策者任意行为留下了空间，没有应有的威慑力。与此同时，公民的知情权在法律上也没有明确的保障，在公共危机发生的时候，传播谣言或者封锁消息都是对公民知情权的一种损害。所以，必须通过相应的新闻立法和信息披露机制的建设来监督这个问题。又如，《食品卫生法》于 1995 年 10 月 30 日公布实施后，迟迟未颁布实施细则，这样不利于更清晰、严谨与便捷地处理公共卫生应急管理实践中遇到的一些问题。

第二，现行公共应急法律执行不到位，主要表现为有法不依、执法不严、行政不作为、难获救济等。以公共卫生应急法律规范实施的情况为例，《传染病防治法》第 22 条、第 23 条规定，各级政府有关主管人员和从事传染病的医疗保健、卫生防疫、监督管理的人员，不得隐瞒、谎报或授意他人隐瞒、谎报疫情，国务院卫生行政部门应该及时地如实通报和公布疫情，并可授权省级政府卫生行政部门及时地如实通报和公布本行政区域的疫情。但 2003 年 4 月 20 日在北京召开的非典新闻发布会前后，北京地区非典病人和疑似病人的数量差别很大，引起各方面强烈反响，在一定程度上影响了人民群众对政府的信任。有关法律规范早已设立（尽管不完善），数据统计本不成问题，但有的地方、部门及部分公务人员有法不依、执法不严，各行其是。

第三，现有法律法规滞后、操作性不强，表现为内容上较为原则、抽象，缺少具体的实施细则、办法相配合，尤其是紧急行政程序法律规范严重不足。我国在非典疫情之前尚无关于应对突发公共卫生事件的专门立法。

第四，现有应急管理部门的协调机制不够完善，不同部门之间可能在应急管理的权限和责任方面发生交叉和冲突，容易造成部门之间的推诿扯皮。一旦突发事件产生的原因复杂、涉及的领域宽泛，就很难有一个统一的应急状态下的指挥机制。法律规范之间产生冲突和矛盾的原因一方面在于缺乏上位法的约束，另一方面在于未能重视法律规范的清理工作，如法律的修改、修订、废止、解释等，从而影响到应急法律规范的应有作用。

三、加强应急管理法制化建设步伐

（一）制定紧急状态法

应急预案编制得再完善，也不可能涵盖经济社会的所有未知危机，法制的完善最终还是要依靠法律本身的完备，我国虽已颁布《突发事件应对法》，但其局限性还是比较明显的。因此，及早出台在应急管理法制中居于核心地位的紧急状态法尤为迫切。突发事件一旦发展到某个阶段，就会形成紧急状态，所以，紧急状态的出现和社会制度没有必然的联系，也不会影响我国建设社会主义和谐社会的总目标。一部完整而规范的紧急状态法，不但可以把当前已经出现的各类突发事件进一步统一纳入法制化管理轨道，更可以形成制度化的法律框架，一旦出现当前经济社会中还未曾遇到的突发事件，就可以及时、迅速地组建应对机构、实施应对措施，从而把新型危机对社会的危害程度降到最低。

制定紧急状态法不仅是弥补《突发事件应对法》在调控危机事件范围上的不足，更是我国在公共危机管理领域全面推进法制化进程的必经之路。我国在法制框架内开展公共危机管理，已经取得了长足的进步，但是危机真正来临的时候，尤其是大规模危机爆发的时候，还是习惯于依靠传统政府强有力的行政抗灾模式，以行政命令和会议取代代表集体意志的法律的作用。虽然在某些特殊情况下，这确实可以发挥法律运转难以达到的高效率，但其弊端也是显而易见的，不但让现有的应急管理法律陷入"有法难依"的尴尬局面，更使我国应急管理法制进一步完善这一建设法治国家的必要举措处于不被重视的困境。

紧急状态法的规范性主要体现在以下几个方面：（1）改变我国当前应急管理法

律各自为政、相互之间在立法精神和具体内容上都缺乏协调统一的现状，克服同属法律层次的各应急法、不同层次的应急法规彼此矛盾冲突、缺乏统一指导的弊端。（2）调控现有应急管理法律无法涵盖的危机事件，包括恐怖事件、经济类危机、大规模连锁危机等除了战争状态以外的所有严重影响经济社会稳定的突发公共事件。（3）规定国家危机管理专职协调机构的职责与权限，以统一的国家危机管理协调机构的组织形式破除当前分散的危机管理部门和地方政府利益的局限性，在危机应对中最大限度整合抗灾资源。（4）明确各社会主体在突发事件中的应急职责，改变当前政府一元化抗灾模式，以法制促机制，形成全民参与危机管理的机制，充分发挥非政府组织的专业优势和能动作用。事实上，《突发事件应对法》已经为紧急状态法的出台预留了伏笔，《突发事件应对法》第69条规定："发生特别重大突发事件，对人民生命财产安全、国家安全、公共安全、环境安全或者社会秩序构成重大威胁，采取本法和其他有关法律、法规、规章规定的应急处置措施不能消除或者有效控制、减轻其严重社会危害，需要进入紧急状态的，由全国人民代表大会常务委员会或者国务院依照宪法和其他有关法律规定的权限和程序决定。紧急状态期间采取的非常措施，依照有关法律规定执行或者由全国人民代表大会常务委员会另行规定。"

　　紧急状态法应包括以下内容：（1）局部地区发生的突发事件不能由地方政府单独应对而必须由中央政府统一协调和直接指挥的，可以宣布进入紧急状态。（2）必须请求军队参加应急处置与救援的特别严重的突发事件，可以宣布进入紧急状态。（3）突发事件演变成可能威胁国家安全和主权利益的严重突发事件，可以宣布进入紧急状态。（4）出现多个突发事件并发，最高决策层必须统一应对的，可以宣布进入紧急状态。（5）严重的社会安全事件可能影响全局稳定的，可以宣布进入紧急状态。宣布进入紧急状态，应当由全国人民代表大会常务委员会召开紧急会议决定或者是由国务院请求后予以批准。对于紧急状态期间的各种应对措施，可以最大范围地免除应急机关的法律责任，而各级政府依据《突发事件应对法》行使行政紧急权力的，应当仍然保留公民针对应急措施的救济途径。关于如何协调《突发事件应对法》与紧急状态法之间的关系，应从《突发事件应对法》关于紧急状态的衔接条款出发，在紧急状态法中对引发紧急状态的突发事件社会危害程度、紧急状态宣布权限和程序以及紧急状态期间采取的措施及救济等相关重要问题做出详细规定。

　　（二）完善《突发事件应对法》

　　一是制定《突发事件应对法》实施细则。《突发事件应对法》作为我国第一部明确应对各类突发事件共同行为的基本法律，对于规范突发事件应对活动和应急管理体制具有十分重要的意义。为提高实用性和操作性，应当在总结《突发事件应对法》实施以来的经验和不足的基础上，制定配套的实施细则，对突发事件分类分级的宣布、应急管理工作领导机关的办事机构、军队参与突发事件处置的条件等做出明确的规定。二是明确《突发事件应对法》的执法部门。根据我国的实际情况，每一部行政法在明确政府职责的同时，往往会明确一个政府部门作为行政执法部门。为推进各级政府真正建立应急管理体制，应当明确一个政府部门作为《突发事件应对法》的执法部门。三是进一步完善社会动员机制。建议政府加大力度资助、培训各类志愿者，培养民间慈善机构，充分发挥社会力量的作用，缓解专业应急救援力量的不足。

（三）完善应急管理的公民权利保障机制

我国应将公民权利保障确立为应急管理的最高价值。以人为本是科学发展观的核心，国家实施应急管理的最终目的在于保护公民的生命财产安全，否则一切应急管理活动就失去了其正当性。即使在特定条件下对公民权利加以克制和限减，其背后的追求仍旧是某种更重大、更根本、更紧迫的公民权利。因此，一个建立在正确价值观基础之上的应急管理法律体系，决不允许国家为了实现某些较小的利益而牺牲更加重大的公民权利。

我国在宪法中全面确立了国家补偿原则，将对公民人身权的损害纳入国家补偿的范围内。在紧急状态下，国家对公民人身权的侵害程度不一、范围较广，要求国家全面补偿还难以实现，应以宪法对人身权损害补偿的认可为前提，由有关法律、行政法规明确补偿范围与标准。

【案例 5-1】2012 年 12 月 25 日，广东省政府网站公布的《广东省突发事件应急补偿管理暂行办法》（以下简称《办法》）规定，广东省的应急补偿资金纳入国库集中支付范围，实行国库集中支付管理。

在补偿方式与标准方面，《办法》指出，应急补偿采取货币补偿方式。补偿单位或者财政部门可在与受偿人充分协商的基础上，按规定委托具有资产评估资质的中介机构进行财产损失评估。"应参照本行政区域同类资产的市场租赁价格给予被征用财产的公民、法人和其他组织租金补偿。"

《办法》还明确，"应急响应结束后，政府应当在两个工作日内确定补偿单位"，"补偿单位应在应急响应结束之日起 7 个工作日内书面通知相关受偿人提交申请补偿所需的材料"，"受偿人应在知道或应当知道补偿通知之日起 1 年内，向补偿单位书面提出应急补偿要求。逾期未提出补偿要求且无正当理由的，视同放弃受偿权利"。该《办法》自 2013 年 1 月 1 日起施行。

资料来源　佚名. 省突发事件应急补偿管理暂行办法出台，国库集中支付［EB/OL］.［2012-12-26］. http://www.gd.gov.cn/gdgk/gdyw/201212/t20121226_172646.htm.

（四）强化应急管理法律规范执行力度

要使已有的应急法律规范执行到位，必须做到有法必依、执法必严、违法必究。对工作不力、措施不当、造成损失的，要依法追究有关当事人的责任。同时，要设立由行政首长负责的各级政府突发公共事件应急专门管理机构，由涉及突发事件公共应急处理的有关部门参加，通过立法赋予其特别权力，建立从中央到地方的应急管理组织体系。明确中央与地方各自的权责，同时将行政机关之间的横向协调与合作制度化。突发事件的应对通常需要快速反应，通过立法将不同机关的职责明晰化是有效应对的前提。

我国立法中对各机关之间的关系通常采用原则性规定，中央与地方、地方政府之间、部门之间等的关系没有制度化。《汶川重建条例》对中央与地方在灾后重建工作中的权责分配也仍然延续了现行多数立法原则性规定的做法，没有做出制度性安排，"条条"与"块块"的关系没有得到很好解决。应当在以后的立法中完善突发事件应对中的行政协助制度，包括将行政协助明确为被请求机关的义务、协助发生的情形、协助产生的费用负担、协助产生的法律责任承担等问题。既然我国的应急管理组织以"协调机构"的形式存在，那么完善应急管理协调机制就是国家突发事件管委会的最重要职能，具体而言，必须按照现行应急法律规定的四大类突发事件，明确并细化突发事件管委会成员单位（各政府部门）在突发事件应对过程中的职责和权限，针对不同的突发事件和紧急状态，由不同的职能部门牵头负责，建立一个职能明确、责权分明、组织健全、运行灵活、统一高效的突发事件行政应急体制，并用法制化的方式予以确立和巩固。

首先，在纵向关系上，即国家突发事件管委会和地方突发事件管委会之间，以《突发事件应对法》规定的"统一领导、分级负责"为原则，明确地方管委会的突发事件应急职责，做出明确的职责划分。应改变下级政府应急责任感差、缺乏主动性的态度，"等、靠、要"的依赖思想和以邻为壑的地方保护主义，消除上下级政府间因职责、权限不清导致的推诿、扯皮现象，为上级政府的支援和帮助确立明确的标准，减轻中央和上级政府的压力和负担，贯彻生活自救与国家、社会支援相结合的方针。

其次，在横向关系上，即突发事件管委会成员单位之间，也应将其在突发事件应对中的职责和权限予以明确，纠正现行应急管理法律对政府部门应急职能规定不明确、不全面、相互缺乏衔接和协调等弊端。通过专门规范明晰各职能部门的应急职责，为应急管理和综合协调机构的统一指挥提供法律依据，这有助于优化、整合各种应急资源，实现突发事件应对过程中各部门高效的协同运作，发挥整体功效，最大限度地减少损失。

最后，完善应急管理问责机制。这不但可以促使政府部门从突发事件预防这个源头上就开始加强应急管理，更是我国建设"责任政府"的需要。应急管理是责任政府的必备职能，同时它作为政府向社会提供的一种特殊公共物品，承载着责任政府向公民和社会的承诺，我国责任政府的构建要求在政府应急管理中形成相应的制度安排。通过突发事件管委会的设立，可以明确划分应急管理各部门的职责权限，在制度中规定行政责任追究的主体、追究事故的类型、追究环节以及追究时限等，从而建立权责统一的危机管理体制。

【能力测试 5-1】　　案例分析：风雪之后看《突发事件应对法》

2008 年 1 月 10 日，一场史无前例的大风雪席卷神州大地，贵、湘、鄂、赣等 19 个省区市见证了这场 50 年一遇的罕见大雪，人们的生产生活受到严重影响。

这场抗击风雪的战役不仅考验了全民万众一心抵御风雪的勇气，也是对政府应急体制及应急能力的一场"测评"，更是对刚实施不久的《突发事件应对法》落实状况的检验。

"最近这场低温雨雪冰冻灾害警示我们，越是经济社会向前发展，越是现代化程度不断提高，就越不能忽视可能发生的风险。"但是在这场雪灾中，各地关于防灾物资不足的消息不时传出：电路中断，不少地市的党政部门不得不点蜡烛开会，部分地区居民在黑暗中度过除夕，高速公路缺少大型施救设备，缺乏应对雪灾的专业队伍。

据新华社等媒体报道，抗击雪灾期间，灾区某些单位负责人不能以合作的态度向媒体及大众提供及时的信息。灾后重建工作面临很多困难：倒房户绝大部分是五保户、低保户和贫困户，自筹资金能力差；农林牧渔业等全面受灾，开春后受灾群众又面临补种或春耕生产投入的压力。大规模的建房正值春耕大忙季节和农村劳动力外出打工时期，一些地方存在劳动力短缺的问题。部分灾区电力、运力紧张，建材价格上涨，进一步增加了建房成本。

物资储备捉襟见肘，却迟迟得不到解决；雪灾封路，地方官员仍然隐瞒信息，消极备战；广州车站滞留数十万人口，挨饿受冻，望断回家路……"气象局究竟在干什么？地方煤厂的存煤怎么可以只够三天？"很多网友发出质疑。

资料来源　佚名. 风雪之后看《突发事件应对法》[EB/OL]. [2008-05-03]. http://blog. sina.com.cn/s/blog_49d5135f01009hax.html.

讨论题：

1. 结合《突发事件应对法》的相关规定，分析雪灾带来哪些启示，如何改进。

2. 结合本职工作，讨论对《突发事件应对法》的体会和思考。

提示：

1. 突发事件应对工作实行预防为主、预防与应急相结合的原则。国家建立重大突发事件风险评估体系，对可能发生的突发事件进行综合性评估，减少重大突发事件的发生，最大限度地减轻重大突发事件的影响。

——《突发事件应对法》第 5 条

2. 地方各级人民政府应当按照国家有关规定向上级人民政府报送突发事件信息。有关单位和人员报送、报告突发事件信息，应当做到及时、客观、真实，不得迟报、谎报、瞒报、漏报。

——《突发事件应对法》第 39 条

3.突发事件应急处置工作结束后，履行统一领导职责的人民政府应当立即组织对突发事件造成的损失进行评估，组织受影响地区尽快恢复生产、生活、工作和社会秩序，制定恢复重建计划，并向上一级人民政府报告。

——《突发事件应对法》第 59 条

4.地方各级人民政府和县级以上各级人民政府有关部门违反本法规定，不履行法定职责的，由其上级行政机关或者监察机关责令改正；有下列情形之一的，根据情节对直接负责的主管人员和其他直接责任人员依法给予处分。

——《突发事件应对法》第 63 条

【能力测试 5-2】　　　　《突发事件应对法》试题

一、填空题

1.《突发事件应对法》规定，按照社会危害程度、影响范围等因素，自然灾害、事故灾难、公共卫生事件分为_____、_____、_____、_____四级。法律、行政法规或者国务院另有规定的，从其规定。

2.《突发事件应对法》规定，突发事件的预警级别分为四级，最高级别为 I 级，用_____表示。

3.《突发事件应对法》规定，突发事件发生后，发生地_____应当立即采取措施控制事态发展，组织开展应急救援和处置工作，并立即向上一级人民政府报告，必要时可以越级上报。

4.《突发事件应对法》规定，有关人民政府及其部门采取的应对突发事件的措施，应当与突发事件可能造成的_____相适应。

5.《突发事件应对法》规定，_____应当无偿开展突发事件预防与应急、自救与互救知识的公益宣传。

6.《突发事件应对法》规定，国家建立统一领导、综合协调、分类管理、分级负责、_____的应急管理体制。

二、判断题（如果认为该说法正确，请在题后画"√"，否则画"×"）

1.突发事件应对工作实行预防为主、预防与应急相结合的原则。　　　　（　　）

2.获悉突发事件信息的公民、法人或者其他组织，应当立即向所在地人民政府、有关主管部门或者指定的专业机构报告。　　　　（　　）

3.基层应急管理应以"五个早"的工作机制为重点，"五个早"是：信息早报告、苗头早预防、隐患早排查、矛盾早化解、事件早处置。　　　　（　　）

4.突发事件发生地的公民应当服从人民政府、居民委员会、村民委员会或者所属单位的指挥和安排，配合人民政府采取应急处置措施，积极参加应急救援工作，协助维护社会秩序。　　　　（　　）

5.任何单位和个人不得编造、传播有关突发事件事态发展或者应急处置工作的虚假信息。　　　　（　　）

6. 按照社会危害程度、影响范围等因素，自然灾害、事故灾难、公共卫生事件分为特别重大、重大、较大和一般四级。 （   ）

7. 对即将发生或者已经发生的社会安全事件，县级以上各级人民政府及其有关主管部门应当按照规定向上一级人民政府及其有关主管部门报告，必要时可以越级上报。 （   ）

8. 公民、法人和其他组织有义务参与突发事件应对工作。 （   ）

三、单项选择题

1. 根据《突发事件应对法》的规定，区应急指挥中心属于区人民政府的（   ）。

A. 办事机构　　　　B. 办事机关　　　　C. 派出机构　　　　D. 派出机关

2. 根据《突发事件应对法》的规定，区人民政府应对突发事件的工作原则是（   ）。

A. 处置为主、预防为辅　　　　　　B. 预防为主、预防与应急相结合

C. 预防为主、处置为辅　　　　　　D. 处置与预防并重

3. 根据《突发事件应对法》的规定，区人民政府应当在（   ）时向区人大常委会作专项工作报告。

A. 应急准备阶段　　　　　　　　　B. 应急处置工作结束

C. 恢复重建工作结束　　　　　　　D. 应急处置期间

4. 国务院和（   ）以上地方人民政府是突发事件应对工作的行政领导机关，其办事机构及具体职责由国务院规定。

A. 省级　　　　　　B. 地市级　　　　　C. 县级　　　　　D. 乡镇级

5. 特别重大、重大突发事件应急处置工作结束，或者相关危险因素消除后，现场应急指挥机构予以（   ）。

A. 保留　　　　　　B. 撤销　　　　　　C. 升级　　　　　D. 解散

6. 根据应急处置需要，对事故现场及相关通道实行交通管制，开设应急救援（   ），保证应急救援工作的顺利开展。

A. 绿色通道　　　　B. 快速通道　　　　C. 特殊通道　　　　D. 直线通道

7. 对迟报、谎报、瞒报和漏报突发事件重要情况或者在应急管理工作中有其他失职、渎职行为的有关责任人，要依法依规给予行政处分；构成犯罪的，依法追究其（   ）。

A. 民事责任　　　　B. 行政责任　　　　C. 经济责任　　　　D. 刑事责任

8. 发生核事故，以下做法错误的是（   ）。

A. 尽量留在室内，关闭门窗和所有通风系统

B. 如在室外，用湿手帕、毛巾等捂住口鼻，沿下风方向就近躲到人防工程内

C. 衣服或皮肤被污染或可能被污染时，小心地脱去衣服，仔细洗手、洗脸、洗头发

D.身体受到污染，大量饮水，使放射性物质尽快排出体外，并尽快就医

9.《突发事件应对法》已由第十届全国人民代表大会常务委员会第二十九次会议于_____通过并公布，自_____起施行。（　　）

A.2007年8月30日，2007年11月1日

B.2007年8月30日，2007年10月1日

C.2007年7月1日，2007年11月1日

D.2007年7月1日，2007年10月1日

10.紧急状态期间采取的非常措施，依照有关法律规定执行或者由（　　）另行规定。

A.全国人民代表大会常务委员会　　　B.国务院

C.国务院有关部门　　　　　　　　　D.应急办

第六章
中外应急管理的比较与借鉴

【学习目标】

◇ 掌握不同国家应急管理的差异和优缺点

◇ 熟悉国外应急管理的先进做法

◇ 了解国外应急管理的经验

【案例导引】

2014 年 4 月，韩国发生"岁月"号沉船事故，造成 200 多人遇难。事故发生后，韩国政府不仅没有及时掌握乘客名单，连获救人数也随意公布，反复更改。之前公布说 368 人被救出，后又改口为 164 人，有近 204 人被错误统计。16 日上午，京畿道教育厅发送了"檀园高中学生全部获救"的短信，但之后被证实为错误消息，对家属造成巨大伤害。此外，韩国海警和海军在应急救援中表现不专业。16 日上午 8 时 58 分，木浦海警接到求救信号；9 时 30 分，木浦海警 123 舰抵达事发现场，海警直升机随后抵达，但船上和飞机上都无专业救援人员和设备。海警称，没想到客轮会沉没。韩国海军 16 日派出导弹快艇和"山猫"直升机，均不是专业海上救援设备。在场人员眼睁睁看着船身沉入海底，无法进入船舱救出被困者。14 时，专业救援人员才赶到。事发 9 小时后，救援人员才首次进入船舱。两艘海难救助船次日凌晨才抵达，错失了救援的最佳时机。正是由于这些因素，韩国政府备受指责，最后总理引咎辞职以平息众怒。韩国总统朴槿惠也宣布，将在总理办公室下创设国家安全处，由总理直接管辖并协调各部门，以确保发生特别重大事故时政府可有条不紊地指挥，同时研究和推行国家灾难预防和善后处理综合对策。

"岁月"号沉船事件促使韩国政府反思和改革，着力提升政府的应急管理能力。此次事件对我国也有警示作用，应急管理模式的优化不能只是在经历了血的教训、付出了生命的代价之后，政府部门应该学习、借鉴经济发达国家的经验，建立完善的应急管理体系，真正做到未雨绸缪，这样才能保证在危机来临之时，将损失降到最低程度。美国、英国、日本等国家在应急管理实践中积累了很多成功经验，构建了比较完善的应急管理体系。分析、比较不同国家的应急管理模式及特点，对完善我国应急管理体系有一定的借鉴意义。

资料来源　于魏华. 中外应急管理模式的比较与借鉴［J］. 中国管理信息化，2015（9）.

第一节　美国应急管理的经验

美国是世界上唯一的超级大国，其政治、经济、军事实力无可匹敌。在"9·11"事件中，虽然美国原有的应急管理机制在危机的初期阶段反应不够及时和有效，但在其后的处理中，救援开展、各部门协作还是体现出原有机制的条理、完备等特征，整个"9·11"事件的应急管理井然有序、权责分明，在很短的时间内控制了局势，并采取相应的配套措施，使得灾区很快恢复社会秩序的稳定。"9·11"事件之后，美国政府也以此为契机，进一步完善应急管理体系。

一、美国应急管理的组织体系

美国将应急管理工作纳入国家整体安全战略和框架中，实行联邦政府、州和地方三级反应机制。美国最高应急管理机构是国土安全部（DHS），负责全国范围内的公共安全事件应急响应。其预算高达 400 亿美元，约有 17 万名雇员，是继美国国防部、医疗服务部之后的第三大联邦机构。在其所辖的 22 个联邦机构中，包括一个应急管理专门机构——联邦紧急事务管理局。

FEMA 根据政府管理部门分担的应对紧急突发事件的职责，把美国划分成十个应急管理区。应急管理区内的州政府设置应急管理办公室，负责洪水、飓风、火山喷发、地质滑坡等自然灾害及人为技术灾害的协调、管理、应急反应与救援、教育培训、现场工作的全面管理。每个应急管理办公室都有内定的灾种并界定了重点防灾区，根据其任务划分为灾种和灾害统计，社会管理特点，生态或古迹保护，基础设施和人口、财产的分布等。在应急管理办公室的协调下，各州都有紧急事务管理部门，称为州长紧急事务办公室（OES），主任由州长任命。在 OES 之下，还有更低层次的管理区和互助区，如地区级的应急管理机构和社区应急反应小组。

（一）联邦紧急事务管理局的发展过程

第二次世界大战之后，美国应急管理围绕联邦紧急事务管理局的演变和发展，进行了四次大变革。20 世纪 70 年代末，美国经历了一些灾难，如加州地震、火山喷发、拉夫运河事件等。当时美国许多州长指责联邦政府没有做出及时的反应，卡特总统在 1979 年建立了联邦紧急事务管理局，目的就是帮助联邦政府应付紧急情况。美国老百姓本来对这个部门寄予厚望，但没想到的是，1989 年、1992 年美国经历了两次飓风，紧急事务管理局在应对中表现得差强人意，最后还是布什总统动用军队救灾，迅速控制了局势，所以很多美国老百姓提出干脆取消 FEMA，由军队负责救灾得了。情况发生转变是在克林顿当选总统之后，他任命詹姆斯·维特执掌 FEMA 的大权。詹姆斯·维特在大规模紧急事务处理方面很有经验，对应急管理机构进行了改革，对内简化了重建和救灾工作，强调预防和善后；对外与其他联邦机构、州及地方政府、志愿者组织、私人部门建立应急管理伙伴关系，突出应急管理的全社会参与。美国政府应急管理模式的真正转变是"9·11"事件之后。美国于 2003 年 3 月组建了国土安全部（DHS），FEMA 在其管理之下。按理说，将这么多部门合并，加强了横向的沟通，在应急管理中将能充分发挥跨部门协作的能力。但是美国的行政体制是分权制，联邦政府和地方政府之间不是隶属关系，在应急管理中也实行三级管理、属地原则，地方政府应对不了的，可以申请启动联邦应急预案。这也考验地方政府和联邦政府的配合程度。

2005 年，美国遭遇了卡特里娜飓风，受灾最为严重的是新奥尔良市。其实之前已经提前预测到了，也向各州发了预警通报，要求州政府组织人员撤离，但是新奥尔良市低估了灾害的危害性，没有响应联邦政府的救灾行动，发布了一个自愿撤离的通告。飓风登陆前一天，市政府一看事态严重，要求全城强制撤离，但最终还是有 10 万人没走成。这些人都是低收入人群，很多人宁可赌一把，也不愿花钱外出避难，政府也没能给他们提供这方面的帮助。联邦紧急事务管理局对地方的动态也未能及时掌握，还以为应急预案启动了，预警通报发了，就万事大吉了。新奥尔良市发生难民危机后，国土安全部部长才从媒体上得到消息。这次事件使得布什政府和联邦紧急事务管理局备受指责，人们批评政府"重反恐，轻救灾"，于是美国政府又着手进行了第四次改革，主要是强化联邦紧急事务管理局的职能，实现救灾与反恐并重。在这四次变革之后，联邦紧急事务管理局开始充分发挥其作用。

（二）联邦紧急事务管理局的职能和作用

1. 联邦紧急事务管理局的职能

联邦紧急事务管理局的主要职能是救灾与反恐并重。一般来说，在常态管理体制下，应急处置需层层上报，在信息收集和协调资源等方面都受到很多限制，无法做到快速反应。政府通过设立专门的组织机构，可以有效地减少管理环节，以便在应对中做到快速反应、高效决策。例如，若美国发生重大的突发事件，后果超出州和县政府的能力之外，则会启动联邦应急预案，由总统做决策，同时严格按照相关法律的规定，由国土安全部推荐，总统任命一线的现场指挥官，即联邦协调官。联邦协调官需要调动资源、传递信息、保障后勤，代表总统协调联邦各部门和地方州政府之间的关系，统一组织协调整个行动。由此形成以联邦应急计划为法律基础、总统直接领导、联邦紧急事务管理局等核心机构协同运作的应急管理体制。

2. 联邦紧急事务管理局的作用

FEMA 是一个从中央到地方，统合政、军、警、消防、医疗、民间组织及市民等进行一体化指挥、调度，并能够动员一切资源进行法治管理的体系。美国的这种紧急事务管理体系主要通过对政府、非政府组织以及危机信息等方面进行规范，来实现紧急事务管理的目的。

（三）地方应急管理组织体系——以纽约市为例

为了应对突发事件对城市应急管理的挑战，纽约市政府在过去半个多世纪的时间里，发展出一套完备有效的应急管理体制。在近年发生的一系列危机事件中，如2001年的"9·11"恐怖袭击、2003年的停电事件，纽约市的应急管理体制都显示了它在应急处理方面的种种优势。

纽约市应急管理办公室是纽约市进行应急管理的常设机构，也是纽约市进行应急管理的最高指挥协调机构。纽约市对各种突发公共事件的有效应对，正是依赖于以应急管理办公室为核心的一个组织网络的保障。首先，应急管理办公室与纽约市职能部门，如纽约市警察局、消防局以及医疗服务机构合作，共同设计并组织实施危机应对方案。其次，应急管理办公室与许多州和联邦的政府机构，如联邦紧急事务管理局、国家气象服务中心（NWS）保持日常合作关系，互通信息，协调彼此的规划、方案，进行培训和演习等。最后，应急管理办公室还与私营部门以及非营利机构合作，保障城市尽快恢复正常。

1. 纽约市应急管理办公室的工作职能

纽约市应急管理办公室的前身是纽约市市民防御办公室。几经演变，1984年该机构正式更名为"纽约市应急管理办公室"，受纽约市警察局的直接管辖。1996年，应急管理办公室成为市长直属的机构，该机构负责人直接向纽约市市长汇报工作。2001年，应急管理办公室正式升格为一个正式的职能部门。

作为最高指挥协调机构，应急管理办公室要确保各个职能机构在应急管理全过程中进行有效的合作。具体来说，应急管理办公室的职能主要包括：①为潜在的危机事态做好准备，减轻危机可能造成的损失；②教育公众，使其充分认识潜在的危机事态，并做好最充分的准备；③支持和协调各种有利于城市在危机之后尽快恢复正常运作的努力；④收集并传播重要的信息；⑤寻求基金和其他支持，帮助纽约市为可能来临的危机做好准备。

2. 纽约市应急管理办公室的机构设置

根据工作职能的不同，应急管理办公室下设四个科室：

（1）健康和医疗科，主要负责对影响纽约市市民生命健康的各种危机事态进行充分准备，既包括组织应对恐怖袭击的演习，也包括在酷暑到来的时候实施纽约市的防暑计划。

（2）人道服务科，该科室通过与其他政府部门和非营利机构通力合作，为危机事件中的受害者提供人道主义服务。人道服务科主要负责以下事项：为受危机事件影响的人群提供看护服务（如提供救护所和食品供应），管理对受害者的民间捐助和政府的财政救济；制定有害动物控制方案；组织志愿者的行动，协调各种志愿机构的活动。此外，应急管理办公室还要确保在危机爆发的时候，高危人群能够及时得到他们所需要的援助。

（3）危机复苏和控制科，负责危机恢复中的损失评估、设施重建以及心理干预等。

（4）国土安全委员会。"9·11"事件之后，应急管理办公室从警察局和消防局抽调一些负责人员，组成国土安全委员会，主要协调市政府、州政府和联邦政府在国土防卫和反恐怖等方面的计划和行动。

【案例 6-1】2002 年 8 月 14 日，美国东部地区及加拿大部分地区发生大面积停电。纽约市政府对大停电事件的应对受到各界好评。纽约市政府至少在以下三方面表现突出：

一是迅速启动应急计划。事故发生后，纽约市应急管理办公室立即启动紧急行动中心，协调警察、消防、医疗、环卫等部门进行救灾抢险。据报道，8 月 14 日发生停电后，几分钟内纽约市警察局就启动了紧急应变计划，增派警力上街巡逻。纽约市 3.6 万名警察每个人事先都知道要到哪里报到，因此没有任何重要地段出现警力不足。

二是信息的公布透明及时。纽约市政府对事故反应迅速，市长在停电后半个多小时就举行了新闻发布会，及时通过广播向市民发布有关信息，消除市民认为可能发生恐怖袭击的疑虑。此后，他还多次通过电台指导民众如何应对这一突发事件，使民众有了主心骨，这对稳定民心起了极大作用。

三是作为紧急状态下民众和政府联系的纽带，纽约市 911 应急电话系统和 311 便民电话系统在救援行动中始终保持畅通，为险情的及时排除提供了保障。事故发生后，负责为纽约市提供 911 和 311 服务的电信公司迅速启动备用电源，全力保证这两个系统的正常运转。正是通过这两个系统，纽约市警察、消防和卫生部门在 14 日和 15 日两天内对 15 万次求救电话做出响应，相关行动包括 800 多次的电梯救援。

从社会角度来看，纽约人在这场危机中表现出的良好素质成为断电事件中的一大"亮点"，也成为危机过后人们谈论的焦点。许多市民自发在路口指挥交通，一些店家免费向行人提供冰激凌，开车的人互相礼让；地铁的乘客在地铁工作人员的带领下，历经一个多小时，有序地撤离地下隧道，没有发生拥挤踩踏事件。

资料来源 佚名. 亲历纽约大停电［EB/OL］.［2003-08-21］. http：//news.sina.com.cn/21/0952607119s.shtml.

二、美国应急管理的运行机制

美国国土安全部、各州及大城市的应急管理机构都设有应急运行调度中心。各个应急运行调度中心都有固定场所，为应急工作所涉及的各个部门和单位常设固定的代表席位，配备相应的办公、通信设施。一旦发生突发事件或进入紧急状态，各有关方面代表迅速集中到应急运行调度中心，进入各自的代表席位，进入工作状态。应急运行调度中心根据应急工作的需要，实行集中统一指挥协调，联合办公，确保应急工作反应敏捷、运转高效。

（一）高效的应急指挥系统——以美国芝加哥应急指挥中心为例

芝加哥位于美国中东部，靠近密歇根湖，是全美第三大城市。芝加哥应急指挥中心从 1990 年开始着手兴建，1995 年投入使用，总投资 2.17 亿美元。中心大楼的面积为 161 000 平方英尺，采用高可靠性设计，能够抵御各种灾害。水、电、气管线和各技术系统的设备全部采用冗余设计，具备较强的防护能力。整个建筑物的首层占两层高度，主要设施有新闻中心、电源设备机房和接待大厅；二层主要是计算机和通信设备机房；三层为应急事件指挥室和接处警大厅（接处警大厅占两层净空）；四层局部为管理人员办公室。

芝加哥应急指挥中心归市政府管理，中心主任由市长任命。整个中心有工作人员 1 048 人，除少数管理人员属于政府公务员外，其余多是由政府聘用的。在 16 000 平方英尺的大厅内，警察、消防和医疗急救部门的人员采取集中接处警方式一同工作。大厅内 109 个席位中，45 个负责接警席，44 个负责处警（警察 26 个、消防 18 个），其余为班长和培训座席。

接警员接到报警后，屏幕上立即显示出三字段信息和报警点附近的电子地图。接到的报警将依据事件性质转给大厅内相应的警察或消防处警台处理。处警人员利用先进的计算机辅助调度系统协助处警，并通过无线调度台和数传设备将指令下达给街面执勤的警员，警员接到指令后将立即赶赴现场进行处置。为了应付重大事件，在三层 160 多平方米的应急事件指挥室内，还设有市长办公室、州和市警察局、FBI 等 30 多个部门的席位，并且为每个部门都提供了一套较为完备的通信设备。

应急指挥中心的电子地图所提供的信息包括从楼层平面到道路监视器的所有内容，计算机能够立即显示报警人的具体位置、街灯、详细街道、危险化学品和消防栓位置。3 台大屏幕跟踪消防车和急救车的位置，调度员可以从最近的地点联系所需要的设备。重要信息将被发送到警车或消防车的计算机终端上，方便警察、消防和其他城市服务部门车辆上的指挥员调动力量赶赴现场。

（二）发达的应急信息系统

美国对灾情汇集、灾情研判、救援指挥，乃至个人亲友安危等信息系统做了具体的规定，开发了各种计算机软件（如网络上可直接下载预估洪水水位的软件等），评估、预测灾变损失。应急指挥系统包括基础数据库维护、应急辅助决策支持、应急指挥调度三个子系统。应急指挥调度系统主要包括指挥调度会商系统、应急车辆 GPS 调度指挥系统、应急避险管理系统、事件紧急通知发布系统、紧急物资调度系统、相关机构应急协调管理系统等。应急辅助决策支持系统包括辅助决策系统的信息报送系统、专家预警系统、预案启动与切换、物资调动系统，以及灾害评估系统的机构管理系统、人员管理系统、GIS 分析系统、法律法规查询系统。基础数据库维护系统包括专家库、预案方法库、相关单位库、重要物资库、业务数据库。

美国最早提出了电子政务的概念。20 世纪 90 年代初，美国总统克林顿和副总统戈尔首倡电子政务，并提出"以公众为中心"的思想。经过 20 多年的发展，美国在电子政务建设方面已经积累了丰富的经验，并成功应用于应急管理。例如，美国公共卫生信息网是美国疾病预防控制中心设计、开发和维护的，基于互联网的公共卫生信息系统，是在把联邦、州和地方的数据及信息整合在同一标准下的基础上建立起来的，可以实现多方面的功能。它能够实时捕获和分析疾病数据，实现多个监测信息系统的连接，确定传染病（含生物恐怖袭击）的发生并进行追踪，监测并评估疾病的发展趋势，指导疾病预防、控制和救治。它能对公共卫生紧急事件做出及时有效的回应，对有关样品进行及时准确的检测，并迅速将检测结果反馈到相关部门和人员，以便及时采取有效的措施，减少危害。通过标准化的信息交换平台，它可以帮助不同卫生机构的人员之间进行信息交换和合作，各个合作伙伴负责维护他们的共享信息，在保证信息安全的前提下，向公共卫生和健康保健人员提供当前和最新的相关信息。它拥有功能强大的共同操作平台，提供公共卫生信息的快速交流，保证各个社区能够迅速及时地获得紧急公共卫生信息，得到高水平专业人员的指导。

三、美国应急管理的社会合作机制

美国政府在应急管理中注重与非政府组织的合作，注重社会力量的参与，对非政府组织参与应急管理采取鼓励和支持政策，并形成了一套比较完善的管理体系。非政府组织在美国联邦、州和地方政府应急管理工作中发挥着重要作用，在突发事件应对时通常提供避难场所、紧急食品供应，以及其他重要的支援服务。美国政府非常重视与其建立合作伙伴关系。

第一，美国将政府、红十字会等非政府组织以及其他私人组织的合作直接纳入联邦应急计划。以美国红十字会为例，它是重要的应急救援组织，在应急管理中的目标是预防灾害和救助灾民，主要依靠无偿工作的志愿者，每年都有超过50万名志愿者和3.5万名雇员向大约7万次紧急事件的受害者提供援助。它是全美最大的血液和血液制品供应部门，每年大约有400万人通过美国红十字会捐献血液。美国红十字会每年还举办700多场地方性培训，超过1500万人通过培训学习应急管理的科普知识。在美国路易斯安州、加利福尼亚州等地的应急指挥大厅内，设有非政府组织代表工作的部门或席位。

第二，非政府组织在灾后恢复和重建方面发挥着重要作用。比如，2005年卡特里娜飓风后，很多公共及私人机构共同帮助大奥尔良地区和被安置到其他地区的居民恢复生活。大奥尔良灾后恢复联盟成立于2005年11月，其成员包括来自各教区长期恢复委员会、宗教组织、灾害响应机构、社会与人类服务机构、政府联络办公室及倡议团体的代表。该联盟与联邦紧急事务管理局地区办公室、州及地方政府建立了定期联系机制，可以配合政府为灾民提供各种服务，积极救助那些受灾却不符合政府救助条件的灾民。

第三，美国政府大力扶植非政府组织，从政策上、法律上给予支持、鼓励。基金会在所在州的司法部门登记后，可申请免税；基金会可按法律规定在所募集的基金中提取5%~7%的营运费用，但必须保证每年用于公益事业的资金不低于资金总额的5%。在重大突发事件发生时，受到政府鼓励、支持的第三部门就能更好地做好应对工作。

第四，美国政府专门设置了与非政府组织联系沟通的渠道、部门和官员。美国联邦、州和地方政府的应急管理部门为了与社会各界建立有组织的联系，专门设置了与非政府组织联系的部门或官员，确保能得到高效可靠的受灾信息，也有助于向社会组织、志愿者组织和公众提供灾害反应和恢复行动的信息，以建立对话交流渠道，促进相互支持。

四、美国应急管理的队伍建设

美国各地的消防、警察、医疗救护等专业队伍是应急管理的中坚力量，联邦军队、国民警卫队在应急响应中扮演着重要的支援角色，美国政府高度重视加强城市应急队伍建设。1989年，联邦紧急事务管理局建立国家城市搜救响应系统，执行灾害响应任务。

国家城市搜救响应系统是由城市搜救队、事故支持小组及技术专家等合计超过5000人所组成的系统，以28个城市搜救队为核心。每一个搜救队都由62人、32个职务所组成，这些职务分成5个部门（搜索、救援、计划、后勤、医疗），每一个部门都可以24小时连续工作。该系统除了有城市搜救队外，还有专门的事故支持小组及技术专家。事故支持小组是由城市搜救队，联邦、州及地方政府应急管理机构及私人领域相关组织的成员所组成的，在突发事件发生时提供后勤支持，也处理与搜救相关的评估，以及提供技术上的建议，还向州和地方政府提供应急救助服务。技术专家在各城市搜救队的训练中提供专业知识培训，在必要时他们也可被征用。

美国著名杂志《美国新闻与世界报道》曾对美国最好的职业进行分析与排名，认为应急管理专家是 2011 年 50 个最好的职业之一，并且是下一个十年增长速度最快的职业。它认为，消防员和警察是灾难发生时出现的人物，但是事实上，一群专家在背后从事应急管理工作。应急管理专家在灾难反应计划、灾难应对与准备培训、各个部门与地区间的应急管理协调等方面发挥着重要作用。应急管理专家的许多工作是在公共部门，比如政府、军队、执法部门中进行的，但是越来越多的私营部门和非营利组织需要应急管理专业人才。美国政府高度重视培训公民必要的应急技能，大力支持志愿者应急队伍的建设，以确保在大的灾害发生时，志愿者应急队伍能向公民提供及时的服务，直至专业救援人员到达。1985 年，加利福尼亚州开始建立志愿者应急救援队伍——社区应急响应队，主要是为本社区服务。1992 年，联邦紧急事务管理局把应急响应队纳入联邦应急响应计划。在 1995 年俄克拉荷马城市爆炸、1994 年北岭大地震中，社区应急响应队都发挥了重要作用。随后，社区应急响应队在全美得到推广，培训内容、经费保障等相关制度得到完善。例如，洛杉矶消防局成立了灾害准备部，负责培训社区应急响应队。加利福尼亚州社区应急响应队的培训通常为一个星期，涵盖 7 个主要部分，包括灾害准备、火灾应对、灾害医疗救护、简单搜索和救援、灾害心理、队伍管理、实践训练。

五、美国应急管理的培训体系

（一）专业的培训机构——联邦紧急事务管理局应急管理学院

美国政府高度重视应急管理培训体系建设。联邦紧急事务管理局应急管理学院（EMI）位于马里兰州的埃米茨堡，与同隶属于联邦紧急事务管理局的国家消防学院（NFS）共用一个校园。EMI 承担应急管理方面的教学培训、研究咨询、组织演练、职业认证、指导全国应急管理教育等职能。目前，EMI 有 6 个部门：远程教育部、减灾部、使命支持部、响应与恢复重建部、准备部、整合应急管理部。该学院的员工包括应急管理专家、培训专家和支持人员。另外，该学院还有合同雇员。绝大多数合同雇员具有应急管理背景和专门知识，包括应急管理专家、培训专家、联邦和各州应急管理的实际工作者，如州应急演练的负责人等。

EMI 以"支持国土安全部和联邦紧急事务管理局的目标，提升全美各层级政府官员的应急能力，预防、准备、应对、保护、恢复重建及减缓所有美国人民的各种灾害和危机的潜在影响"为宗旨,其办学目标包括五个方面:(1)提升州和地方政府官员的能力;(2)提高应急管理人员的能力;(3)支持"国家事故管理系统"、"全国响应框架"和"国家准备指南"的执行;(4)增强个人、家庭和有特别需求人群的准备应对能力;(5)通过结果导向的业务来实现 EMI 的使命。

EMI 的培训对象包括六类:(1)联邦紧急事务管理局的全职雇员;(2)联邦紧急事务管理局的待命、灾害应对雇员;(3)州和地方政府官员;(4)国土安全部和其他联邦政府部门人员;(5)相关职业领域成员;(6)高等教育机构人员。

EMI 的课程覆盖了从各类灾害应对计划到联合应急管理的各种议题。教学形式多样,包括桌面推演、功能演练、全面演习等,希望通过多种形式提高教学的实用性和实战性。同时,EMI 重视加强高等院校中的应急管理教育工作,2011 年开展的项目包括 9 个博士学位项目、62 个硕士学位项目、33 个学士学位项目,与 232 所大专院校开展应急管理培训项目;每年召开全国应急管理协作会议,协调全国应急管理教学工作,并向联邦范围内的应急管理教学和培训项目提供教材。

目前,EMI 在全美应急管理培训、演练和教育体系中发挥着核心作用,每年大约有 17 000 名学员就读该学院的住校学习课程,另有大约 86 000 名学员就读非住校课程,约 195 000 名学员就读网络远程课程。

(二)应急知识的宣传教育

在美国,公民应急知识的宣传教育非常普及。第一,美国政府将危机应对纳入学校教育,从幼儿园开始就教孩子摔倒或扭伤时的应对方法,并进行食品安全教育,从小就培养孩子的食品安全意识;进入中小学后,学生根据联邦紧急事务管理局编写的教材,开始接受正规的应急教育与训练。美国的中学生每周至少要上一节急救的课程,该课程是必修课。若不能通过急救课的考试,学生将无法获得毕业文凭。第二,加大社会宣传力度,发放宣传手册、资料,利用网络、媒体进行宣传,以此强化公众的危机意识,增加危机自救互救知识。例如,美国联邦紧急事务管理局推出了一款手机应用软件"FEMA",公众可以免费下载到手机上,这款软件包含大量的应急救援内容,包括应急包的准备、灾难之后紧急会议的召开地点、灾难发生时如何保护自己的安全、灾难过后如何恢复,该软件为用户详细地列举了灾难恢复中心的位置以及地理信息。第三,开展模拟演练,组织地区性的地震演习,鼓励学校、企业、政府机构、社区和家庭都参与。活动是免费向公众开放的,简单易学,而且都是可能挽救生命的信息。网站上还提供了许多资源,比如参加者的演习计划就包括手册、视频、音频、演习广播、地震情况等。

第二节　英国应急管理的经验

近几年,英国政府面临着复杂的国际国内安全局势,传统安全问题和非传统安全问题相互交织，恐怖主义的威胁加大，国内突发公共事件形势严峻，犯罪率居高不下，网络安全、能源安全、太空安全、气候变化等新安全问题凸显。英国政府深刻总结国家安全管理及突发事件应对中存在的问题，进行了大幅度改革，形成了比较成熟的应急管理体系。

一、英国应急管理体系的发展过程

第一阶段，第二次世界大战后至 20 世纪末。英国应急管理体系主要以地方为主，以各郡区的警察、消防、医疗单位为管理的主体。管理重点包括防范核打击下的平民伤亡以及零星的自然灾害与北爱尔兰的恐怖袭击等。

英国政府于 1948 年颁布了《国民防务法案》，旨在防范平民遭受核打击的风险，减少冷战期间平民的伤亡。此法案将民事应急管理权下放给地方政府，由地方主要相关部门负责进行突发事件的应急处理。1986 年，英国正式通过《和平时期民事防务法案》，确认中央与地方政府在应急管理方面的责任与义务。然而，英国虽然从法律上规定了中央与地方的责任与义务，但在中央与地方如何具体分工合作的操作层面，即协调地方与中央的组织机构上仍缺乏有效的机制。20 世纪 80 年代以后出现的一些危机事件充分暴露了英国应急管理缺乏有效协调的缺陷。1987 年 10 月，飓风袭击英国，气象部门未能及时预报，结果造成 20 多人死亡，居民住房大面积被破坏；一个月后，伦敦国王十字车站起火，30 多人死亡、50 多人受伤；1988 年，北海阿尔法石油勘探设备出现故障，导致 167 人遇难；1987—1988 年，北爱尔兰地区连续爆发了几次恐怖袭击，均有不少伤亡；20 世纪 90 年代以后，北威尔士、英格兰北部与中部地区频繁暴发洪水灾害，特别是 2000 年特大洪水，由于应急措施不力，造成巨大的财产损失。

第二阶段，2001—2008 年。英国的应急管理在立法与中央、地方的整体机制建设上实现了飞跃式发展。对一些突发事件的应对不力暴露了英国政府在应急管理体制上的漏洞，促使英国政府深刻反思。2001 年 7 月，英国成立了国民紧急事务秘书处（Civil Contingencies Secretariat，CCS），这是英国最高级别的负责应急管理的专门机构。CCS 设在中央政府内阁办公室下，主要负责组织与协调中央与地方各部门以及相关利益者参与民事应急事务的处理。CCS 不仅要负责协调处理应急事件，还要做好突发事件前的研判与训练、风险评估与事后的恢复工作。总之，国民紧急事务秘书处的宗旨就是加强英国在应急事务上的准备、反应与恢复能力。

2001 年"9·11"事件后，英国明显提高了防范人为民事灾难的力度。为了有效应对重大的恐怖主义袭击，英国试图建立一套从地方到中央的整体应急管理框架与立法体系。2004 年 11 月，英国议会通过了《国民紧急状态法》（CCA），正式取代 1986 年的《和平时期民事防务法案》，成为当前英国应急安全管理规程中的最高立法文件。CCA 的主要内容分为三个部分：第一，对"紧急事件"进行了规范的定义。第二，界定了从中央到地方所有应急管理机构的角色与责任，并对这些机构进行分类，对其行动提供规范指导。第三，授予政府紧急事态立法权力，即政府在紧急状态下为了有效应对突发事件可以临时立法。

从冷战时期防范核打击到 21 世纪初期应对各种自然、人为的突发事件，英国逐渐深化与完善了人们对"紧急事件"的理解。CCA 指出，威胁民众福利与国家安全以及破坏环境的，包括战争与恐怖主义袭击都可以称为"紧急事件"。可以看出，英国对紧急事件的界定相对宽泛，只要事件突发，且有可能对国民、国家产生较大规模的破坏性结果，都可以算在其范畴内。

2005 年，英国政府还陆续出台了《应急管理准备和响应指南》《应急管理恢复指南》《中央政府对突发事件响应的安排：操作手册》等法规与文件，将《国民紧急状态法》的宗旨、原则进行细化。这些法规与文件有效规范了中央、地方政府在进行应急管理时的具体操作程序。

第三阶段，2008 年至今。应急管理被纳入国家"大安全"框架，英国力图实现传统安全与非传统安全、国际安全与国内安全管理的整合。近年来，传统安全与非传统安全相互交织、国际安全与国内安全界限模糊的特点越发明显，英国的突发事件也呈现出多元化、交叉性发展趋势，如 2005 年伦敦恐怖袭击、2007 年夏季洪水灾害、2009 年大流感等，都暴露出应急管理部门与其他机构、部门之间在重大安全事件上缺乏协调与信息分享以及忽视事前风险评估等问题。对此，英国政府继续思索如何改革应急安全管理体系，使之能更有效地应对日益复杂的安全局势。

2008 年 2 月，英国发布《实现英国的潜力：未来对英国的战略挑战》报告，对未来英国将面临的战略风险进行评估，认为英国面临全球化、经济繁荣、公民生活条件差异、老龄化、家庭与社区、社会安全、个性化的公共服务、气候变化、民主创新等方面的战略风险，英国政府必须迅速增强战略风险管理能力，保障社会安全与繁荣。

2010 年 5 月，英国建立国家安全委员会（NSC），将应急管理中枢机构——国民紧急事务秘书处纳入国家安全委员会内，意图构建"大国家安全"管理框架。NSC 主席由首相担任，常任成员都是政府重要部门的内阁大臣。NSC 领导处理全国所有方面的安全问题，在最高层面上整合国防、外交、国民应急事务、反恐、情报、警务、能源等相关部门的资源，有效地提升了英国整体的安全风险防范与应急处理能力。

2010 年，英国还有一项改革引人注目，这就是强化应急管理部门的风险管理职能。英国政府将国民紧急事务秘书处作为政府整体风险管理的核心，负责识别、描述、量化、评估所有可能对英国安全构成风险的事件。国民紧急事务秘书处需要制定与政府风险管理相关的政策，从总体上设计与把握政府风险管理建设的进程，每年与相关部门一起发布国家风险登记册。

二、英国应急管理的组织体系

英国政府在应急管理方面注重分工明确、协调有效。在中央、地方权限划分上，英国应急管理强调以地方政府为主，发挥地方政府的主导性作用。只有当地方政府无力独自解决问题并寻求帮助时，中央政府才会提供相应的帮助。具体来说，即使是重大事件的处置，中央政府也不能完全取代地方政府，不同层级有不同的决策权和决策重点，要分别做出各自的决策。中央政府要考虑政治影响，对全国性的资源调配做出安排；地方政府则要把重心放在微观有效的应对上。

（一）中央政府层面的应急管理

在中央政府层面，领导应急管理的最高机构是国家安全委员会，其下设有国民紧急事务委员会（CCC），该委员会之下常设的核心机构是国民紧急事务秘书处，负责进行日常管理和在紧急情况下协调跨部门的应急行动；在面临非常重大的紧急事务时，中央政府会启动内阁紧急应变小组（COBR）作为最高处理机构，必要时首相将亲自担任该小组组长。

国民紧急事务秘书处成立于2001年7月，由英国中央政府内阁办公室直接领导，是英国应急管理的总体协调机构。其职责是：发现情况，评估并报警；做好准备，并提出未来再发生此类情况的防范措施；为有关团体提供指导；有效管理应急事务，确保全社会的稳定和安全。

国民紧急事务秘书处的工作通过负责情报、应急防御、安全事务的常务次官向部长们报告。国民紧急事务秘书处设有若干团队：平行审查和应对小组，负责评估可能发生紧急情况的环境；装备能力项目组，为跨政府部门的活动提供装备能力方面的项目管理；战略与沟通小组，为秘书处的领导提供直接支持；国家应急法案和地方响应装备能力小组，负责实施国家应急法案、地方响应能力和民事保护条文；国际小组，负责处理欧盟和北约伙伴在国际民事保护问题上的联系；执行与运作小组，负责协调整体执行计划和执行政策；公司服务小组，为整个秘书处提供通信、人员配备等后勤技术支持；应急计划学院，承担应急计划和危机管理培训。

将国民紧急事务秘书处这一"应急总指挥部"建在内阁办公室，对英国构建全国应急防御体系具有极其重要的作用，它是一个跨部门、跨专业的领导机构，能动员从中央到地方各级政府、广泛的公共部门，以及企业和个人的力量，共同构建国家应急防御体系。同时，它又是一个实体机构，具有很强的执行力。在国民紧急事务秘书处的领导下，英国建立起在全国范围抵御风险的能力和国家层面的风险评估机制；通过装备能力项目，增强了应对风险的整体能力；建立了一个全新的地区应急防御管理层；发布了国家应急法案，并争取到稳定的经费支持，重组了应急计划学院；建立了英国国家安全保卫国际网络。

内阁紧急应变小组强化了中央政府层面对重大突发公共事件应对工作的协调和指挥权，COBR 不是一个常设机构，它实际上是中央政府应急管理协调和决策机制，通常在面临重大危机并且需要跨部门协同应对时启动，以召开紧急会议的方式运作。COBR 的组成人员不是固定的，而是根据事态的性质和严重程度由相关政府部门相应层级的官员组成。部长级会议一般由首相主持召开，首相不在时由副首相或内政大臣主持；政府官员级别的会议一般由内阁办公室负责安全、情报事务的常务次官主持，或由与处置工作关系最密切的政府部门负责人主持。COBR 的主要任务是：确保应急处置指挥人员与 COBR 的有效沟通；及时、准确掌握危机的现实情况；制定应急管理的战略目标；在应急处置与保护公众权利之间保持平衡；向社会公众提供相关信息；加快决策的形成。COBR 召开紧急会议处理了多起危机，如2000 年 9 月的燃油供应短缺危机、2001 年暴发的口蹄疫、2005 年 7 月的伦敦地铁爆炸，以及 2006 年 4 月发生的高致病性禽流感和 8 月发生的伦敦机场未遂爆炸事件。相关决策都是由 COBR 做出或提请首相决定的，如在燃油短缺危机中禁止油价上涨、在伦敦机场未遂爆炸事件后严格进行机场安检和减少乘客随身携带物品等。COBR 这一协调和决策机制既体现了属地管理、分级处置的基本原则，又强化了应对重大突发公共事件的协调和指挥权，在一定程度上克服了因沟通不畅、协调不力导致的反应迟缓、效率低下等问题。

在中央政府层面，应对紧急情况分为三级应急响应：

第一级，出现较为严重的地方性突发事件，地方政府处理应急事件时需要中央政府出面协助与协调。在这种情况下，由内阁责成相关部门组成"主责政府部门"（LGD）负责协调上下级关系，主导事件的处理过程。LGD 不是常设机构，但中央政府会指定专人负责，并定期更换。

第二级，发生影响范围大、需要中央政府协调处理的突发公共事件，启动内阁紧急应变小组与国民紧急事务委员会。内阁紧急应变小组是政府处理应急事件的最高机构，国民紧急事务委员会由各部大臣和相关官员组成，为内阁紧急应变小组提供咨询服务。内阁紧急应变小组从战略层面对突发公共事件进行总体控制，可直接调动包括军队、情报机构在内的安全资源。

第三级，发生大范围蔓延的灾难性突发事件，启动 COBR，直接在首相或副首相的领导下运转。到目前为止，英国尚未启动此级别的应急机制。

（二）地方政府层面的应急管理

在地方政府层面，各郡、县、市都设有"地方紧急事务委员会"（RCCC），由各市政厅、警察局、消防局、紧急救护中心、健康与安全机构、环境部门等组成。RCCC 下设战略协调中心（SCC），在应急状态下由警察部门牵头，负责指挥与协调各部门的应急处置。战略协调中心下还有专门的战略协作小组（SCG），主要是警察、消防与医疗小组，负责一线的战略指挥与协调。除了核心的应急处置部门外，公用事业、铁路与航空公司、军队、志愿者机构等也作为应急响应的第二梯队在灾后恢复中发挥作用，这部分主要由地方政府统筹安排。

在地方政府层面，英国也形成了"金、银、铜"三级应急指挥机制。由于历史原因，英国警察、消防、医护等主要应急部门内部和相互之间的独立性很强，在很长的时期内存在命令程序、处置方式不同和通信联络不畅、缺乏协作配合等突出问题。建立"金、银、铜"三级应急指挥机制就是为了解决上述问题。该机制既是一种应急处置运行模式，又是一个应急处置工作系统。一方面，根据事件的性质和严重程度，规定不同的"金、银、铜"组织结构；另一方面，确定应急处置"金、银、铜"三个层级，各层级组成人员和职责分工各不相同，通过逐级下达命令的方式共同构成一个应急处置工作系统。为保证通信畅通，政府统一购买通信装备，提供无线通信频道。

金层级主要解决"做什么"的问题，由应急处置相关政府部门（必要时包括军方）的代表组成，无常设机构，但明确专人、定期更换，以召开会议的形式运作。该层级负责从战略层面对突发公共事件进行总体控制，制订目标和行动计划下达给银层级。要重点考虑以下因素：事件发生的原因；事件可能对政治、经济、社会等方面产生的影响；需要采取的措施和手段，以及这些措施和手段是否符合法律规定、是否会造成新的人员伤亡；是否会对环境和饮用水等产生影响；与媒体的关系等。金层级可直接调动包括军队在内的应急资源（决定资源在全国范围内调动的是COBR），通常远离事件现场实施远程指挥。由于其成员很难短时间内集中到一起，一般采用视频会议、电话等通信手段进行沟通和做出决策。

银层级主要解决"如何做"的问题，由事发地相关部门的负责人组成，同样是指定专人、定期更换，可直接管控所属应急资源和人员。该层级负责战术层面的应急管理，根据金层级下达的目标和计划，对任务进行分配，很简捷地向铜层级下达执行命令（what、where、When、Who、How等），并可根据不同阶段处置任务和特点的不同，任命相关部门人员分阶段牵头负责。

铜层级具体实施应急处置任务，由在现场指挥处置的人员组成，直接管理应急资源。该层级执行银层级下达的命令，决定正确的处置和救援方式，"在合适的时间、以合适的方式做合适的事情"。

（三）地方政府应急管理体系——以伦敦为例

伦敦作为英国的政治、经济、文化和交通中心，其应急管理体制建设已比较完善，目前已形成了立体化、网络化的应急指挥协调体系。伦敦的应急管理体制分为三个层面，分别是国家、地区和地方层面；另外，以救援为主要宗旨、各部门职责明确也是伦敦应急管理体制的又一大特点。

在国家层面，英国设立了专门的伦敦应急事务大臣，监督伦敦重大危机事项的准备工作和危机应对工作。在地区层面，伦敦应急管理体制的主要组成部分包括伦敦应急小组、应急论坛、市长办公室和大伦敦议会，以及伦敦政府办公室。在地方层面，伦敦 33 个区政府都有自己独立的应急规划，主要组成部门有伦敦应急服务联合会、伦敦消防应急规划署和地方卫生署。

【案例 6-2】2005 年 7 月的伦敦大爆炸是英国进入 21 世纪以来遭遇的一场严重的应急突发事件。恐怖分子几乎在同一时间在伦敦地铁中心区与公交巴士上制造了四次爆炸，共造成 53 人死亡、700 多人受伤。伦敦以及中央政府应急管理部门经受住了考验，成功实施了应急安全管理的响应与系统恢复管理。

首先，伦敦一线的应急管理部门做到了快速、高效响应。第一次爆炸发生在利物浦站与奥尔盖特大街站的地铁循环线上，时间是 2005 年 7 月 7 日早上 8 时 50 分。999 控制中心接到报警后，伦敦消防与医疗紧急救护等一线应急服务人员在 9 分钟之后到达现场，展开施救。伦敦消防大队共出动了 240 名消防员、9 个包括 196 个车次的消防救护单元；伦敦医疗紧急救助队动用了 200 辆救护车、400 人次，在 3 小时内将所有伤者送往医院救治，全伦敦的医院在战略卫生局的指挥下快速安排了 1 200 多个病床位；伦敦警察部门也在第一时间实施应急援助响应，指挥官员包括反恐专家在意外事故局控制中心展开工作，伦敦每个街区都部署了警察，确保事发地的外围安全。

在高级责任官员未到现场之前，一线的应急管理人员还要承担现场的物资分配任务，并确保现场不会再有安全威胁，例如被授权关闭有威胁的化学装置等。这种临时负责制在以往的应急管理训练与演习中都演练过。

其次，多部门战略协作机制迅速启动，运转良好。在爆炸后的一小时左右（即上午 10 时），中央政府应急协调中心内阁紧急应变小组就召开了第一次包括相关各部部长在内的应急管理会议，对事件进行了定性，对其影响进行了评估，并对应急处置做了战略上的指导。伦敦地方层面则启动了金层级应急指挥，由大都市金层级警察指挥官牵头，在 10 时召开了协调会议。随着事态逐渐明朗化，地方金层级指挥中枢转向战略协作中心，也就是 SCC。SCC 能够更加便利地指挥爆炸后包括公共交通等各方面公共秩序在内的快速恢复。SCC 代表伦敦所有 33 个区进行善后工作的统筹协调，包括死难者的安置、伤者的家庭援助以及恢复公共交通等。在爆炸后的第二天，伦敦地铁网络大部分就恢复了运营，而伦敦中心区的公共巴士服务在爆炸当天下午就完全恢复。

英国对伦敦大爆炸事件及其处理进行了总结，希望尽可能找出日后可以加以改进的地方。内阁紧急事务秘书处、议会、情报与安全委员会、财务部门以及伦敦地方政府应急管理部门都做出了书面的总结报告，并提出了与应急安全管理相关的改进意见。

资料来源　李格琴. 英国应急安全管理体制机制评析［J］. 国际安全研究，2013（2）.

三、英国应急管理的联动机制

2004 年伦敦地铁爆炸案以及在全英国不同范围内出现的疯牛病、放射性物质泄漏等一系列突发事件后，英国从法制保障、应急指挥、处置和救援等方面强化突发事件应对能力，强力推进部门间应急联动机制的建设，增强了全社会预防和应对重大突发事件的能力。

第一，如前文所述，英国政府在应对紧急突发事件中有一整套严密的组织机构，各部门之间既有分工又有协作，显示出极强的协同作战能力。比如，在高速公路上，车辆相撞发生有害气体泄漏，公路管理局最早赶到现场，除了清理现场、疏通道路和恢复交通秩序以外，还负责对车辆机械故障和轻微的伤病员进行现场处理。随后警察局、气象局、环境署、健康保护局、食品标准局、媒体等同时出动，纷纷赶到现场，召开联合会议，评估危害程度，商讨应急措施，明确各部门的职责。警察局出动警力，对造成事件的原因进行调查，提出侦察结论，同时对周边群众进行有序的疏散。气象局将现场的风力、泄漏粉尘飘散的风向、有害气体可能吹到何处进行预测，进一步做好防范措施。环境署负责清理化学污染物，并对当地的水源进行检测，防止污染源扩散。健康保护局负责对放射性物质进行化验，检测有害物质对人体、家畜是否有长期影响。食品标准局确定有害气体污染的范围，比如周边的农场、水源，对有害气体是否会影响奶牛的产奶质量、牛奶能否饮用等进行检测，确保万无一失。军队则根据事件的严重程度、是否会影响社会的稳定确定是否有必要参与。

第二，共同开展应急处置和救援培训及演练。以消防应急处置和救援为例，英国环保和消防部门共同开发了危险化学品事故应急处置与环境保护课程，将突发事件处置和救援过程中的环境保护知识和专业技能纳入消防训练的内容中。由环保部门出版印刷的《消防与应急处置和救援环保手册》在消防部门得到了普及，为承担灭火救援任务的消防员、管理人员以及培训人员提供了必要的技术支撑。消防部门也依托英国消防学院等机构对环保部门进行培训，告知环保部门的人员突发事件应急处置和救援中可能会遇到且需要环保部门配合解决的主要问题。环保和消防部门还会模拟危险化学品泄漏事故情景，与其他相关部门联合开展应急演练，检验并完善现场应急处置和救援方案。

第三，建立较为顺畅的信息沟通渠道。环保署及各大区办均设有专人 24 小时与应急处置和救援部门保持联络，共同处理突发事件。英国的相关法律规定，一旦发生可能影响环境的突发事件，要第一时间向环保部门通报事件情况。环保部门接到信息通报后，要及时查找污染源，并根据事发地现场情况和可能造成的环境影响，为消防部门提供应急处置的对策和建议。消防部门在使用泡沫灭火剂时，会及时征求环保部门的意见，采取围栏拦截、储槽暂存等方式，及时控制污染范围。

第四，应急处置和救援现场分工合作、紧密协同。以消防部门为例，在英国，每个消防队都有一名专门从事危险化学品事故研究的技术官员，即"危险品和环保技术官员"。他们专门研究危险化学品事故救援技术，为现场指挥员提供技术支持，并负责与环保部门联系。一旦发生可能造成环境污染的危险化学品事故，消防部门能够在第一时间到达现场并将事故信息通报给环保部门，环保部门的应急管理人员和专业技术人员一般能在 2 小时内到达现场。如果事故对环境影响不大，环保部门一般不直接参与现场处置，但会提供 24 小时不间断的技术咨询。

四、英国应急管理的社会参与机制

英国在强化政府部门间协调和协作的同时，还重视基层的公共安全管理，善于动员和储备社会应急力量。

（一）改善社区公共服务和应急管理

第一，从理念上推动人们提高形成"社区自救"的应急能力，帮助社区及时发现、预防和应对灾害，强调事前、主动、系统地防范灾害、应对灾害，强调不断加强能力建设，而不是被动应对。此外，英国政府通过公共服务一体化网站，将如何预防灾害、灾后如何向保险公司要求赔偿，以及一般性灾害的紧急求助电话等信息集成化，方便人们查询。同时，地方政府帮助社区和居民了解社区内的资源，使社区居民形成"社区灾害第一反应意识"。

第二，完善社区服务中心功能，加强与社会组织的合作。英国社区服务中心有着完善的设施，集社会福利、老年保健、儿童看护、娱乐休闲、职业培训等功能于一身，面向社区居民开展各种服务。在应急管理体系建设中，英国政府将社区服务中心作为社区宣传减灾救灾知识的重要阵地。社区服务中心与政府机构、非营利组织、慈善机构和志愿者一起，构成了完善的社区服务网络。英国政府大力发展社区非营利组织。社区非营利组织在沟通政府与社区居民的联系、形成信息通畅的联络机制上起着重要的作用。随着社区建设的不断深入，非营利组织的作用日益重要，成为英国"大社会"的重要组织基础。在英国社区中提供应急相关服务的组织主要有红十字会、皇家女子志愿服务队（WRVS）、圣约翰救护车队，以及业余无线电爱好者急救队等。红十字会和圣约翰救护车队提供一般性紧急救援服务，并培训社区居民，使人人都可以成为"社区应急第一反应者"。WRVS 主要负责帮助社区内的老年人提升应对危机的能力，定期派志愿者到社区内统计老年人的数量，对老年人应对危机时存在的安全隐患进行排查，形成数据库。业余无线电爱好者急救队主要帮助在社区内建立应对紧急状况时的通信联络装备。

第三，建立"我为人人，人人为我"的社区互动减灾救灾模式。鉴于近年来政府财政赤字增加、就业压力增大、高福利带来的高依赖性等因素，英国政府推行了"大社会"的社会管理思路，实施新的社区建设发展模式。加快政府职能转变，试图让更多的公共服务的生产和提供由社会组织或个人来承担。在社区减灾救灾体系建设中，协调政府、社会组织和个人的力量，以"联合生产"的方式，通过充分的沟通协商，共同管理社区公共事务，提供社区公共服务。政府更多地在宏观层面调控，赋予社区更大的自治权力，充分调动社会资源，鼓励和引导社会组织和个人参与社区管理与服务，社区居民在社区建设中同时充当设计者、提供者和使用者。

第四，建立"社区防灾数据库"，推广好的经验和做法。英国社区应急管理注重系统改进，在"系统抗灾力"这一理念的指导下，系统性学习、改进与创新具体做法。其中，英国政府在内阁办公室成立了"社区防灾论坛"，专门收集英国社区在减灾救灾中的成功案例，并分析和总结成功的经验和主要做法，信息上传到全国统一的网站上，帮助其他社区形成应对灾害的成熟预案和社区快速应对灾害的能力。

第五，建立"社区应急方案模板"，形成统一、完整的社区应急方案保障体系。英国内阁办公室建立了"社区应急方案模板"，供居民下载，方便各社区形成统一的灾害应急管理模式。社区或社区居民根据要求填写信息，以帮助社区形成灾害应急方案的具体思路。"社区应急方案模板"包括社区风险评估、社区资源和技能评估、应急避难场所地址选取、应急联系人员、沟通联系方式"树状图"、社区中可提供服务的组织机构名称、应急响应机制、社区应急小组会议地点、联络中断的备用方案等。此外，英国政府建立了"社区灾害回馈机制"。各社区充分利用"社区灵活论坛"平台，定期召集由消防、警察、地方医疗机构等人员组成的"社区灾害回应员"群体，定期分析和排查社区里的灾害隐患，并帮助补充形成完整的应急方案。

（二）广泛普及应急知识

英国注重在日常生活中通过教育、培训和情景训练增强公众的危机意识与自救互救能力。英国内政部向全国每户居民寄送"紧急事故指南"，帮助公众为紧急事故做好必要的准备。英国将应急培训教材中的内容提炼，汇编成宣传册发给公众，并开发了应急急救手机应用软件，可以从中获取18种不同情景和危机状况下的急救措施。英国政府还充分利用强大的社会网络，由一些慈善组织和基金会发起社区睦邻组织运动，定期进行应急知识宣传，一旦发生灾害，社区、警方和全体居民共同确保社区安全。

五、英国应急管理的培训体系

英国应急管理的培训体系主要由三部分组成：一是国民紧急事务秘书处所属的

紧急事务规划学院（EPC），主要负责全国跨部门、跨地区的综合性应急管理教育培训；二是政府有关部门设立的警察消防、医疗急救等专业培训学院；三是经过资质认证的各类社会组织和私营机构开展的应急管理教育培训。其中，EPC 是英国最权威、最有影响的国家级应急管理教育培训机构。

首先，EPC 是集应急管理培训、科研和咨询为一体的国家级综合性平台，始建于 1937 年。该学院培训规模为每年 7 500 多人次，培训对象包括各级政府官员，消防、警察、急救等专业救援部门的管理人员，也包括国民健康体系、学校、军队、志愿者组织的管理者以及外国官员等。除了教育培训外，EPC 还承担了制定应急管理标准、手册，为 CCS 和社会各界提供政策建议等一系列科研、咨询任务。

其次，EPC 分模块、分层次设置培训课程体系。根据英国的法律法规与"金、银、铜"三个层级的应急处置机制，EPC 设计了 4 大类 55 门课程，内容涵盖应急预警、风险评估、应急规划、应急处置、恢复管理、媒体沟通，以及体育赛事和节假日应急管理、自然灾害、生产交通安全、核生化事故处理、卫生防疫等方面。从最基础的应急入门教育培训到应急管理硕士课程，内容十分丰富、齐全。

最后，基于现代化的培训设施，EPC 运用互动式、演练式教学方法。EPC 委托有关公司开发了移动式"金层级标准培训演练系统"，旨在提高应急决策者跨部门、跨地区协同应对的能力。该系统集场景虚拟、环境集成、实时控制、决策指挥于一体，与计算机和通信设备互动，不断变换场景和控制要件，实时记录被培训者应急决策指挥行为和过程，并对应对结果进行客观评价。该系统可以输入各种应急预案的数据和程序并开展演练，一方面使管理团队通过模拟获得应急管理体验，另一方面检验和完善各种应急预案的可操作性。

第三节　日本应急管理的经验

日本是世界上危机发生频繁的国家之一。在日本，所谓"危机"是指国民的生命或财产受到重大威胁和损害。其范围包括大规模的自然灾害、重大事故和其他紧急事态。为了应对这些危机，日本建立起一整套从中央到地方的政府应急管理体制，并根据国家安全、社会治安、自然灾害等不同领域的危机构建起不同的应急管理体系，大致可分为：灾害危机管理、安全危机管理、健康危机管理、环境危机管理、企业危机管理、社会危机管理等。

一、日本应急管理的组织体系

（一）"全政府型"应急管理体制

为了实现跨部门、跨层级的应急管理，最大限度地整合政府的各种力量，日本建立起"全政府型"应急管理体制，以保证应急决策的及时性和统一性。

1. 日本应急管理机构的设置

日本的最高应急管理机构由首相召集的中央防灾会议、安全保障会议以及负责协调与实施具体措施的内阁官房为主体组成。其中，首相为最高指挥官，由内阁官房（负责各省厅间的协调，相当于办公厅）负责总体协调、联络，通过安全保障会议、阁僚会议、内阁会议、中央防灾会议等决策机构制定危机对策，由警察厅、防卫厅、海上保安厅、消防厅等各省厅、部门根据具体情况予以配合。在这一体系中，根据危机种类的不同，启动的危机管理部门也不尽相同。

地方有地方防灾会议和地方综合防灾部。根据《灾害对策基本法》的规定，中央防灾会议可以对地方防灾会议提出必要的劝告，与此同时，地方防灾会议确定的计划也不得违背中央防灾会议确定的计划。综合防灾部是地方应急管理的综合协调机构，由危机管理总监领导。危机管理总监直属于地方知事，负责统筹组织内阁部门。

2. 日本应急管理机构的职能

日本应急管理机构的职权划分十分清楚。首相是日本应急管理的最高行政首长，负责领导救灾工作；中央防灾会议的主要职责是制定预案并推进执行；内阁官房作为首相的辅助机构，主要职责是收集和传达信息、协调各省厅的决策机制。日本实行地方自治，各级政府之间不是上下级行政隶属关系，而是一种指导协作关系。中央（或省厅）对各大区域派驻机构，但只对其在地方的项目进行管理，不与这些地方政府发生上下级关系，地方应急处置机构能够独立行使行政职能。根据《灾害对策基本法》的规定，日本都道府县和市町村地方政府都设有自己的防灾会议，作为地方防灾的决策机构。在常态政府行政管理体制基础上，日本根据国家和地方防灾救灾的需要，从中央到地方设置了一套政府和社会组织共同参与的应急管理体系，明确各级各类应急管理机构的职责，形成了多级化、常态化的应急管理布局。

日本政府各部门针对不同等级的危机状态跨部门配备危机处置人员。发生重大危机时，各部门在首相和内阁危机总监的协调下，以消防厅、警察厅、气象厅作为核心部门开展工作。地方应急管理体系也根据灾情等级设立不同的职能机构并综合配置资源，各部门根据地方制定的灾害管理规则、手册、预案等，都有明确的职责分工与配合义务。

3. 日本应急管理的协调机构

日本政府的应急管理协调机构是中央和地方分别设立的内阁官房、危机管理总监和地方综合防灾部，且各自的职能通过法律进行了明确的界定和划分。根据日本《地方自治法》，国家不能干涉地方行政，只能在法定范围内按照事权和财权与地方政府进行分工合作。日本在各级政府的应急管理方面也建立了分级反应机制，根据危机的等级，下级政府应付不了的灾害事件将由上级政府负责组织对应。

（二）地方应急管理体系——以东京为例

东京作为日本的首都，是人口特别密集和经济聚集程度非常高的城市。由于所处的地理位置，东京容易受到火山爆发、地震、热带风暴、海啸和洪水泛滥等自然灾害的袭击，同时，阪神大地震后发生的地铁沙林毒气事件等也显示出东京难免会受到恐怖分子的攻击。

为改善现有防灾应急管理体系中存在的问题，东京提出了面对多样危机迅速正确应对的战略。东京改变了以防灾部门和健康主管部门等为主的部门管理方式，采取了全政府行动的一元化管理体制。

1. 东京综合防灾部

2003 年 4 月，东京建立了知事直管型危机管理体制，设置局长级的"危机管理总监"，改组"灾害对策部"，成立"综合防灾部"。其中，危机管理总监的主要职责是：发生紧急事件时直接辅助知事；强化协调各局的功能；快速做出向相关机构请求救援的决策和行动。当灾害发生时，危机管理总监要在知事的指挥下综合协调各局的应急活动，自卫队、警视厅、消防厅各派遣职员 2 人，直接置于危机管理总监的管理之下。这里要特别强调的是，恐怖事件本来是自卫队和警视厅管的事情，但是，东京政府在有效发挥这些机构专业应对危机功能的同时，直接调动自卫队、警察和消防人员到政府集中办公，有利于加强合作和综合管理。

与原来的灾害对策部相比，综合防灾部增加了对人为灾害和社会安全突发事件的应急管理，在组织上强调三项功能：强化信息统管功能，提高灾害应对能力，加强首都圈大范围的区域合作。强化信息统管功能，主要是采取信息的一元化，加强警视厅、消防厅、自卫队的合作和协调，将过去分散在各部门的信息统一整合起来，并向危机管理总监报告。提高灾害应对能力，主要是加强危机管理预案工作，充实实践型训练和演习。同时，东京政府认为发生大规模灾害时，光靠自身很难单独应对，必须与首都圈以及周围的其他地方政府进行合作。2002 年 11 月东京与邻接县市召开行政首脑会议，成立"广域防灾危机管理对策会议"，后来增加了 1 市，变成 8 县市防灾危机管理对策会议。通过这样的安排，明确了首都圈在防灾和危机管理上的共同问题，便于进行研究讨论。

综合防灾部由信息统管部门和实际行动指令部门组成。信息统管部门主要负责信息收集、信息分析、战略判断。实际行动指令部门主要负责灾害发生时的指挥调整。这两个部门在危机管理总监的指挥下，与有关部门相互协调，进行全政府型的应急管理。当灾害发生时，除了信息统管部门、实际行动指令部门汇集各级信息之外，警视厅、消防厅、自卫队派遣的职员通过本部门的渠道收集、汇总信息，掌握事态的发展动向，提出应对措施，最后向危机管理总监陈述建议。

综合防灾部共有 78 人，危机管理总监、综合防灾部长、信息统管主管部长各

1 名，防灾管理课 23 人、防灾对策课 25 人、防灾通信课 19 人，信息统管主管课课长（警察、消防、自卫队）和信息统管主管副参事共 6 人、震灾对策主管副参事和地区合作主管副参事各 1 人。

2. 东京都防灾会议

根据《灾害对策基本法》和《东京都防灾会议条例》，设立东京都防灾会议（常设机构），作为东京都防灾减灾和应急管理的行政最高决策机构。该机构直属知事，知事任会长，由地方派驻机关、公共机构、都政府以及区市町村等的职员或代表组成，主要负责制定或修改东京都地区的防灾规划和推进规划的实施。根据有关防灾方面的专业需要，设立专业委员会，邀请学识丰富的专家担任委员。委员会下设干事会和部会。干事会是一个部门的实际业务操作者，部会有地震部会、火山部会和风水灾部会。

【案例 6-3】2011 年 3 月 11 日，日本当地时间 14 时 46 分，日本东北部海域发生里氏 9.0 级地震并引发海啸，造成重大人员伤亡和财产损失，地震震中位于宫城县以东太平洋海域，震源深度为 10 千米。东京有强烈震感。地震引发的海啸影响了太平洋沿岸的大部分地区。地震造成日本福岛第一核电站 1~4 号机组发生核泄漏事故。4 月 1 日，日本内阁会议决定将此次地震称为"东日本大地震"，共造成 14 063 人死亡、13 691 人失踪，估计直接损失达 19 亿日元（约 2 350 亿美元）。

日本神户大学城市安全研究中心客座教授、北京清华城市规划设计研究院副总工程师顾林生认为，首相在震后 4 分钟内便做出决策；媒体持续报道灾情，向民众和政府提供信息；自卫队地震当日出动所有舰艇救灾……正是这些应急机制和救援细节，才使得日本在大灾面前保持稳定，并能及时应对来自各方的压力。

紧急决策：震后 4 分钟首相紧急决策

3 月 11 日地震发生时，顾林生正在日本神户。他表示，14 时 46 分地震发生后，日本首相官邸的危机管理中心监测到地震信息后设立了首相官邸对策室。受到地震和海啸重创的岩手县、宫城县、青森县地方政府在 14 时 46 分设立了地方政府灾害对策指挥部，福岛县政府和茨城县政府分别在 15 时 5 分、15 时 10 分设立了灾害对策指挥部。

地震发生 3 分钟后，气象厅向沿海 37 个市村町发出了大海啸和海啸警报。14 时 50 分，首相召开了各部门应急管理会议，并连续下达四项指示：确认灾情和震情，确保居民的安全和采取初期避难措施，确保生命线和恢复交通，竭尽全力向灾民提供确切的信息。

媒体引导：媒体出动直升机收集灾情信息

地震发生后，日本所有电视台停止了原有的播放计划，转而报道受灾情况。媒体除了播放海啸警报地图和实时交通信息外，还开播了寻人启事和安全信息传递等栏目。

顾林生说，当发生灾害时，政府通过媒体播放受灾情况和安民告示信息；媒体根据应急预案，马上更改节目，播放抢险救灾信息和灾情。日本中央政府和各地方政府的危机管理中心都装有十几台电视，收集各大媒体的报道，及时掌握信息。首相举行震后首次记者会，呼吁民众从媒体收看、收听政府播发的信息。

官兵救援：震后 15 分钟自卫队出动

顾林生介绍说，11 日地震发生 6 分钟后，岩手县知事向自卫队提出派兵请求。15 时 1 分，自卫队派遣直升机到灾区调查灾情。15 时 2 分，宫城县知事向自卫队提出派兵请求。3 分钟后，航空自卫队两个基地分别派遣两架飞机、海上自卫队派遣 1 架飞机飞赴灾区。

15 时 27 分，首相授权防卫相给自卫队最大限度的活动权限。防卫相下令，8 000 多名自卫队队员、300 架飞机、40 艘舰船赶赴灾区。此后，防卫省大规模派兵进行抢险救援。

这次地震导致福岛核电站停止运行并出现问题。11 日 19 时 30 分，防卫厅发出应对核灾害派遣命令。陆上自卫队 80 人进驻福岛第一核电站，中央特殊武器防护队 24 人驾驶化学防护车前往现场，检查核能是否泄漏。

震情公开：政府多在网上公开震情

12 日凌晨 3 时，官房长官召开记者会，向媒体通报了政府掌握的死亡人数及救灾举措，表达政府透明处理灾难的态度。

顾林生表示，此次地震发生后，日本中央政府除了在电视台发布信息外，在政府各机构的网页也同时公开信息。首相官邸网页上开设了"东北地方太平洋地震应对"专栏，介绍首相和官房长官发布的命令、应对措施和记者招待会的录像。总务省在网上公布各地消防局和消防队收集汇总的灾情。消防厅除了公布抢险救灾信息和灾情外，还专门开设了"灾情 Twitter"。

此外，主管道路、铁路、机场等基础设施的交通省在网页上公布了长达 71 页的灾情报告。其他部门和派驻灾区的分支机构也在网上公布信息。

资料来源 傅思明. 依法行政与突发事件应对［M］. 北京：中国人事出版社，2014.

二、日本应急管理的社会参与机制

（一）发挥政府、市场、"第三部门"各主体的能动作用

日本是个市场化程度很高的国家，在危机管理方面，独立法人、私有企业和非营利组织也发挥着巨大的作用。根据《日本国民保护法》的规定，2004 年起都道府县、2005 年起市镇村必须制订地域危机管理计划，同时有关省厅或指定公共机关要以地域危机管理计划为基准，设定相应的事业危机管理计划，涉及的领域主要为水务、电力、卫生、能源、金融等与国计民生有关的部门。该计划需要通过专家

讨论评定、听取民意等程序来最终确定，内容包括本行业的危机分类、危机预防、日常维护、危机应对和善后处理等。地方政府还不断推进缔结一些特殊的协定，如针对高速公路、港口、林场、机场等，加强政府与这些事业团体的合作。同时，日本成功举办了多次年度危机管理产业展，展会的参与方包括政府部门、事业团体、企业、媒体等各个方面，通过论坛、报告、展览等各种形式，使各方充分交流意见，促进了危机管理的技术进步，成效显著。

《日本地方自治法》规定，为了有效达成设置公共设施的目的，在确认为必要后，法人及其他团体可以由相关普通地方公共团体任命为指定管理者。指定管理者制度使大量私有化的公共事业也明确了问责制，便于危机管理的市场化参与。对于非营利组织等民间组织，除了平时的培训之外，在危机发生时会设置专门的志愿者部，实行综合管理。此外，各级地方的国民保护计划中都有对以上这些事业团体的相关规定，明确其协助政府、承担相应义务的社会责任。

长期以来，由于高度的民营化，一些公共设施因公共性无法委托给民间事业团体管理，因此日本引入了指定管理者制度，赋予危机发生时公共设施负责人自由裁量权，实行问责制，这适用于公共机关以外的私营公司、非营利组织等，使委托管理成为可能。日本将各种事业团体作为危机管理中自救和共救的重要一环，向其提供平等参与的机会，努力培养它们危机管理的责任与协作意识，并提高它们的危机处理能力。

（二）建立全民参与模式

日本国民的防灾意识很强，而国家也很重视这一点。例如，《东京都创建安全安心城市条例》提到，要让市民认同这样的观点，即"自己所在的城市需要自己来守护"。在各种应急管理的法律法规中，也都有明确的公民责任规定，公民在保障自身安全的前提下，有义务帮助救援他人，保障所在地区的安全，同时公民也有义务为公共部门提供信息，协助公共机关和事业团体实施有关危机管理措施。

在日本，从小学开始就有防灾教育，内容包括一切灾害发生时应该采取的正确行动，每年定期开展各种规模不同、形式不一的防灾演习。日本各地还设有防灾体验中心，模拟火灾和地震等灾害情景，提供更为生动、逼真的现场教育。日本政府也积极出台法律、政策，鼓励民众参与危机管理、实施自救，比如对于房屋抗震改造和防家具倾倒装置安装的费用补助，以及对民众防止犯罪行为的自助活动给予必要的人员和技术支援等。

在公民参与问题上，日本始终强调一点，就是让自救和互助的观念深入人心。这就是一种文化渗透，通过从小开始的教育和实际接触，绝大部分日本人不仅掌握了正确的在紧急事态中的自救方法，还具备了较高的觉悟，具有很强的忧患意识和帮助同伴、共建安全都市的责任感。当然，政府的法律以及措施对推动公民参与危机管理也起了很大的作用，财政补助、培训、听证、技术支援等措施，为公民的广泛参与提供了条件和平台。日本各个城市都设有"市民防灾中心",免费供市民参观。日本防灾减灾宣传活动形式多样,不仅有众多的宣传活动日,大力开展多样化的防灾训练;还在学校和社会上开展防灾教育,努力促进居民自主防灾组织的形成。就连新潮的计算机游戏,也专门开发了考验人们在强震下应急能力的软件。在日本政府的倡导下,很多家庭都备有矿泉水、压缩饼干、手电筒及急救包等。通过这些举措,日本国民不仅提高了危机意识,而且掌握了急救知识、逃生的要领以及自救互助的本领。

综上所述,日本提倡"自助""互助""公助"相结合的原则。灾害发生后首先是居民"自助",然后是邻里、社区"互助",最后是政府"公助"。自助是指企业或公民自行采取措施,储备灾害应急用品,实施自救行动等。目前,在日本各地的基层区划中,大多数都拥有居民自助防灾组织,近60%的家庭加入其中。自助防灾组织平时开展防灾训练、知识普及、巡逻等活动,发生灾害时进行初期消防、引导居民避难、救助伤员、分发食物和饮用水等活动。互助是指社区居民和企业互相帮助,开展防灾活动。一方面,政府引导社区居民、企业自备应急应对预案。特别是企业,如果企业有建筑物,政府要求必须有完善的防灾应急对策;如果是经营铁路、供电、煤气、机场、高速、电信、邮政和拥有炼油厂等危险品的企业,必须强化自然灾害的防灾减灾对策。另一方面,在灾害发生时,各企业不仅要保障员工、客户的安全,也要向当地居民提供服务,并努力维持正常的经济活动。此外,企业还要通过提供专业技术、信息发布、物资筹措、避难场所等"专业特长",协助政府开展其他方面的防灾减灾工作。

三、日本应急管理的信息系统建设

日本在突发公共事件应急信息化方面,不仅建立了完善的基础设施,而且在长期的应急实践中,积累了丰富的利用现代信息技术实现高效应急管理的经验。

（一）防灾通信网络

在突发公共事件应急信息化方面,日本政府从应急信息化基础设施抓起,建立起覆盖全国、功能完善、技术先进的防灾通信网络。在经历了阪神大地震后,日本政府深刻地认识到防灾信息化建设在应急过程中的极端重要性。为了准确、迅速地收集、处理、分析、传递有关灾害信息,有效地实施灾害预防、灾害应急以及灾后重建,日本政府于1996年5月11日正式设立内阁信息中心,24小时全天候运转,负责收集并传达与灾害相关的信息,并把防灾通信网络建设作为一项重要任务。

日本建立了发达、完善的防灾通信网络体系,包括:以政府各职能部门为主,由固定通信线路（包括影像传输线路）、卫星通信线路和移动通信线路组成的"中央防灾无线网";以全国消防机构为主的"消防防灾无线网";以自治体防灾机构和当地居民为主的都道县府、市町村的"防灾行政无线网",以及在应急过程中实现互联互通的防灾相互通信无线网等。此外,日本还建立了各种专业类型的通信网,包括水防通信网、紧急联络通信网、警用通信网、防卫用通信网、海上保安用通信网以及气象用通信网等。

1. 专用无线通信网

由于自然地理的原因,加上无线通信技术的广泛普及,日本的防灾通信网络基本依托无线通信技术。专门用于灾害对策的无线通信网络包括中央防灾无线网、消防防灾无线网、都道府县防灾行政无线网以及市町村防灾行政无线网等。

2. 中央防灾无线网

中央防灾无线网是日本防灾通信网的"骨架网"。当发生大规模灾害时,或因电信运营商线路中断,或因民众纷纷拨打查询电话而造成通信线路拥塞甚至瘫痪时,就以这一网络接收与传输综合防灾部、首相官邸、指定行政机关以及指定公共机关等的灾害数据。

3. 消防防灾无线网

消防防灾无线网属于连接消防署与都道府县的无线网。这一无线网由地面系统与卫星系统所构成:(1)地面系统。除电话或传真通报全国都道府县之外,也用于收集与传达灾害信息。(2)卫星系统(地区卫星通信网路)。这是连接消防署及全国地方公共团体的卫星通信网络,以电话或传真通报都道府县和市町村及消防总部,还可用于个别通信以收集与传达灾害信息(包括影像信息),并可充实防灾通信体系,弥补地面系统功能的不足。

4. 防灾行政无线网

防灾行政无线网分为都道府县和市町村两级,用于连接都道府县和市町村与指定行政机关及有关防灾当局之间的通信,以收集和传递相关的灾害信息。通过这一系统,政府可以把各种灾害信息及时传递给家庭、学校、医院等机构,这是灾害发生时重要的通信渠道。

5. 防灾相互通信网

为解决地震、飓风等灾害造成的通信问题,日本政府专门建成了防灾相互通信网,可以在现场迅速让各防灾相关机构彼此交换各种现场救灾信息,以便更有效、更有针对性地进行灾害救援和指挥。目前,这一系统已被引至日本各个地方的公共团体、电力公司、铁路公司等。

(二)现代信息通信技术的应用

日本是世界上信息通信技术最为发达的国家之一,信息通信技术在突发公共事件应急管理中的应用同样走在了国际的前列。

1. 移动通信技术的应用

日本是移动通信应用大国,手机普及率非常高。日本 SGI 等公司开发出一种在自然灾害发生后确认人身安全的系统，由可以上网并带有全球定位功能的手机来实现。中央和地方救灾总部通过网络向手机的主人发送确认是否安全的电子邮件，手机主人根据提问用手机邮件回复。这样，在救灾总部的信息终端上就会显示每一个受访者的位置和基本状况，这对做好灾害紧急救助工作很有帮助。

2. 无线射频识别技术的应用

无线射频识别技术在日本的应用较为广泛，在防灾救灾中的应用也较为成熟。譬如，在发生灾害时，在通往避难场所的道路上贴上无线射频识别标签，避难者通过便携装置就可以清楚地知道安全避难场所的具体位置；又如，如果有人被埋在废墟里不能动弹或无法呼救，内置无线射频识别标签的手机就会告诉搜救人员被埋者所处的具体位置，使搜救人员能以最快的速度展开营救。此外，无线射频识别标签还可以实现人和物、人和场所的"对话"。在救援物资上贴上这种标签，就可以把握救援物资的数量，并根据每个避难场所的人数发放物资，尽可能地做到合理分配。还有一个重要的应用是，当无法辨认伤员或死者的身份时，可以通过其身上携带的无线射频识别标签获得相关信息，以准确地判别其身份。这一点，在重大灾害应对处理时起着重要的作用。

3. 临时无线基站的应用

当发生强烈地震、海啸等严重自然灾害时，无线基站很容易遭到破坏，移动通信系统将处于瘫痪状态。为了在紧急状态下仍能发挥移动通信的作用，日本有关公司开发了可由摩托车运载、能充当临时无线基站的无线通信装置，解决了移动通信的信号传输问题。这种基站可以接收受害者的手机信号，确认他们的安全情况，并把相关情况传递给急救车上的救护人员。这种装置用充电电池可以连续工作4小时，而且摩托车可为充电电池充电，电波传输范围直径可达1千米，基本能满足现场通信的迫切需要。

4. 网络技术的应用

在地震发生前迅速做出预报，对采取有效应对措施来说意义十分重大。日本气象厅已开始利用网络技术实现"紧急地震迅速预报"，以减轻受灾程度。具体说来，就是把家庭和办公室的家电产品、房门等和互联网连接起来，由电脑自动控制，当地震计捕捉到震源的纵波以后，可在3~5秒内发布紧急预报，系统接到紧急地震迅速预报以后，能即刻自动切断电源。一般来说，离震源数十千米至上百千米的地方，地震横波大约30秒才到。这样，在地震发生前的30秒内，离震源较远的地方可提前采取对策，从而可以有效减轻由地震造成的损失。

目前，这一系统在日本全国范围内推广应用。与此同时，网络技术在建筑物减震方面也开始一显身手。日本大成建设公司尝试应用网络技术最大限度地减少地震给建筑物造成的损坏。该公司在建筑物楼顶或离大楼较近的地方安装感知器，在建筑物和地面之间安装被称为"调节器"的伸缩装置和橡胶等。当感知器感知到地震引起的建筑物摇晃时，便通过网络直接把详细数据传输给计算机，计算机根据摇晃程度控制通往"调节器"的电流，调整伸缩装置，减轻大楼的摇晃程度，从而对建筑物起到减震作用。

另外，应用网络技术的救助机器人也已在各种灾害救助中发挥越来越重要的作用。比如利用飞行机器人搭载全球定位系统，制成监测台风和地震灾害的系统，可有效预测风灾和震灾。能够接受救灾总部指挥、能与救助者进行通信联络的新型机器人，也将在地面、空中和室内的救灾中发挥越来越重要的作用。

四、日本应急管理的资源保障体系

从地震发生频度来看，日本做到了将因自然灾害牺牲的人数控制到最少，获得了成功。这和日本强有力的灾害应急保障能力有关。

第一，建立专职和兼职相结合的应急救援队伍。专职应急救援队伍主要有警察、消防员、陆上自卫队。兼职应急救援队伍主要是企业性质的。日本企业消防员由企业组建，在紧急情况下，接受政府调遣。除此以外，各地群众自发组织的防灾救灾团体，如消防团，也发挥着重要作用。消防团成员自愿参加防灾救灾，平时主要从事灾情预防、安全警戒、普及防灾知识、保管与维修防灾器材等工作，一旦发生灾情，立即出动救援。目前，日本全国共有 3 640 多个消防团，有近百万成员。消防团成员有自己的本职工作，仅在参加消防团的活动时从地方政府领取适当的补贴。

第二，应急设施齐备。除了各种应急救援队伍所需的应急设备外，日本还广泛设置公共应急避难场所，建立了完善的应急避难指示系统。如充分利用公园，或中小学体育馆、教室、操场等，建设公共应急避难场所，并在街道旁设置统一、易识别的避难场所指示标志。各防灾公园内有消防直升机停机坪、医疗站、防震性水池，贮备了防灾用品，确保出现危机时有效发挥防灾功能。

此外，日本还利用机场、广场、公园建设广域性防灾据点。这种据点具有三项功能：一是储藏功能，用于储藏受灾人员所用的物资以及救助器材；二是物资集中、配送功能，在发生大规模灾害时，作为救援物资集中和配送的据点；三是人员集合、出动功能，作为从其他地区派遣到受灾地区从事救援、救助活动以及重建工作人员的应急活动据点。1995 年阪神大地震后，日本于 2000 年建立了"灾害对策中心"，该中心不仅能够抵御风水灾害的侵袭，具备抗 7 级地震的能力，还有硬件、软件方面的后援功能，即使发生大规模灾害，该中心也能够充分发挥应急应对作用。

第三，建立应急物资储备和定期轮换制度。对于应急物资储备，从库房要求和物资入库到物资的种类、储存、管理、分发等方面都有明确的规定。如学校所建的避难物资储备场所，内置食品、药品、饮用水等防灾物资，必须定期更换。同时，大力开发防震抗灾用品，如紧急避难用品包，内有饮用水长期保存罐、压缩饼干、电筒、防尘口罩、固体燃料、护创膏等。由于防灾用品产业的快速发展及公众防灾意识的增强，日本基本上家家都储备防灾应急用品和自救用具。

第四节　国外应急管理经验对中国的启示

美国、英国和日本政府的应急管理体系建设起步较早，积累了许多成功经验，对我国应急管理体系建设有借鉴意义。

一、优化应急管理的组织体系

（一）自下而上的应急指挥体系

我国行政体制强调等级结构，自上而下配置权力，这就决定了行政层级越高掌控的资源就越多，而最需要应急资源的基层政府掌控的资源反而较少。在应急救援中，这可能会导致基层政府由于缺少资源而救援乏力甚至不能救援。根据国外的经验，我国在应急管理过程中，要以提高基层政府的应急能力为重点，在资源配置上赋予基层政府更大的自主权，在应急处置中自下而上逐级响应。这既能保障基层政府快速反应，降低损失，并将危机控制在基层，又强化了地方政府的风险管理意识和责任，避免地方政府在风险管理和应急救灾中与中央政府博弈，夸大灾情或压缩应急投入。

为规范应急指挥体系，首先，明确属地政府的主官（县长、市长）为应急总指挥。作为属地政府最高领导，在应急状态下，主官的调动资源能力最强。同时，为了减少主官的工作压力，在一些常规突发事件中，主官可以根据需要委托和授权某个副主官担任总指挥，但最终责任仍由主官承担。其次，确定必需的指挥部常设成员单位。在现有预案体系中，成员单位的高重叠性表明，这些单位都是指挥部必需的成员。出于提高应急决策效率的目的，需要对这些成员进行精简，确定指挥部不可或缺的成员。在现有机构设置下，至少包括应急办、消防、公安、宣传、卫生、气象、民政等。再次，根据需要确立非常设成员单位。常设成员单位是所有突发事件都需要参加的单位；非常设成员单位是根据突发事件性质或处置工作需要设立的单位，如环境突发事件中的环保部门、森林火灾中的林业部门等。非常设成员单位由总指挥根据需要确定。此外，不论是在现有预案中还是在应急工作中，在指挥部下设有工作组，由某个部门牵头，如应急救援工作组、交通秩序工作组、医疗救护工作组、善后安置工作组等。在实践中，这些工作组又变成了指挥部成员间的互相指挥，效率极低。实际上，一旦指挥部开始启动，即代表政府应对突发事件，所有工作组的工作内容，指挥部成员（包括常设和非常设）都可在其职责之内承担，而在这些成员职责之外的工作，则可以指挥部名义进行协调。

（二）常设的地方决策协调机构

1. 地方应急管理机构的常设化

在应急管理过程中，如果没有常设的地方危机决策协调机构，只能由在危机发生后临时成立的领导小组来处置危机，由高层行政官员全面负责危机处置，实行自上而下的应急干预做法。其好处是能够有效聚集资源，提供充分的后勤保障。但由于决策过程拉长、地方机构应急水平不专业等原因，在危机响应速度以及机构配合方面存在压力，会影响危机控制的有效性。借鉴国外的经验，地方应急机构的常设化有两个优点：一是能够开展对危机的实时监控，做好预警分析与规划；二是在危机发生时当机立断，聚集多个部门、多个抢险组织迅速控制危机。这种重心下移的体制设计，提高了整个应急管理系统的灵活性。

目前，我国很多城市都开始建立城市应急联动系统。为保证其长效性，有必要将城市应急联动中心发展为常设机构。首先，要通过法律程序使其具有合法性与权威性，委任属地行政首长为其负责人；其次，成员组成要体现专业性和综合性，官员、专家、社区、企业、媒体、下级政府等都应该有代表参加；再次，该机构承担危机实时监控、预警分析任务，并且定期或不定期召开会议，制定本地区的应急规划并组织实施；最后，在危机控制过程中，它要及时变成配合国务院处理紧急事务的具体执行机构和协调机构。

2. 地方应急联动机制的建设

目前，我国应急指挥平台分散于公安、交通、消防、医疗急救等部门和系统中，相当多的地方政府尚未建立起统一的接报指挥平台；在应急救援中，部门分割、条块分割、各自为战现象比较普遍。这不仅使政府之间、政府与各部门之间、系统之间应急信息难以共享、沟通不畅，而且应急救援力量协调不力、资源配置不合理。因此，有必要借鉴国外在这方面的成熟经验，在省级政府和一些大中城市率先建立公共危机应急指挥中心，同时逐步尝试建立跨行政区域的协同体系，以便统一配置资源，协调各种关系，提高应对效率。

一方面，可以依托政府电子政务或其他平台建立统一的应急联动网络平台。例如，消防、医疗急救、交通、公安、地震、水电气热等统一接入一个平台，已建的处置平台作为统一平台的子系统，实现多网整合，并使用统一术语和沟通渠道。这不仅保证了信息源建设和信息本身的完备性，而且能够对危机情报进行集中收集、快速传输和有效分析，不断提高应急效率。另一方面，由政府牵头，将公安、消防、医疗急救、交通等部门和相关资源纳入一个统一的指挥调度系统，并在应急救援中联合行动、协同应对。这种联动机制能在区域内实现资源共享，提高资源利用率和应急处置能力，更好地将事件控制在萌芽之时和发生之初，斩断事件的传递链。

二、构建全社会共同参与的应急管理机制

国外在危机应对中，除了靠政府动员广泛的人力、物力和财力资源外，还有大量的非政府组织参与其中，包括红十字会、教会、志愿者组织等。社会力量作为应急管理的参与主体，在应对各类突发事件中发挥着积极作用。同时，政府并不是被动接受非政府组织在公共危机事件中所提供的服务，而是主动挖掘其潜力，建立合作互助关系，形成应急协同机制。目前，我们国家逐步与国际接轨，在应急管理中注重与非政府组织的合作，注重社会力量的参与。

1. 将非政府组织纳入社会动员机制

将非政府组织纳入社会动员机制，是整合社会资源、调动社会力量中不可缺少的一项内容。（1）在有关应急管理的政策、法规中明确非政府组织的责任，在应急计划中界定非政府组织参与应急管理的途径和分工，使非政府组织成为应急管理体系建设的组成部分。（2）按照非政府组织发挥作用的规律，一方面，政府应当在经费安排、业务指导、安全装备和培训演习等方面，为非政府组织参与应急管理提供必要的帮助；另一方面，应当减少非政府组织的官办色彩，拓宽非政府组织参与应急管理的渠道，提高非政府组织的社会动员能力。（3）必须加大对非政府组织的应急培训力度，因为缺乏应急知识和技能的非政府组织在紧急情况下是不可能发挥很大作用的。（4）通过各种渠道及时向社会公众提供有关灾害、风险和预警信息。如果政府与非政府组织在获取风险信息方面不对称、不及时、不充分，要求非政府组织在应急管理中大有作为是不现实的。（5）根据慈善事业的发展规律，改进慈善捐赠管理模式，在筹集民间赈灾捐赠方面由红十字会、慈善总会等社会慈善组织扮演主要角色，政府则主要扮演倡导者、规范者的角色。（6）对在减灾防灾、自救互救、筹集赈灾款物、灾后重建中做出突出贡献的非政府组织予以表彰、奖励和宣传，以营造非政府组织参与应急管理的社会氛围。

2. 构建政府与非政府组织无缝对接的应急体系

应对紧急事件类似于准军事行动，要求参与应急响应的各个部门在政府的统一指挥下协调行动，形成无缝对接的应急体系，避免出现漏洞、断档和矛盾。在应急管理中，政府部门之间以行政隶属关系为依托，比较容易做到统一指挥、协调行动，而非政府组织种类较多、功能不一、组织化程度不高，协调起来难度较大。可供参考的思路有：（1）在政府应急机构中明确与非政府组织联系的渠道、部门或官员，在应急响应时，向重要的非政府组织派遣联络官员，一方面传达政府的意图和信息，另一方面及时准确地向政府反馈信息。（2）在政府应急决策议事机构和协调机制中，应当有红十字会、慈善总会、社区组织、专业协会等重要非政府组织的代

表。这不仅有利于在应急决策中充分听取和反映非政府组织的意见，而且有助于非政府组织了解政府的意图，更加主动地协助政府开展减灾工作。（3）政府应急部门要加强对非政府组织，特别是高危行业和社区非政府组织应急计划制订的指导、协调和检查，使之与政府的应急计划相互衔接，防止出现脱节漏洞或职责不清。

3. 强化社区组织的应急管理功能

改革开放以来，我国社会结构正逐步由过去的"单位制"转变为"社区制"，这种变化客观上要求社区承接以往由"单位"负责的安全保障职能，强化社区组织的应急管理功能。这样，一是可以通过社区自治组织——居民委员会、村民委员会，将应急管理引入社区，落实到基层，形成社会防控网络，为提高全社会应对危机的能力奠定基础。二是志愿者、社会团体和公民参与应急管理的领域集中于所在社区，以强化社区应急功能为核心，这就为整合各种社会力量和资源提供了平台和切入点，进而可以形成社区应急管理的长效机制。可供参考的措施有：（1）强化社区安全意识，明确社区内各种组织、单位和居民都有参与社区应急管理的责任和义务。（2）建立一个有能力对社区应急管理事务进行综合协调的机构，这个机构应当由政府、社区自治组织、社区内企事业单位和居民代表共同组成。（3）针对社区内常发、多发灾害事故提出预防和处置方法。

三、推进应急管理培训体系建设

与国外相比，中国应急管理的专业化水平还有待提高。这里不仅有技术装备的差距，还有专业人才的缺乏。虽然国内已经有高校开始设立应急管理专业，但学这些专业的学生就业渠道比较窄，大多数学生的就业目标就是公务员。其实，应急管理涉及我们生活的各个领域，尤其是中国现在处于转型时期，内外部矛盾集中，需要应急管理专业人员科学地预警、预防危机的发生，有效地应对、处置各类突发事件。因此，我国应该借鉴国外的做法，建立应急管理人才培养机制，加强应急管理学科、专业的建设，加快应急管理人才的资质认定与培训工作，大力培养专业化的应急管理队伍。

首先，以国家级应急管理培训中心的设立为契机，在国务院应急管理办公室的指导下，依托各级行政学院，逐步整合中央政府各部门、地方政府、高等院校和研究机构等方面的应急管理教学资源。建立能够吸收中央各有关单位参加的应急管理教学培训协作制度，定期研究、统筹规划全国的应急管理培训工作，编制中长期及年度应急管理培训规划，加强对培训工作的组织领导和规划协调。探索建立应急管理教学培训与应急管理岗位实际技能需求相对应、教学培训和及时总结改进应急管理工作相结合的工作制度，提高政府应急管理准备工作的针对性、实战性。加大对社会组织、社区居民和志愿者队伍的培训力度，不断提高应急管理培训的社会化参与水平，构建应急管理全员培训体系。

其次，加强对公众应急知识和技能的宣传教育。国外在应急知识的宣传教育中注重培养公众的危机意识，提高公众危机自救能力，我国在这方面的工作不到位，需要加强对公众的风险防范和应急知识与技能的宣传教育。青少年是突发事件中的弱势群体，而学校是教育与培养青少年的主战场，学校应当承担培养未成年人自我保护能力的主要责任。虽然现在很多学校都开设了与应急相关的安全教育、卫生教育、劳动教育等课程，但是总体来看，学校应急教育普遍存在领导不重视、专职教师稀缺、缺少应急管理科普宣教教材与课时、教学方法落后等问题。教育部门应当加强规划，给学校配备专门的师资、教材与设备等，保障足够的应急课程学时，每学期开展有关预防与应对突发事件的培训课程，向学生传授包扎伤口、人工呼吸、心肺复苏、消防灭火、地震逃生等基本知识与技能。如重点宣传应急法规、预案；普及预防、避险、自救、减灾等知识；编制科普读本，在媒体上开办应急专栏；将应急宣教纳入学校课程体系中，组织学生进行经常性的演练，培养学生自救互救和应急避险能力；建造安全自救教育场所，可以是关于消防、地震等专项的安全馆，也可以是综合性的"灾害集中营"，人们可以在仿真情景中掌握预防、逃生、自救互救知识和技能。

综上所述，认真研究他国的先进经验和失败教训对我国的应急管理体系建设具有重要意义。我国应急管理起步较晚，有很多方面还处在摸索之中。应急管理建设需要优化组织体系，重视培训机制，充分引导并发挥社会与民众的力量，最终建成高效应急管理体系，提高我国的应急管理能力，保障社会和谐与人民安宁。

【能力测试 6-1】　案例分析："9·11"恐怖袭击后纽约市的紧急应对

2001 年 9 月 11 日，美国 4 架民航飞机遭恐怖分子劫持。其中，两架撞击了纽约世界贸易中心，两座塔楼相继坍塌；一架撞击了华盛顿附近的五角大楼；另一架坠毁在宾夕法尼亚州的匹兹堡附近。这一系列恐怖袭击事件共造成 3 000 多人死亡或失踪。

1. 事件经过

8：46，第一架飞机撞上世界贸易中心北楼，大楼上部浓烟滚滚，被撞出一个大洞。

9：02，第二架飞机撞上世界贸易中心南楼，并引起爆炸。

9：40，第三架飞机撞上位于华盛顿的美国国防部五角大楼，五角大楼西侧的墙壁被撞出了一个 100 英尺宽的大洞，楼内 100 多人死亡。

10：05，世界贸易中心南楼倒塌。

10：07，第四架飞机在宾夕法尼亚州坠毁。

10：28，世界贸易中心北楼倒塌。

2. 纽约市的应对

第一次撞击发生后，纽约市市长朱利安尼接到报告马上赶赴现场，OEM 中心主任通过无线电指挥系统启动了应急方案，联络警察局切断从曼哈顿到运河街的交通，以保证进入现场的应急车辆和撤离现场的人们能够通行无阻；随后，又确认了医院的应急方案。

越来越多的官员赶到世贸大厦北楼，消防局局长、消防队队长、世贸中心保卫人员、港务局官员以及一些警察等，组成一个临时应急小组，这个小组立即在大厦底层成立了一个消防指挥中心。几分钟后，市长朱利安尼到达世贸大厦，加入临时应急小组的工作。

由于第一架飞机撞击的北楼又发生了第二次爆炸，临时应急小组准备搬往西街对面的世界金融中心大厦，并将其作为 OEM 指挥中心，立即组织大楼全部人员撤离。这时，第二架飞机又撞上了南楼。

世贸大厦楼顶的天线失效后，移动电话在附近根本打不出去。地下电缆也遭到破坏，能进行的通信几乎为零。纽约市开始进入混乱状态，美国联邦调查局、中央情报局、美国联邦紧急事务管理局相互之间失去了联络。成千上万从家里和办公室撤离的人们开始走上街头，地铁停了，人们步行离开。市长从南楼第二次爆炸的废墟中逃出来，在一个消防站建立了第二个临时市长办公室，幕僚们通过电话了解受灾程度，启动了经过多次演习的应急方案的第二阶段，并打电话给家人。

在第一次撞击发生两小时六分钟后，广播中传来市长的声音，他在格林尼治镇消防站的一间小办公室里用电话联络上了纽约第一新闻台，通过电话，对纽约市民发表了现场讲话。他的声音通过广播直接传到了街头。下午 2：35，市长第一次出现在电视屏幕上，他告诉大家，目前的注意力集中在营救上，警察和消防队正竭尽全力进行救援，并向所有市民保证"现在整个城市已经安全了"。应记者的要求，他还详细地讲述了整个行动计划，并自信地介绍了救援行动的细节。与此同时，各项救援物资和资源调配工作也有条不紊地展开。

下午，市长和幕僚到两所医院视察。

晚上 6：00，市长举行了一场新闻发布会，他平静地把大家的注意力集中到城市的未来上。当晚，市长和幕僚再次视察了世贸大厦的废墟。

第二天一早，市长又出现在摄像机镜头前，呼吁市民恢复正常生活，上街购物，去餐馆吃饭，"做你该做的事，显示你并不害怕"。他定时回到袭击现场，到医院探望，在城市各处给新闻广播、电台打电话。这一天里，几乎每隔几个小时，他就会对公众发表一次讲话。

袭击事件发生后的隔天，应急行动中心搬入赫德森河旁的一栋商业建筑，那里原计划于 9 月 12 日进行反生化恐怖主义演习，已经为演习中的应急指挥做好了准备。

纽约州的两位参议员和市长还分头展开游说工作，争取联邦政府紧急援助，总统最后拨付 400 亿美元的专款给纽约州，这相当于纽约市全年的预算。

随着危机的平息，纽约市民的生活逐渐恢复正常，朱利安尼成为美国人心目中的英雄，ABC 新闻主播介绍说"现在人们称他是'美国的市长'"，他还被《时代》杂志评为年度风云人物。

资料来源 孙玉红，王永，周卫民. 直面危机：世界经典案例剖析 [M]. 北京：中信出版社，2004. 有改动。

讨论题

1. 危机发生后，纽约市政府的应急系统是如何工作的？

2. 纽约市市长朱利安尼在危机应对中发挥了什么样的作用？

3. 纽约市政府是如何与媒体沟通的？

【能力测试 6-2】　　　　　　思考题

1. 美国应急管理体制的特点是什么？其应急管理体系建立的过程给我们什么启示？

2. 英国政府和日本政府应急管理的特点是什么？各有何优缺点？

3. 与国外比较，我国目前应急管理存在哪些问题？如何改进？

第七章
群体性突发事件的应对

【学习目标】

◇ 掌握群体性突发事件应对的原则和步骤

◇ 熟悉群体性突发事件的分类

◇ 了解群体性突发事件发生的原因

【案例导引】

2008年11月17日9时30分许，陇南市武都区东江镇30多名拆迁户集体到位于武都区新市街的陇南市委上访。拆迁户们要求市委对陇南市行政中心搬迁后可能导致他们的住房、土地以及今后生活方面出现的问题做出答复。得知情况后，陇南市委书记王义安排副市长杨全社等4名市委常委和信访、公安等相关部门以及武都区的负责同志负责接访。从11时许起，上访的群众不仅没有减少，反而陆续增加，越聚越多。截至15时，上访人数增加到200多人，围观群众超过1 000人。上访群众打着写有"反对搬迁"字样的横幅，喊着"反对搬迁"的口号，围堵了市委大门。11时许，陇南市委书记王义安排让上访群众选出代表，由他出面接访。上访群众表示，他们人人都是代表，要一起同市委书记见面，拒绝选代表进行会面。从这时起一直到19时，上访群众都在市委大门外聚集，要求市委、市政府给他们一个满意的答复。在此期间，陇南市出来接访的杨全社等领导一直同上访群众接触，宣讲有关法律法规，并劝解上访群众通过正常渠道依法反映诉求，解决问题。19时，陇南市委召开了专题会议，传达了省委、省政府主要领导的批示精神，并形成了10条具体意见，要求对群众的上访高度重视、认真解决，尊重和爱护群众，耐心细致地做好上访群众的思想疏导工作；同时，对群众关心的陇南市行政中心搬迁问题，要讲明在搬迁后，市委、市政府会更加重视武都区人民群众的利益，积极稳妥地处理各种遗留问题。

第一节　群体性突发事件概述

一、群体性突发事件的定义

群体性突发事件是指由各种社会矛盾引起，一定数量的群众参与，违反国家法律、法规、规章，采取非法集会、游行示威、上访请愿和聚众围堵、冲击党政机关、堵塞交通等方式，扰乱社会秩序，危害公共安全，侵犯公民人身安全和财产安全的行为，以及严重影响社会稳定的罢工、罢课、罢市的行为。近年来，由各种矛盾诱发的群体性突发事件数量不断增多，不少事件呈现出空前的尖锐性和复杂性。对这些事件的处置不仅牵扯了党政部门和相关机关的很大精力，这些事件也成为影响区域社会稳定的重要因素之一。因此，加强对群体性突发事件成因、对策的有针对性的分析研究，提高预测、化解、处置能力，有效控制事态发展，既是摆在各级领导和公务人员面前的一个重大课题，也是认真落实科学发展观、维护区域社会稳定、为经济建设创造良好治安环境的现实需要。各级领导干部和公务人员应增强群体性突发事件应对能力，在应对、处置过程中，掌握处置艺术，依法妥善处理好各类群体性突发事件。

二、群体性突发事件的类型

（一）根据目前群体性突发事件行业、地域的分布和民族宗教等因素的影响分类

1. 农村群体性突发事件

农村群体性突发事件是指由农村（村、乡、县）社会矛盾引发并形成一定规模，造成一定社会政治经济影响，对区域社会发展有负面作用的事件。近年来，中央和各级地方政府为发展农村经济做了许多工作，农村工作取得了一定的成绩。但是，由于我国正处在社会转型时期，经济生活和社会关系发生深刻的变化，社会经济成分、经济利益以及社会生活方式、社会组织形式、社会阶层都多元化了，生产关系诸方面和利益格局不断调整，也给农村带来了巨大的影响，由此引起各种矛盾冲突，导致人民内部矛盾尖锐。如果处理不好或处理不及时，就不可避免地会引发农村群体性突发事件。

2. 城镇群体性突发事件

城镇群体性突发事件是指发生在城镇，主要由一定数量的城镇居民参与，为了实现某种利益要求，采取围攻、静坐、游行、聚会等方式，对抗党政机关乃至破坏社会公共财物和威胁人身安全、扰乱社会秩序的事件。具体表现为集体请愿、上

访、非法集会、游行、冲击党政机关、阻塞交通、罢工罢课、聚众械斗，少数还伴有打、砸、抢行为。

3.民族地区群体性突发事件

随着改革开放的深入发展，由人民内部矛盾凸显和境外敌对势力的政治渗透、挑唆而引发的涉及民族、宗教问题和民族地区事务问题的群体性突发事件已经成为当前影响社会政治稳定的又一突出问题。具体表现以大规模集体上访、静坐、示威为主，并伴有围攻宗教管理部门，或对党政领导进行围攻、要挟政府等。同时，暴乱、骚乱、暴力等活动也时有发生。这些群体性突发事件严重破坏了我国的社会秩序，削弱了政府的权威，损伤了和谐团结的民族关系，在国内外造成了极坏的影响。

（二）按照突发事件产生的原因分类

1.经济类

这类群体性突发事件主要起因于劳资纠纷、下岗职工困难、农民负担过重和土地使用纠纷、金融风暴损害股民利益、贫富差距拉大导致心态失衡等。

2.政治类

这类群体性突发事件的外在根源是国外敌对势力和国内反政府势力的"西化""分化"活动，内在原因则与一些干部官僚作风、处理问题不当以及少数领导腐败所引起的群众对党和政府的不满等关系密切。

3.文化类

这类群体性突发事件的原因主要在于城乡居民的文化生活要求得不到满足、城镇化过程中外来人口与本地文化习俗之间的冲突，以及特定群体和民族的语言、生活习惯等受到主流文化的冲击和挤压等。

4.民族、宗教类

民族类主要源于两个方面原因造成的民族感情和习惯受到伤害和影响。外在原因是境内外敌对势力煽动蛊惑制造民族不和、民族分裂。内在原因则在于某些地方在某些民族政策的执行中工作不细致或不尊重民族习惯从而引起的利益、生活习俗等方面的误会等。宗教类主要源于宗教信仰和习惯没有得到尊重、宗教管理工作的疏漏以及国内外宗教反动势力企图煽动信徒抗拒法律、推翻政府等。

当然，上述各类群体性突发事件往往不是孤立的，而是在以一种类型为主要特征的同时，往往还纠结其他类型和原因。

三、群体性突发事件的特征

1.多发性

据有关部门统计，近年来，群体性突发事件的发生起数、参与人数呈上升、扩展态势。传统意义上，人民内部矛盾虽然也有群体性特征，但大多数属于家庭成员、邻里之间或单位内部的矛盾，涉及的当事人比较少。现在的群体性矛盾，由于涉及个别群体的共同利益，涉及的范围和人数比较广泛，小则几十人、几百人，多则上千人。群体性突发事件涉及领域广，参与人员多样化。一些群体性突发事件现已波及大多数省、区、市的城市、农村、厂矿、机关、学校等，参与者包括在职和下岗职工、农民、个体业主、复转军人、教师、学生乃至干部等各阶层人员，呈现出参与主体多元化的态势。

2. 利益性

当前人民内部矛盾集中表现为利益关系、利益矛盾和利益纠纷，物质利益是矛盾的核心内容。很多矛盾是由于不同群体、不同阶层、不同利益主体的利益受到损害或利益差别而引发的。很多事件的起因涉及一部分人的切身利益，而且大多数有一定的理由，极易引起社会同情。如下岗工人不能安置、工资不能按时足额发放，涉及这一部分人的切身利益，共同的利益目标把他们维系在一起，又极易吸纳有相同利益者，使群体逐步扩大，事态不断蔓延，并引起社会舆论的同情，易导致突发事件。当前尤应关注的是特殊群体，如下岗工人、困难户、残疾人、外资企业工人、农村征地的农民工等，他们容易采取特殊方式，从弱者角度为维护自身利益、加强自身力量进行群体上访。

3. 组织性

群体性突发事件从酝酿到发生有一个连续发展的过程，其牵头者往往具有较高的组织能力和形势判断能力，其聚散进退均受骨干分子指挥，有的上访、请愿事件往往由有一定知名度的社会人士参与，号召力和影响力较大，不仅对社会秩序产生重大影响，而且对普通民众的心理也产生巨大的影响。此外，由于多种矛盾交织，所以这类事件持续时间较长，处理难度也比较大。由于利益的多元化、矛盾转化的复杂性以及一些人参与的盲目性，在当前群体性突发事件中，多数人的正当要求与少数人的无理要求混在一起，多数人的过激行为与少数人的违法行为混在一起，往往难以分辨，从而使处理的难度加大；而这反过来又可能使更多的矛盾交织在一起，使持续时间拉长，并进一步增加处理的难度。

4. 非政治性

目前阶级矛盾虽然依然存在，但不是社会的主要矛盾，而大量的、多发的、占主要地位的是人民内部矛盾。从对绝大多数群体性矛盾的分析中可以看到，尽管有些矛盾转化为群体性突发事件，表现非常激烈，社会影响也很大，但当事人的要求大多是合情合理合法的，他们并不具有反对社会政治制度的目的，所以一般属于人民内部矛盾，具有非政治性的特征。当然，这并不排除在一定的条件和环境下可能演变为政治问题，成为对抗性矛盾。因此，对于群体性突发事件必须妥善处置，防止国外敌对势力和敌对分子插手、煽动，以免发生政治性矛盾。

5. 对抗性

群体性突发事件的矛头往往针对党政机关，其主要原因在于群众认为是党政机关没有尽到公共服务的责任。同时，社会转型期权力制约机制不足导致腐败现象蔓延，引起群众的强烈不满，严重影响了党群关系、干群关系。一些领导机关和干部队伍中官僚主义严重，处理问题的方式方法简单，甚至躲避群众，致使群众产生怨气。当然，近年来有些群体性突发事件不乏社会上各种敌对势力、敌对分子和少数别有用心人的煽动、挑拨。如有的地区因国企改革中有关政策措施的不完善引起上访，敌对分子趁机插手其间，煽风点火，扩大事态。又如有些群众为了要回拖欠工资而上访，但有些与此事毫无关系的别有用心者混入其中，极力煽动、挑拨，引发群众与民警的暴力冲突。

6. 渐进性

任何突发事件都有酝酿、发展、蔓延、爆发的过程，都是相对突发，不可能没有前兆、没有准备过程。事件规模越大，涉众越多，准备的过程就越长。因而，我们一定要高度关注不同群体性矛盾发展变化的状况，及时发现闹事苗头，发现不安宁因素，掌握"风吹草动"，做到"月晕知风，础润知雨"，提高未雨绸缪的能力，及时处理各类突发事件。

7. 多变性

由于引发矛盾的因素具有多层次性、多发性，因而，新形势下群体性矛盾呈现出内容多变、形式多变的特点。如个别性矛盾、个体性矛盾由于化解不及时，就可能变成群体性矛盾；群体性矛盾由于处理不及时、不妥当，就可能转化、激化，成为突发事件；突发事件由于处置不当，就可能由非政治问题转化为政治问题。如果有国外敌对势力的渗入，还有可能转化为国际性问题。因而，我们要注重群体性矛盾的多变性，在不同领域、不同层次上不断化解矛盾，采取不同的方法妥善解决矛盾。

四、现阶段群体性突发事件发生的原因

在社会转型期，群体性突发事件发生的原因主要有以下几个方面：

1. 社会转型期的不同矛盾是群体性突发事件的重要根源

当前，我国社会正处在转型期，社会整体结构、资源结构、区域结构、组织结构及群众的身份都在发生重大变化。这些转变必然会引起社会成员的思想观念和意识的变化，群众的工作方式、生活方式、思维方式、社会利益和价值观念逐渐由单一趋于多元。一些人政治观念经济化、宗旨观念利己化、纪律观念自由化，对党和政府不信任；一些人法制观念淡薄，在遇到矛盾纠纷时，不善于通过法律手段维护自身的合法权益，往往采取闹事、聚众上访、阻断交通、围攻基层政府机构等极端

手段来实现自己的目的。

2. 群众的合理诉求未能及时得到解决，是引发群体性突发事件的主要原因

随着社会的进步，群众的民主意识逐渐增强，他们强烈要求解决政府有关部门承诺不能兑现及有关部门为发展经济所采取强制性行为等问题。如果基层组织和政府机构未能及时对这些问题加以解决，在事实未查明、问题未解决、承诺未兑现、利益未实现的情况下，相同心理状态下的群众很容易聚集在一起，并采用集体上访等形式，而多起群体性突发事件也告诉我们，它们大多是由群体性上访发展而成的。

3. 基层组织社会控制弱化，社会权力结构失衡

近年来，基层组织的社会控制力呈明显的弱化趋势，基层干部的威信相对降低。不少基层组织行政管理和控制严重弱化，部分群众"端着碗吃肉，放下碗骂娘"的现象时有发生，基层组织对群众的号召力、凝聚力和说服教育作用大大减弱。一些基层组织的负责人对本地区群众关注的热点、难点问题知之甚少，或者是知道群众的问题，但未能引起足够的重视，致使一些本该在本地区解决、在初始阶段就可以解决的问题，久拖不决或者是小问题酿成大问题，直至引发群体性突发事件。

4. 对党和国家政策宣传解释不到位，是引发群体性突发事件发生的潜在因素

政策宣传不到位，群众对国家政策一知半解、群众法制知识缺乏，是引发群体性突发事件的另一个原因。虽然通过"普法"，不少群众的法制观念相对来说有了一定的提高，但是受教育程度不同和获取信息渠道缺乏等因素的影响，少数群众对法律法规仍然是一知半解，甚至是曲解，他们往往只要权利不要义务，一旦出现不利于自己的各种问题，就盲目采取集体上访、聚众上访等非法的维权形式。

5. 个别别有用心者在群众中的挑拨和教唆，也是引发群体性突发事件的一个原因

某些别有用心者煽动、教唆不明真相的群众聚集闹事，利用群体性突发事件给地方党委和政府施加压力，以达到自己的某种目的。部分群众受到煽动、教唆后，往往情绪激动，听不进解释、劝说，处置起来难度较大。

第二节 群体性突发事件处置的原则和步骤

一、群体性突发事件处置的原则

群体性突发事件一旦发生，政府以及各级公务人员就要迅速决策、及时采取措施解决，避免事态恶化。群体性突发事件处置的基本原则如下：

1. 坚持正确区分和处理不同性质矛盾的原则

在对待群体性突发事件的问题上，判断矛盾的性质十分重要。从性质上说，我国现阶段的群体性突发事件绝大多数属于人民内部矛盾，而且多数与群众的经济利益相关，是由经济原因引起的。但也有少数属于敌我矛盾。对于人民内部矛盾，应在法律、政策规定的范围内，运用说服教育的方法、批评的方法去解决，而不能动辄采取压服的方法去解决。而对于不属于人民内部矛盾的，则要采取严厉的手段加以打击，防止事态的扩散。

2. 统筹兼顾、真正关心群众利益的原则

要从根本上解决群体性突发事件的发生，各级领导和公务人员就应该在工作中树立科学的发展观、正确的政绩观、科学的人才观，统筹兼顾，正确处理好各方面的利益关系，在切实保障共同利益的同时，恰当地照顾到各方面的具体利益。做到以人为本，心里装着群众、凡事想着群众、工作依靠群众、一切为了群众。坚持权为民所用、情为民所系、利为民所谋，为群众诚心诚意办实事，尽心竭力解难事，坚持不懈做好事。要始终把群众的利益放在首位，在工作的每一个环节中都要细心研究群众利益，关心群众疾苦，体察群众情绪，做好新形势下的群众工作，团结带领群众不断前进。

3. 坚持团结大多数、鼓励和打击极少数的原则

有关机关及其工作人员在处理突发事件的过程中，应该自始至终对极少数策动者、为首者进行严密的控制，不仅事前要充分运用政治的、法律的、教育的手段，迫使其立即放弃非法的组织、策动行为；而且在事件中要设法将其同参与事件的群众分离开来，使其失去"龙头"地位；更应在事后对其严肃处理，以儆效尤。同时，对那些插手事件的敌对分子、敌对势力和具有犯罪行为的个别人员，不仅要及时予以揭露，而且必须依法进行及时、坚决的打击，决不能手软，以起到震慑作用和控制事态的作用。对绝大多数受蒙蔽或者受威胁的群众，只要未参与犯罪行为，无论在事前、事中还是事后都应该采取说服教育的方法，使其尽快明白自己的错误行为，最终重新团结在大家的周围。

4. 坚持可散不可聚、可导不可激、可解不可结的原则

群体性突发事件的对立性、突发性等性质要求各级公务人员配合有关责任单位，通过说服教育，尽量把矛盾化解在初始阶段，不使其形成大规模的上访请愿乃至冲击党政机关、阻塞交通、集会游行或群体械斗的事实。在事件形成并有所发展后，要采取疏导的工作方法，缓解群众的情绪，并通过有理、有节的工作促使群众逐步接受行政机关为维护现场秩序而提出的一些要求，逐渐掌握、控制现场的主动权。另外，有关单位及其领导同志也要及时跟进工作，对群众提出的一些合理要求，尽快做出明确答复，并尽快把群众劝离现场。不到迫不得已，不得采取阻止、强行驱散的措施。

5. 调动一切积极因素、及时化解矛盾的原则

社会转型时期出现的群体性突发事件，大多数属于利益关系问题或者认识问题，一般都属于人民内部矛盾，不具有对抗性。因此，最恰当的解决方式应该是化解矛盾、平息事态、解决问题。事件发生后，各级公务人员应迅速做出反应，与群众平等对话，多做调解、协调工作，寻求解决问题的最佳途径。要通过耐心、细致、深入的思想工作，使矛盾和问题得以缓解、分流、分散。对于重大事件，领导干部要召集各方专家，包括经济、政治、法学、心理、传媒、社会学等方面的专家和学者参加应急处理决策班子，尽快拿出平息事件的解决方案与对策。

6. 快速反应、重点解决的原则

在突发事件的处置过程中，时间性是极为重要的。当突发事件发生后，各级公务人员要在最短的时间内做出反应，尽快采取措施，妥善解决争端。此外，在突发事件的处置过程中，涉及的部门较多，因此，不同部门之间的统一、协同作战是极为重要的。这样做既可以集中力量重点解决问题，也可以把握时机，发挥各级公务人员的主观能动性。

7. 坚持慎用警力的原则

公安机关在群体性突发事件爆发以后，必须而且应该及时派出警力参加处置，但是在如何使用警力的问题上需要特别注意。一是要求公安机关必须严格在自己的任务范围和处理权限之内开展工作，不能随意扩大任务范围。二是要求公安机关必须根据事件的规模、对立程度和发展态势来运用警力。对于一般性对立事件，公安机关的职权范围仅限于通过情报网络收集信息，并向上级领导机关反映情况，为领导机关决策当好参谋，切忌派警力直接赶赴现场处理。对于对立比较严重的群体性突发事件，公安机关必须派出足够警力直接予以处置，尽量防止事态扩大。特别是对于集体冲击党政机关、集体强行卧轨断路、非法阻断交通或者集体械斗、集体打砸抢等事件，不分起因如何，公安机关都要立即组织警力，采取强制措施，及时、果断加以处置，并对其中的首要分子坚决打击，同时还要准备足够的预备队，机动待命，以备更加严重的事件发生。

8. 妥当善后原则

妥当善后是指事态平息之后，应当积极、妥当地处理好与事件相关的事宜，如兑现承诺、改进工作、解决实际问题等。善后工作是处置群体性突发事件的重要组成部分，必须予以充分认识和高度重视。事态平息，并不意味着问题得到了全面的解决。事件所反映的许多深层次矛盾和问题，也并不是一天就能解决的。只有从根本上消除引发群体性突发事件的因素，处理工作才算真正结束。坚持妥当善后原则应当注意：对于群众提出的要求和问题，对于政府承诺的事项，必须认真解决。能办的马上办；不能很快解决的，要制订切实可行的方案和计划，公布于众，在各方面监督下逐步实施，以恢复政府的公信力。认真排查自身工作中的问题，听取和征

求群众的意见和建议，切实改进工作作风。对事件过程中发生的违法行为，要进行广泛的法制教育宣传，使广大群众认识到违法行为的危害性，明确合理要求是一回事，违法行为又是另一回事。对管理不善、工作失职而引发和激化群体性突发事件的相关责任人员，应当进行必要的处分，强化各级公务人员的基层意识和责任意识。要建立健全人民群众向领导机关反映意见和建议的正常渠道，明确接待人员的职责范围和信息传输程序，使民情民意合理、顺畅地表达，避免突发事件的一再发生。

二、群体性突发事件处置的步骤

群体性突发事件作为社会矛盾和冲突的表现，反映不同利益主体之间围绕不同的利益进行的斗争，国家政府作为社会矛盾的总体协调者，需要对群体性突发事件进行不间断的分析研究，并逐步建立和完善应急处置机制，在确保社会整体秩序和社会生活正常进行的情况下，对群体性突发事件予以果断的处理，及时化解矛盾，维护公众利益。群体性突发事件的处理步骤主要包括：

1. 事前积极防范阶段

对于群体性突发事件，首先要防患于未然。功夫在事外，所以事前积极防范阶段的时间可以持续很长，而且这是一项极为复杂的工作，既要注重全面，也要突出重点。各级领导和公务人员要做到：一是心中有数。事实上，每一个地区都有易发、多发群体性事件的特殊领域、特殊时期和特殊群体，各级公务人员要列出"清单"，做到心中有数，并从时间、空间、主体等方面进行重点防范。二是见微知著。从表面上看，群体性事件具有突发性、偶然性的特点，但这仅是一种表象，实际上任何群体性事件都是许多因素交互作用的结果，也都有一个酝酿的过程。各级公务人员要勤于观察、善于观察，从各种因素中分析结果，从苗头上预测趋向。三是责任明确。建立责任制是一个好办法，事后责任制是必要的，但终归成本太高，因此，有必要建立包括群体性突发事件防范责任制在内的社会稳定责任制，切实做到责任明确、工作到位。

2. 事中妥善处理阶段

若发生了群体性上访事件，各级领导和公务人员要妥善处理，冷静应对。一是要冷静分析形势，实事求是地估计群体性突发事件可能导致的危机规模、形式、强度和发展趋向，认清原因，找出解决问题的关键。在事件发生之时不能惊慌失措，也不能盲目采取过火行为。二是要通过耐心、细致的说服工作，稳定群众，稳住事态，为妥善处理打下基础。三是采取果断措施，恢复正常的社会秩序。了解事件的起因后，要果断采取措施，公正处理。

3. 事后认真反思阶段

群体性突发事件时有发生，是我国体制转轨、社会转型特定历史时期的必然现象，事件处理完毕之后，不能在"总算是过去了"的心态支配下放置不管，各级领导和公务人员一定要做好善后工作，认真反思，总结经验。一要用比较平稳的心态，对事件重新予以审视，并注意与其他事件做比较，从中探求规律性的东西。二要以比较理性的态度，对处理工作进行评价，看哪些方面做好了、哪些方面做得不理想，有没有更好的办法，从中总结经验教训，积累处置群体性突发事件的工作经验。三要善于运用典型事件对各级公务人员、群众进行教育，使干部和群众从中明辨是非，自觉维护改革、发展、稳定的大局。

第三节　处理群体性突发事件的机制、方法与要求

正确认识，有效防止，切实减少并处理好群体性突发事件，是各级领导和公务人员的一项紧迫任务。要达到上述要求，必须掌握处理突发事件的机制、方法与要求。

一、建立完备的防范和处理机制

1. 构建有效的防范机制

首先要把防范关口前移。必须进一步加强重大矛盾纠纷的调处力度，建立健全各级领导协调解决重大矛盾纠纷的责任制，建立重大群体性突发事件限期化解制度。其次要把防范重心下移。要以加强基层组织建设为重点，建立和完善县区、乡镇（街道、企业）、居委会（村委会）三级矛盾纠纷调解防范工作网络。再次要把防范时间延伸。重大活动、重要时期要开展重大矛盾纠纷排查调处活动，但引发群体性突发事件的矛盾、问题都是平时积累起来的，必须把重点时期的防范化解工作延伸为经常性的工作，做到关键时期重点抓、平常期间经常抓，坚持抓早、抓小，及时觉察并解决一些倾向性的苗头，防止矛盾的积聚和扩大。最后要经常下访。干部下访不仅有利于改进领导作风，防止错误决策，还有利于及时化解和解决发生在基层干部中的问题和矛盾，避免和减少不必要的群众上访；不仅有利于促进了解和沟通，密切干群关系、党群关系，构建社会主义和谐社会，还有利于提高干部的综合素质，增强他们的执政能力，巩固执政党的执政地位。

2. 建立科学、灵敏的预警机制

从社会、经济、政治各方面研究确定若干与社会稳定有密切关系的核心预警指标，确定社会运行处于"安全""轻警"与"重警"状况之间的各个指标的临界指数，通过及时收集和定期反映各个指标，判定社会运行总体状况及趋势，为各级领

导正确决策提供科学依据。

3. 建立群体性突发事件报告机制

各级政府及其部门应加大对社会安全事件情报信息的开发力度，做到早发现、早预警、早处置。一旦发生社会安全事件，有关政府及其部门要进一步加快信息的报送速度，尽量争取在第一时间报送有关信息，不能因迟报、谎报、瞒报、漏报而丧失处理问题的最佳时机。对迟报、谎报、瞒报、漏报引发社会安全事件，造成严重后果的，要严肃追究有关人员的责任。在重大政治活动和重要节日前后等敏感时期，尤其要加强社会安全事件紧急信息报告制度，一旦发现事发苗头，有关政府部门要提前介入，及时、妥善地把问题解决在当地，把矛盾化解在萌芽状态。有关政府部门要及时收集、研究不稳定事端和社会安全事件的动态信息，迅速向当地党委、政府和上级部门报告，并通报涉事单位及其主管部门，及时做好防范、化解和处置社会安全事件工作。各级政府不能将涉及社会安全事件的信息隐瞒不报或者对有关方面上报的信息扣压不报。一经发现将严肃追究当事人责任，坚决杜绝迟报、谎报、瞒报、漏报的现象。

4. 建立快速高效的处理机制

群体性突发事件可分为暴力型和非暴力型两种。对于非暴力型事件，要牢牢把握"慎用警力、慎用警械、慎用强制措施"和"可散不可聚、可解不可结、可导不可激"的原则，在化解、缓解矛盾上下功夫。要对引发事件人员进行疏导教育，讲清国家的有关法律法规，稳定人员的情绪，劝阻、安置人群。如果劝阻无效，可采取制造威慑气氛的方法加以驱散。如果这种方法仍然无效，而且事态有向恶性转化的趋势，可采取强制手段。对于暴力型事件，则必须以武装的强制手段加以平息，坚持以公安处置为主。一要迅速果断采取措施，有效控制局面和事态发展，把社会危害减至最小。根据事件的规模、范围、危害程度划定警戒区，对相关人群实行分离，强制隔离使用器械相互对抗或者以暴力行为参与冲突的当事人，疏散围观群众，妥善解决现场纠纷和争端，防止出现混乱及打、砸、抢等违法行为。二要封锁有关场所、道路，查验现场人员的身份证件，检查现场可疑人员和物品，限制有关公共场所内的活动。三要对特定区域内的建筑物、交通工具、设备、设施，以及燃料、燃气、电力、水的供应进行控制。四要对党政机关要害部门实行警戒，出现围堵和冲击党政机关行为的，要加强对大门的控制，防止不法分子混入机关内部。五是在严重危害社会治安秩序的情况发生时，要立即依法出动警力，根据具体情况依法采取相应的强制性措施，违法要处理，犯罪要打击，对此决不能心慈手软、姑息迁就；还要做好取证工作，对严重危害社会治安的为首分子，要及时掌握证据，依法处置，有力威慑违法犯罪分子的嚣张气焰。六是在大规模恐怖袭击事件发生后，县级以上人民政府及其有关主管部门应当依据有关法律、行政法规和国家的有关规定，采取相应的处置措施。

5. 逐步完善社会宣泄机制

一般来说，群体性突发事件在发生的初期，还只是表现为一种隐性的、个别的状态。然而如果缺乏排放和宣泄的渠道，隐性的、个别的不满情绪就会积聚成大量的、集中的社会不稳定因素。因此，有必要完善疏通不满情绪、排放冲突因素的机制。诸如领导接待来访，与群众对话，民主议政，民主评议党员、干部等，让群众能畅所欲言，使不满情绪通过经常的、小规模的交锋得以逐步缓解，不至于因不断积聚而产生激烈冲突。

二、有效处置突发事件的方法

群体性突发事件固然源于社会利益矛盾，但是其作为一种社会现象，处置的效果与党和政府的重视程度、政府应对突发事件的机制及运作情况密切相关。实践表明，各级公务人员，特别是领导干部的为人民服务的宗旨意识以及工作作风与群体性突发事件之间有着密不可分的关系，成为问题的主要症结。所以，在应对群体性突发事件过程中，一方面要构建各级公务人员，特别是领导干部的责任制度；另一方面要切实改进公务人员的工作作风，克服官僚主义，减少腐败现象，切实履行职责，重点检查关系群众切身利益的重大政策的落实情况，以及对本地人民群众的意见和呼声问题的回应状况，进一步提升领导干部科学决策、制定政策的能力，切实改善管理水平，提高公务人员的素质等。在注意以上问题的同时，各级公务人员还应该掌握应对群体性突发事件的处置方法。不同类型的群体性突发事件的处置方法是不同的，但是也有共同的地方，一般认为包括以下几种：

1. 及早介入控制法

"山雨欲来风满楼"，群体性突发事件虽然常常一触即发，但一般都可以在事先寻到一些迹象征兆。在收集到相关信息后，一定要快速反应，做到早发现、早报告、早控制、早解决，争取处置工作的主动权，把事件控制在萌芽状态，将其可能造成的危害控制在最小限度。群体性突发事件具有不确定性的特点，这就给处置增加了难度，需要各级公务人员及时介入，在群体性突发事件爆发前或在初期使之得到控制和平息，减小社会影响。各级公务人员要广辟信息渠道，广泛收集信息，及时了解和掌握各种社情民意和社会动向，研究、分析、发现可能导致群体性突发事件的苗头、诱因，及时化解矛盾，同时采取预防措施，力争把矛盾和事件解决在萌芽状态。有关部门根据实践经验，提出"早发现、早报告、早控制、早解决"的原则是非常正确的。及早介入控制法要求群体性突发事件出现后，应当马上采取相应的行动，着眼于把事态化解于初始阶段，化解于基层，化解于当地。在方法上则可以打破常规和工作程序，特事特办，急事急办，防止局势恶化。同时，在处理过程中也要防止无原则地迁就不合理、不正当的要求，不能使人产生"不闹不解决、小闹小解决、大闹大解决"的思维惯性。

2. 教育疏导化解法

群体性突发事件绝大多数属于人民内部矛盾,领导干部与群众进行直接对话,是教育疏导化解群体性突发事件的一个有效办法。当事件发生之后,如果有关领导能够及时出面,认真倾听群众的意见和反映,解答群众的问题和疑虑,阐明政府的态度和诚意,就可以起到增进相互理解和信任、消除误解和对立情绪的作用。调查表明,冲突和冲突升级在很多情况下是因为沟通不够、由于误解所致。如果各级公务人员能够以积极的态度回应群众的呼声和要求,增进彼此间的了解,许多问题是不难解决的。与群众进行直接对话,要求各级公务人员做好充分准备,通过各种途径尽可能地了解引发事件的原因和实质,了解群众的要求和意见,了解群众的心理情绪,尤其是对群众可能提出的核心问题和敏感问题要有所准备,做到因势利导。在与群众对话的过程中,各级公务人员应表现出解决问题的诚意和信心,答疑解难,不回避问题。对话之后要做好落实工作。

3. 综合协调化解法

群体性突发事件一旦发生,首先要做的是迅速控制事态发展,防止其蔓延扩大。在化解群体性突发事件上,有关部门、有关人员要相互配合,各司其职,群策群力,发挥整体作战的合力,共同协调解决问题。一般情况下,要采取以下措施:一是通过各种方法和途径了解事实、收集信息,认真听取群众的要求、意见和反映,找到问题的症结,了解解决问题的难易程度。二是党政主要领导要亲自出面协调,有关主管部门参加,针对群众提出的合理要求,要确定解决问题的整体方案和具体措施。三是紧急约请有关经济、公安、法律、心理等方面的专家组成咨询班子,与决策部门一道,尽快制定平息事件的整体方案和对策,确保关键环节和专业问题不失误、无漏报。四是制定备选方案,做好多种准备。

4. 依法处置法

依法处置是指依照法律规定和法治原则处理群体性突发事件。在处置过程中,要树立牢固的法制观念,各级领导和公务人员的一言一行都必须符合法律的要求,绝不能侵犯公民的民主权利和人身权利。坚持依法办事,严格依法行政。群体性突发事件往往伴随着不同程度的违法行为,但在依法处置方面,又应与一般意义上的非法行为有所区别。群体性突发事件从形式上看突发性较强,通常采取集会、静坐、请愿、游行、围堵机关、阻塞交通等方式,事先并未报请有关主管部门批准同意,客观上对正常的社会秩序和工作、生活秩序造成了一定程度的影响,有的甚至形成较为激烈的对峙状态,具有程度不同的违法性质。但从本质上来说,群体性突发事件大都事出有因,大多数要求也是合理的,由于相当一部分群众缺乏法制观念,特别是在法不责众的心理驱动下,参与非法行为带有随从性、盲目性。各级公务人员在依法处理群体性突发事件时,必须树立法治观念,正确把握维护治安秩序与保护公民合法权益的关系，做到既要维护法制和秩序，又要切实保护群众的合法利益。对于群众的合法要求要尽量满足，一时满足不了的，要做耐心的解释说明工作，给出一个解决的时间表或方案。对于群众合理但不合法的要求，要加强研究，完善现有法律法规，最终满足群众的要求。对于群众要求、现有法律没有规定或者没有明确规定的，各级公务人员也要根据情况研究妥善解决的办法。对于群体性突发事件中有过激言行或者违法行为的少数人，要坚决依法处理，不得随意处置。事件发生后，凡是采用合法形式的，有关部门必须认真对待，与群众共商解决办法；对超越合法形式的，要向参与者明示违法后果以及应当采取的正当合法形式，从方向上设法将群体性行为导入法制化轨道，使无序转化为有序，从对抗转化为对话，从非法转化为合法。

三、处理群体性突发事件的基本要求

1. 事件的突发性要求处理工作必须突出一个"快"字

群体性突发事件事发突然，情况紧急，战机稍纵即逝。快速出动是把突发事件缩小在最小范围、消灭在萌芽状态的重要保证。要快速制胜，主要应当做到三点：一要快速发现，快速报告；二要快速出动，快速到位；三要快速展开，快速介入，以便抓住时机，争取主动，尽快控制事态的发展。

2. 事件的复杂性要求现场指挥必须突出一个"准"字

群体性突发事件参与人员多，涉及范围广，不同性质的矛盾交织在一起，处理时政策性要强，组织指挥工作不允许有半点失误。在实践中，必须做到掌握情况准、判断情况准、下达指示准、适用法律准。

3. 事件的多变性要求处理手段必须突出一个"活"字

群体性突发事件有的是从小型向大型转化，有的是从人民内部矛盾向敌我矛盾转化，有时还会引发新的突发事件，因而在处理时，不能简单地、机械地使用一种手段，必须根据突发事件的不同性质、类型、规模和发生发展的不同时期，区别对待，相机处理，灵活施策。

4. 事件的综合性要求处理手段必须突出一个"合"字

群体性突发事件涉及社会各领域、各层面，只有在党委、政府的统一领导下，各相关部门协调配合，才能高屋建瓴、准确全面地把握事件的性质和症结，及时形成和贯彻科学的决策，迅速解决事件。为此，群体性突发事件的处理必须由党政统一领导，处理工作中的重大方针政策及原则性问题由党政统一贯彻实施，群体性突发事件的情报信息由党政统一掌握。建立各部门联动机制，坚持综合处理原则，形成合力。政法部门在处理群体性突发事件中要依法行使职权，积极主动地当好党委、政府的参谋。有关部门必须密切配合，要站在维护社会稳定的高度，从全局出

发，克服狭隘的部门主义和小集团利益，涉及哪个部门，哪个部门的主要负责人就必须亲临现场。

5.事件的动态性要求处理工作必须突出一个"清"字

当群体性突发事件初步平息后，处理人员要保持处理工作在时空上适当延伸，即在一定时间内，对容易聚集人群的某些地区、场所，保留适当警力观察巡视，一旦出现重新聚合苗头，就及时疏导平息。一些诱因复杂的群体性突发事件尽管被平息了，但如果相关深层次矛盾没有解决，一旦遇到适宜的小气候，就极可能事端再起。因此，处理这类群体性突发事件不能就事论事，简单了结，而应及时、全面地总结经验教训，举一反三，彻底清除同类或相近事件发生的根源。

总的来说，正确处理群体性突发事件，关键在于理顺机制、健全制度，不仅要从源头上降低群体性突发事件发生的可能性，更要杜绝其由小到大、由点到面的恶性发展，进而在良性的机制和健全的制度基础上实现长期稳定。

第四节　涉税群体性突发事件的防范与处置对策

当前我国正处于发展机遇期和矛盾凸显期，群体性突发事件日益成为影响社会和谐和稳定的重要因素，给税务机关的应急管理工作带来了严峻挑战。本节在分析涉税群体性突发事件特征的基础上，结合危机管理的三阶段理论，探讨积极防范与妥善处置涉税群体性突发事件的对策建议。

近年来，伴随着我国经济社会逐步转型，社会利益格局发生了深刻的变化，各种社会矛盾和问题进一步显现，群体性突发事件进入高发期，涉税群体性突发事件发生频率也有所提高。现结合实际，分析、研究当前涉税群体性突发事件的特征，以便采取积极有效的防范与处置对策，这对于构建和谐征纳关系、维护社会稳定具有重要意义。

一、涉税群体性突发事件的界定

在群体性突发事件的界定上，学术界并没有统一的说法。比较权威的界定是中国行政管理学会课题组提出的群体性突发事件即"因人民内部矛盾而引发，由部分公众参与并形成了一定组织和目的的集体上访、集会、阻塞交通、围堵党政机关、静坐请愿、聚众闹事等群体行为，是对政府管理和社会造成了影响的行为"。

所谓涉税群体性突发事件，是指由纳税人和社会群众等多人参与，为了实现某一目的，集体上访、停市罢市、暴力抗税以及在税务机关办公场所周围、公共场所聚众滋事、扰乱公共秩序，造成或者可能造成人员伤亡、财产损失和严重社会影响，妨害公共安全的紧急事件。

具体来说，界定群体性事件有四个标准：第一，人数达到 5 人以上（含 5 人），因为国务院《信访条例》第 18 条规定，"多人采用走访形式提出共同的信访事项的，应当推选代表，代表人数不得超过 5 人"，超过 5 人就视为事件；第二，群体成员具有共同的行为指向；第三，其行为没有法定依据或者不遵守法定程序；第四，对社会秩序特别是财产秩序、管制秩序造成一定的影响。

二、涉税群体性突发事件的特征

1. 事件起因的复杂性

发生涉税群体性突发事件的原因是极其复杂的，主要表现在以下几个方面：一是因对税收政策、措施不满而引发的群体性突发事件，如 2009 年 6 月 15 日，南康市部分家具业主及家属因对该市大规模整治家具行业、执行新的税收管理办法不满，数百人分别在南康国际家具城路口和南康市政府门口聚集上访，造成 105 国道和赣定高速公路南康进出口拥堵。二是因税务机关及其工作人员在实施行政执法、征收管理、税务稽查等行为过程中，出现执法不规范、违法行政、行政不作为、行政乱作为等问题而引发的群体性突发事件，如 2011 年 10 月 26 日，浙江湖州织里一个外地童装业主因对税收政策调整有意见，同时对个别税收代征人员的工作方法不满，纠集百余人聚集在镇政府上访，要求解决问题，引发群众围观，人数最多时达数千人，并出现打、砸、抢、烧等暴力行为。三是因利益表达渠道不畅、影响矛盾及时化解而引发的群体性突发事件。个别部门和单位对预防与处置群体性突发事件的重要性认识不足，对群众上访不重视，致使群众反映的问题长期得不到解决，引发集体反复上访，最终形成群体性突发事件。

2. 事件主体的多元化

涉税群体性突发事件的参与主体呈现多元化趋势，逐渐由单一的利益相关者转变为复杂的混合人群。具体来说，可分为两类：一类是利益相关者，其因利益直接受到损害或威胁而参与到群体性突发事件中来；另一类是非利益相关者，其与事件本身并没有直接的利益关系，却由于种种原因由旁观者变成参与者，如为了泄私愤、发泄对政府的不满情绪或受英雄主义情结、从众等心理需求的驱使而参与其中。例如，在浙江织里事件中，多名围观群众尾随 100 多名闹事人员涌向镇政府。在几名不法分子的带领下，闹事人员采取了投掷石块、打砸路灯和广告牌等行为，导致数名公安、城管人员不同程度受伤。部分聚集人员分散前往繁华路段，将 30 多辆停在路边的私家车玻璃砸破，路边垃圾箱等公共设施也被损坏。非利益相关者的广泛参与大大增加了预防与处置的难度。

不少涉税群体性突发事件往往在事前经过精心策划，参与者内部分工明确，有策划者、组织者和指挥者，甚至有律师等专业人士提供支持，这造成税务机关在群体性突发事件面前处于被动局面。

3. 事件诉求的目的性

涉税群体性突发事件在大多数情况源于群众反映诉求，具有目的性。有直接利益诉求的涉税群体性突发事件通常围绕特定的利益诉求展开，主要与经济利益有关。参与者通过有组织的集体行动，实现表达意愿和维护利益的目的。其利益诉求就性质而言，可分为三种：合情、合理、合法的诉求，能够通过努力解决；合情、合理但无法律和政策依据的诉求，难以在短时间内解决；不合理、不合法的诉求，与法律、政策相违背。认真分析和区别对待不同的利益诉求，是税务机关在群体性突发事件中必须慎重应对的重要问题。这类有组织、有直接利益诉求的涉税群体性突发事件往往可以通过积极的谈判协商来处理和化解。如果是无直接利益诉求的涉税群体性突发事件，则很难通过协商的渠道解决。虽然无特定的利益诉求，但其行为也具有一定的目的性，即发泄不满、盲从破坏。毫无疑问，非理性的情绪行为和临时起意的参与极大地增加了事件的不确定性。

4. 事件发展的不可预测性

涉税群体性突发事件的发生常常出乎意料、猝不及防，事态的发展演变难以预测。首先，参与主体的行为方式具有不可预测性。从社会心理学的角度来分析，集群状态下的行为带有太多不可控因素。对此，法国社会心理学家勒庞在《乌合之众》一书中指出，"个体一旦参加到群体之中，由于匿名、模仿、感染、暗示、顺从等心理因素的作用，就会丧失理性和责任感，表现出冲动而具有攻击性等过激行动"。在群体性突发事件中，参与主体怀有强烈的对立情绪，任何一个不可预知的因素都可能引发参与者情绪和行为失控，导致事态恶化升级。其次，事件带来的连锁反应不可预测。涉税群体性突发事件大多是由利益冲突所引发，但随着事态的发展，可能会牵扯一些长时间积累的情绪和矛盾，使事件的规模越来越大，从而引发一系列连锁反应，后果无法预测。

5. 事件后果的危害性

涉税群体性突发事件一般都会造成较大的社会危害，其负面影响波及多个层面，主要体现在：第一，参与主体使用扩大事态、加剧冲突、滥施暴力等手段来实现自己的利益诉求，扰乱、破坏或直接威胁税收征管秩序，甚至危害社会公共安全。第二，涉税群体性突发事件的发生严重影响税务工作的开展，降低税务机关的信誉，损害税务机关的公众形象。如果税务机关不及时处置或处置不当，则极容易激发社会矛盾，使税务机关陷入强大的社会舆论之下，导致税务机关公信力下降。第三，涉税群体性突发事件会给社会带来负面的"示范效应"。部分群众将税务机关化解矛盾、及时解决一些问题，误解为群体性突发事件"闹"的结果，由此助长了"大闹大解决，小闹小解决，不闹不解决"的错误观念和投机心理，使原本可以通过正规渠道解决的问题却通过非法方式寻求解决，严重威胁社会的和谐与稳定。

三、涉税群体性突发事件的防范与处置对策

群体性突发事件是一种典型的政府公共危机。根据危机管理专家伯奇和古斯的危机管理三阶段模型，危机的发展经历事前、事中和事后三个阶段，因此，有效地防范与处置涉税群体性突发事件需要从以下三方面入手：

1. 强化事前预防，完善应急防范机制

（1）完善涉税决策执行机制。在涉税危机事件中，因对政府出台的措施、政策不满而引发的利益冲突往往是群体性突发事件的导火索。政府在对涉及经济社会发展全局、与群众利益关系密切的重大事项进行规划和决策的过程中，应该为群众提供政治参与的权利与机会，健全重大事项决策的专家论证、技术咨询、决策评估、公示听证制度。这不仅有利于获取社会公众和相关利益群体的意见，而且可以推进行政管理决策的科学化、民主化。尊重民意是制定公共政策的社会基础。政策的出台必须充分考虑民意的诉求，使公众切实参与到政府的决策中来，从而避免危机的发生。

税务机关在贯彻执行党和国家的重大方针政策，特别是直接关系群众切身利益的方针政策时，一定要公开政策内容，加强税收政策宣传辅导，如在税务局网站、办税服务厅和媒体集中开展政策宣传，并在纳税人集中区域设立专门的税收宣传栏，确保政策宣传全覆盖、不留死角。心存危机意识，坚持宣传先行、公开透明、及时跟踪和管理，杜绝和避免危机的发生。

（2）完善涉税预警防范机制。第一，税务机关需建立和完善舆情检测系统，实时收集、分析各类媒体及网络平台对税务机关的相关报道及评论，准确研判舆情热点、焦点的发展方向，对涉税网络舆情实行分级分类实时监测，对涉税热点、焦点问题加强正面舆论引导。尤其是在涉及政策的调整和执行时，要掌握舆情的苗头，广泛搜集公众对政策的意见、建议，加强信息沟通，将危机化解于无形。第二，税务机关要健全信访预警机制。对群众反映的热点和难点问题，特别是可能引发群众集体上访的问题要进行排查，并建立每月一次信访分析报告制度，做到排查工作走到预防前，预防工作走到调解前，调解工作走到激化前，掌握工作的主动权，将矛盾化解在基层，将问题解决在萌芽状态。第三，税务机关需完善执法风险预警机制。通过健全内部执法责任制，规范执法程序，提前发现管理漏洞，有效防止权力滥用行为的发生，减少违法执法行为，化解执法危机。

（3）完善涉税利益诉求机制。第一，税务机关应加强税收宣传，向纳税人宣传税收法律法规，化解各种因法律知识缺乏、法律意识淡薄而造成的矛盾，引导纳税人理性、合法表达利益诉求，将纳税人的利益诉求纳入法制化、规范化、正常化轨道。第二，税务机关应畅通利益表达的渠道，广开言路，广泛听取公众的意见和建

议，利用多种渠道向社会公布信访举报的方式，同时充分发挥税务信息网络资源的作用，建立涉税信访信息系统，为纳税人和群众提出信访事项、查询信访事项办理情况提供便利，避免因利益表达渠道不畅引发和激化矛盾。第三，税务机关应完善信访工作责任追究制度，加强监督，推动有关职能部门提高工作效率，积极为群众排忧解难，有效地预防和减少重复上访和集体非正常上访。

（4）完善涉税应急预案体系。应急预案是群体性突发事件有效处置的基础保障，为群体性突发事件所涉及的部门提供履职的依据。税务机关应健全和完善应急预案体系，提高应急预案的可操作性和实效性。

首先，应急预案的编制要结合实际。应急预案不是用来应付上级检查的，其内容应从本部门和本单位的实际出发，符合实战的要求。编制应急预案时不能照搬照抄，要根据群体性突发事件处置工作中存在的突出问题和薄弱环节，有针对性地编制和修订应急预案。其次，应急预案的内容要详尽、全面。应急预案的内容不能过于简单和抽象，要细化操作流程，明确事前、事中、事后各环节的责任人，确保群体性突发事件得到有序、快速、稳妥的处理。再次，应急预案须实行动态管理。税务机关应根据群体性突发事件发生的特点和规律，因时、因地、因情而异，根据客观情况的变化，随时修订、调整、完善应急预案。为检验应急预案的可行性和针对性，要视情况进行必要的演练，在演练中发现不足并及时修订。

2. 加强事中控制，坚持科学处置原则

（1）第一时间原则。涉税群体性突发事件一旦发生，税务机关应把握第一时间，及时应对和处置危机。主要领导必须第一时间赶赴现场，第一时间上报有关情况，第一时间指挥处置工作。在群体性突发事件中，群众往往提出"见主要领导，讨权威说法"的要求。此时，权威的介入有利于获得群众的信任，进行平等对话和协商，防止事态扩大，尤其是一些重大的决策，必须是有相当级别的领导才能决定。此外，群体性突发事件发生后，在短时间内往往信息不灵或信息不准，所以准确和及时的判断是处置的关键。主要领导处于决策和指挥的位置，需立即赶到现场，获得第一手资料，然后对事件发生的原因、经过、性质以及可能造成的后果等进行认真分析和判断。因此，主要领导应靠前指挥，带头面对面地做好群众的工作，按照"可散不可聚，可解不可结，可导不可激"的要求，诚恳听取意见和反映，对群众提出的问题给予职权范围内的答复，及时疏导化解矛盾和冲突，尽快平息事态。

（2）果断决策原则。涉税群体性突发事件往往将领导置于一个非常规的决策情境下，要求领导快速做出正确的判断。常规决策通常是由集体商定做出的，但是面对群体性突发事件，情势危急，必须压缩决策环节，实行非常规决策。领导必须在信息共享、专家咨询的基础上，主要依靠自身的知识和经验独立决断，制定行之有效的处置方案，包括对组织领导体系、现场处置方案、后勤保障、善后处理、新闻报道等进行科学而周密的安排。在现场处置中，要做到准确判断事件的性质，根据事态的发展需要确定对策措施。对于现场的群众情绪，要极力安抚，疏导化解；对于事件的组织者、策划者，要重点布控，全程关注；对于现场违法犯罪行为，要掌握证据，把握时机，坚决予以打击。

（3）坚持对话原则。税务机关的主要领导及相关人员在处置群体性突发事件过程中，要坚持对话而不对抗的原则。首先，涉税群体性突发事件的参与主体比较复杂，群众的合理诉求往往和少数人的泄愤闹事掺杂在一起，致使税务机关在处置时难以和群众进行理性对话。为实现有效的沟通，应要求参与者选派代表，充分表达其利益诉求，共同协商解决。通过这种方法，可以将参与者和围观者分隔开来，以免人员混杂，出现更大范围的秩序混乱。其次，要避免言语上、情绪上的对抗，与群众耐心沟通，了解其利益诉求，态度一定要坦诚，要平等协商，不推诿，但也不轻诺。对于群众合情、合理、合法的诉求，领导要明确表态，积极主动地解决；对于合情、合理但无法律和政策依据的诉求，可尽力帮助协调解决；对于不合理、不合法的诉求，要耐心向其解释和说明政策，不能无原则妥协，避免引发示范效应。对于税务部门及其人员在工作中出现的过失，领导要主动检讨、勇于承担责任，不能遮遮掩掩、躲躲闪闪。

（4）依法处置原则。化解危机的过程是运用法律法规进行人性化疏导和依法回复的过程。处置涉税群体性突发事件，既要坚持法律底线和原则，也要坚持以人为本，体现人文关怀，对群众的合理诉求要尽快解决，对群众的合法权益要予以保护。一方面，税务机关在涉税群体性突发事件处置中要慎用警力。群体性突发事件大多是由人民内部矛盾引发的，无论事态如何一律动用警力采取打压措施，很容易激化矛盾，形成强烈的对抗情绪，甚至引发大规模的恶性冲突事件。但如果事件的性质升级恶化，必要时可以运用警力。根据《突发事件应对法》第 50 条的规定，社会安全事件发生后，组织处置工作的人民政府应当立即组织有关部门并由公安机关针对事件的性质和特点，依照有关法律、行政法规和国家其他有关规定，采取一项或者多项应急处置措施，如强制隔离使用器械相互对抗或者以暴力行为参与冲突的当事人，妥善解决现场纠纷和争端，控制事态发展。另一方面，税务机关自身要依法行政，坚持属地管理、分级负责，"谁主管、谁负责"，认真落实责任追究机制，不能无原则地推卸责任，切实保障群众的合法权益。

（5）协同处置原则。首先，税务机关内部必须协同应对群体性突发事件，建立各部门协同联动制度，加强协作，形成统一指挥、反应灵敏、功能齐全、协调有序、运转高效的应急管理机制。一旦发生群体性突发事件，应急预案随即启动，相关责任人随即进入工作状态，按照应急预案开展处置工作。例如，对群体性突发事件在短时间内无法解决的，由主管领导通知办公室安排会场对群众进行安置，并召集相关部门人员一起研究解决办法。办公室应做好后勤保障工作。如果事件涉及税收政策、法律法规问题，则通知业务职能部门的相关人员到达现场，协同解决处理。其次，涉税群体性突发事件的成因比较复杂，多数情况下涉及多个部门，不是单靠税务机关的处置就能从根本上解决问题。在处置过程中，需要及时向当地政府通报情况，借助多方资源，寻求支持和帮助。

3. 规范事后治理，提升应急管理能力

（1）实施事后跟踪机制。涉税群体性突发事件现场事态平息后，其负面影响一时很难消除，危机隐患依然存在，税务机关要认真总结经验教训，认真剖析导致事件发生的深层次原因，做好善后工作，避免出现反弹。一是要将现场处置中向群众做出的承诺及时兑现，切实满足群众的合理诉求。细化责任，确保政策落实到位，同时，进一步做好群众的思想稳定工作和矛盾化解工作，并加强跟踪和督查，防止事件反复。二是要深入开展宣传工作。及时通报事件真相，引导群众自觉维护稳定，维护安定团结的局面，防止别有用心的人暗中煽动、策划新的群体性突发事件。三是要启动责任追究程序。对侵害群众利益、激化矛盾而引发群体性突发事件的，或事件发生后不及时报告、不及时采取有效措施处置，甚至隐瞒不报，造成严重后果的，或在处置工作中因处置失当而导致事态恶化升级的，要按照法律和相关规定，严肃追究有关人员和领导者的责任，化解群众的怨气，强化税务干部的责任意识，提高群体性突发事件的处置效率。

（2）健全形象修复机制。涉税群体性突发事件对税务机关的公信力和公众形象造成严重损害，在后期处置阶段，税务机关应着力做好总结评估、形象修复等一系列工作。根据美国威廉·班尼特的形象修复理论，个人或组织最重要的资产是它的声誉。就像其他有价值的资产一样，声誉或公众形象应该从战略高度去维护。任何社会组织都必须最大限度地提高其声誉和形象。班尼特总结了修复形象的五大战略方法：第一个战略是否认；第二个战略是规避责任；第三个战略是减少敌意；第四个战略是修正行动；第五个战略是自责道歉。对于税务机关而言，减少敌意、修正行动和自责道歉是危机后有效的形象恢复策略。

在群体性突发事件处置之后，为营造有利的舆论环境，税务机关应按以下步骤展开行动，积极修复公众形象：一是要强化信息公开。增加税收工作的透明度，增进公众对税收工作的了解、支持和配合，保证公众的知情权、参与权、监督权能够得到充分的落实，从源头上减少和化解对立情绪。二是要改进工作方法和作风。群体性突发事件平息后，税务机关不仅要做好后期的补救以及善后处理工作，更要从自身查找原因，修正税务干部在事件处置中不当的工作方法和作风，严格追究相关人员的责任，重塑税务机关的公众形象。三是要真诚道歉。虽然涉税群体性突发事件是多种因素共同作用的结果，但税务机关依然负有不可推卸的责任。通过真诚的道歉，税务机关可以向公众传达自己解决问题的诚意，对修复形象具有积极的作用。

（3）加强应急管理培训。鉴于当前涉税群体性突发事件的复杂性和多发性，税务机关应该高度重视对各级领导干部及工作人员的应急管理培训。要将有关群体性突发事件应急处置的课程列入日常培训内容，增强税务干部的危机意识，提升税务干部的防范能力和应急指挥处置能力。同时，针对应急管理培训的实践性特点，有针对性地组织税务干部进行群体性突发事件的模拟演练，在演练中体验、总结、提升，不断完善、强化和提高群体性突发事件处置的实战能力。

附 录

附录一　国家突发公共事件总体应急预案

（2005 年 1 月 26 日国务院第 79 次常务会议讨论通过）

1　总则

1.1　编制目的

提高政府保障公共安全和处置突发公共事件的能力，最大程度地预防和减少突发公共事件及其造成的损害，保障公众的生命财产安全，维护国家安全和社会稳定，促进经济社会全面、协调、可持续发展。

1.2　编制依据

依据宪法及有关法律、行政法规，制定本预案。

1.3　分类分级

本预案所称突发公共事件是指突然发生，造成或者可能造成重大人员伤亡、财产损失、生态环境破坏和严重社会危害，危及公共安全的紧急事件。

根据突发公共事件的发生过程、性质和机理，突发公共事件主要分为以下四类：

（1）自然灾害。主要包括水旱灾害，气象灾害，地震灾害，地质灾害，海洋灾害，生物灾害和森林草原火灾等。

（2）事故灾难。主要包括工矿商贸等企业的各类安全事故，交通运输事故，公共设施和设备事故，环境污染和生态破坏事件等。

（3）公共卫生事件。主要包括传染病疫情，群体性不明原因疾病，食品安全和职业危害，动物疫情，以及其他严重影响公众健康和生命安全的事件。

（4）社会安全事件。主要包括恐怖袭击事件，经济安全事件和涉外突发事件等。

各类突发公共事件按照其性质、严重程度、可控性和影响范围等因素，一般分为四级：Ⅰ级（特别重大）、Ⅱ级（重大）、Ⅲ级（较大）和Ⅳ级（一般）。

1.4 适用范围

本预案适用于涉及跨省级行政区划的，或超出事发地省级人民政府处置能力的特别重大突发公共事件应对工作。

本预案指导全国的突发公共事件应对工作。

1.5 工作原则

（1）以人为本，减少危害。切实履行政府的社会管理和公共服务职能，把保障公众健康和生命财产安全作为首要任务，最大程度地减少突发公共事件及其造成的人员伤亡和危害。

（2）居安思危，预防为主。高度重视公共安全工作，常抓不懈，防患于未然。增强忧患意识，坚持预防与应急相结合，常态与非常态相结合，做好应对突发公共事件的各项准备工作。

（3）统一领导，分级负责。在党中央、国务院的统一领导下，建立健全分类管理、分级负责，条块结合、属地管理为主的应急管理体制，在各级党委领导下，实行行政领导责任制，充分发挥专业应急指挥机构的作用。

（4）依法规范，加强管理。依据有关法律和行政法规，加强应急管理，维护公众的合法权益，使应对突发公共事件的工作规范化、制度化、法制化。

（5）快速反应，协同应对。加强以属地管理为主的应急处置队伍建设，建立联动协调制度，充分动员和发挥乡镇、社区、企事业单位、社会团体和志愿者队伍的作用，依靠公众力量，形成统一指挥、反应灵敏、功能齐全、协调有序、运转高效的应急管理机制。

（6）依靠科技，提高素质。加强公共安全科学研究和技术开发，采用先进的监测、预测、预警、预防和应急处置技术及设施，充分发挥专家队伍和专业人员的作用，提高应对突发公共事件的科技水平和指挥能力，避免发生次生、衍生事件；加强宣传和培训教育工作，提高公众自救、互救和应对各类突发公共事件的综合素质。

1.6 应急预案体系

全国突发公共事件应急预案体系包括：

（1）突发公共事件总体应急预案。总体应急预案是全国应急预案体系的总纲，是国务院应对特别重大突发公共事件的规范性文件。

（2）突发公共事件专项应急预案。专项应急预案主要是国务院及其有关部门为应对某一类型或某几种类型突发公共事件而制定的应急预案。

（3）突发公共事件部门应急预案。部门应急预案是国务院有关部门根据总体应急预案、专项应急预案和部门职责为应对突发公共事件制定的预案。

（4）突发公共事件地方应急预案。具体包括：省级人民政府的突发公共事件总体应急预案、专项应急预案和部门应急预案；各市（地）、县（市）人民政府及其基层政权组织的突发公共事件应急预案。上述预案在省级人民政府的领导下，按照分类管理、分级负责的原则，由地方人民政府及其有关部门分别制定。

（5）企事业单位根据有关法律法规制定的应急预案。

（6）举办大型会展和文化体育等重大活动，主办单位应当制定应急预案。

各类预案将根据实际情况变化不断补充、完善。

2 组织体系

2.1 领导机构

国务院是突发公共事件应急管理工作的最高行政领导机构。在国务院总理领导下，由国务院常务会议和国家相关突发公共事件应急指挥机构（以下简称相关应急指挥机构）负责突发公共事件的应急管理工作；必要时，派出国务院工作组指导有关工作。

2.2 办事机构

国务院办公厅设国务院应急管理办公室，履行值守应急、信息汇总和综合协调职责，发挥运转枢纽作用。

2.3 工作机构

国务院有关部门依据有关法律、行政法规和各自的职责，负责相关类别突发公共事件的应急管理工作。具体负责相关类别的突发公共事件专项和部门应急预案的起草与实施，贯彻落实国务院有关决定事项。

2.4 地方机构

地方各级人民政府是本行政区域突发公共事件应急管理工作的行政领导机构，负责本行政区域各类突发公共事件的应对工作。

2.5 专家组

国务院和各应急管理机构建立各类专业人才库，可以根据实际需要聘请有关专家组成专家组，为应急管理提供决策建议，必要时参加突发公共事件的应急处置工作。

3 运行机制

3.1 预测与预警

各地区、各部门要针对各种可能发生的突发公共事件，完善预测预警机制，建立预测预警系统，开展风险分析，做到早发现、早报告、早处置。

3.1.1 预警级别和发布

根据预测分析结果，对可能发生和可以预警的突发公共事件进行预警。预警级别依据突发公共事件可能造成的危害程度、紧急程度和发展势态，一般划分为四级：Ⅰ级（特别严重）、Ⅱ级（严重）、Ⅲ级（较重）和Ⅳ级（一般），依次用红色、橙色、黄色和蓝色表示。

预警信息包括突发公共事件的类别、预警级别、起始时间、可能影响范围、警示事项、应采取的措施和发布机关等。

预警信息的发布、调整和解除可通过广播、电视、报刊、通信、信息网络、警报器、宣传车或组织人员逐户通知等方式进行，对老、幼、病、残、孕等特殊人群以及学校等特殊场所和警报盲区应当采取有针对性的公告方式。

3.2　应急处置

3.2.1　信息报告

特别重大或者重大突发公共事件发生后，各地区、各部门要立即报告，最迟不得超过 4 小时，同时通报有关地区和部门。应急处置过程中，要及时续报有关情况。

3.2.2　先期处置

突发公共事件发生后，事发地的省级人民政府或者国务院有关部门在报告特别重大、重大突发公共事件信息的同时，要根据职责和规定的权限启动相关应急预案，及时、有效地进行处置，控制事态。

在境外发生涉及中国公民和机构的突发事件，我驻外使领馆、国务院有关部门和有关地方人民政府要采取措施控制事态发展，组织开展应急救援工作。

3.2.3　应急响应

对于先期处置未能有效控制事态的特别重大突发公共事件，要及时启动相关预案，由国务院相关应急指挥机构或国务院工作组统一指挥或指导有关地区、部门开展处置工作。

现场应急指挥机构负责现场的应急处置工作。

需要多个国务院相关部门共同参与处置的突发公共事件，由该类突发公共事件的业务主管部门牵头，其他部门予以协助。

3.2.4　应急结束

特别重大突发公共事件应急处置工作结束，或者相关危险因素消除后，现场应急指挥机构予以撤销。

3.3　恢复与重建

3.3.1　善后处置

要积极稳妥、深入细致地做好善后处置工作。对突发公共事件中的伤亡人员、应急处置工作人员，以及紧急调集、征用有关单位及个人的物资，要按照规定给予抚恤、补助或补偿，并提供心理及司法援助。有关部门要做好疫病防治和环境污染消除工作。保险监管机构督促有关保险机构及时做好有关单位和个人损失的理赔工作。

3.3.2 调查与评估

要对特别重大突发公共事件的起因、性质、影响、责任、经验教训和恢复重建等问题进行调查评估。

3.3.3 恢复重建

根据受灾地区恢复重建计划组织实施恢复重建工作。

3.4 信息发布

突发公共事件的信息发布应当及时、准确、客观、全面。事件发生的第一时间要向社会发布简要信息，随后发布初步核实情况、政府应对措施和公众防范措施等，并根据事件处置情况做好后续发布工作。

信息发布形式主要包括授权发布、散发新闻稿、组织报道、接受记者采访、举行新闻发布会等。

4 应急保障

各有关部门要按照职责分工和相关预案做好突发公共事件的应对工作，同时根据总体预案切实做好应对突发公共事件的人力、物力、财力、交通运输、医疗卫生及通信保障等工作，保证应急救援工作的需要和灾区群众的基本生活，以及恢复重建工作的顺利进行。

4.1 人力资源

公安（消防）、医疗卫生、地震救援、海上搜救、矿山救护、森林消防、防洪抢险、核与辐射、环境监控、危险化学品事故救援、铁路事故、民航事故、基础信息网络和重要信息系统事故处置，以及水、电、油、气等工程抢险救援队伍是应急救援的专业队伍和骨干力量。地方各级人民政府和有关部门、单位要加强应急救援队伍的业务培训和应急演练，建立联动协调机制，提高装备水平；动员社会团体、企事业单位以及志愿者等各种社会力量参与应急救援工作；增进国家间的交流与合作。要加强以乡镇和社区为单位的公众应急能力建设，发挥其在应对突发公共事件中的重要作用。

中国人民解放军和中国人民武装警察部队是处置突发公共事件的骨干和突击力量，按照有关规定参加应急处置工作。

4.2 财力保障

要保证所需突发公共事件应急准备和救援工作资金。对受突发公共事件影响较大的行业、企事业单位和个人要及时研究提出相应的补偿或救助政策。要对突发公共事件财政应急保障资金的使用和效果进行监管和评估。

鼓励自然人、法人或者其他组织（包括国际组织）按照《中华人民共和国公益事业捐赠法》等有关法律、法规的规定进行捐赠和援助。

4.3 物资保障

要建立健全应急物资监测网络、预警体系和应急物资生产、储备、调拨及紧急配送体系，完善应急工作程序，确保应急所需物资和生活用品的及时供应，并加强对物资储备的监督管理，及时予以补充和更新。

地方各级人民政府应根据有关法律、法规和应急预案的规定，做好物资储备工作。

4.4　基本生活保障

要做好受灾群众的基本生活保障工作，确保灾区群众有饭吃、有水喝、有衣穿、有住处、有病能得到及时医治。

4.5　医疗卫生保障

卫生部门负责组建医疗卫生应急专业技术队伍，根据需要及时赴现场开展医疗救治、疾病预防控制等卫生应急工作。及时为受灾地区提供药品、器械等卫生和医疗设备。必要时，组织动员红十字会等社会卫生力量参与医疗卫生救助工作。

4.6　交通运输保障

要保证紧急情况下应急交通工具的优先安排、优先调度、优先放行，确保运输安全畅通；要依法建立紧急情况社会交通运输工具的征用程序，确保抢险救灾物资和人员能够及时、安全送达。

根据应急处置需要，对现场及相关通道实行交通管制，开设应急救援"绿色通道"，保证应急救援工作的顺利开展。

4.7　治安维护

要加强对重点地区、重点场所、重点人群、重要物资和设备的安全保护，依法严厉打击违法犯罪活动。必要时，依法采取有效管制措施，控制事态，维护社会秩序。

4.8　人员防护

要指定或建立与人口密度、城市规模相适应的应急避险场所，完善紧急疏散管理办法和程序，明确各级责任人，确保在紧急情况下公众安全、有序的转移或疏散。

要采取必要的防护措施，严格按照程序开展应急救援工作，确保人员安全。

4.9　通信保障

建立健全应急通信、应急广播电视保障工作体系，完善公用通信网，建立有线和无线相结合、基础电信网络与机动通信系统相配套的应急通信系统，确保通信畅通。

4.10　公共设施

有关部门要按照职责分工，分别负责煤、电、油、气、水的供给，以及废水、废气、固体废弃物等有害物质的监测和处理。

4.11　科技支撑

要积极开展公共安全领域的科学研究；加大公共安全监测、预测、预警、预防和应急处置技术研发的投入，不断改进技术装备，建立健全公共安全应急技术平台，提高我国公共安全科技水平；注意发挥企业在公共安全领域的研发作用。

5 监督管理

5.1 预案演练

各地区、各部门要结合实际，有计划、有重点地组织有关部门对相关预案进行演练。

5.2 宣传和培训

宣传、教育、文化、广电、新闻出版等有关部门要通过图书、报刊、音像制品和电子出版物、广播、电视、网络等，广泛宣传应急法律法规和预防、避险、自救、互救、减灾等常识，增强公众的忧患意识、社会责任意识和自救、互救能力。各有关方面要有计划地对应急救援和管理人员进行培训，提高其专业技能。

5.3 责任与奖惩

突发公共事件应急处置工作实行责任追究制。

对突发公共事件应急管理工作中做出突出贡献的先进集体和个人要给予表彰和奖励。

对迟报、谎报、瞒报和漏报突发公共事件重要情况或者应急管理工作中有其他失职、渎职行为的，依法对有关责任人给予行政处分；构成犯罪的，依法追究刑事责任。

6 附则

6.1 预案管理

根据实际情况的变化，及时修订本预案。

本预案自发布之日起实施。

附录二　国务院关于全面加强应急管理工作的意见

国发〔2006〕24 号

各省、自治区、直辖市人民政府，国务院各部委、各直属机构：

加强应急管理，是关系国家经济社会发展全局和人民群众生命财产安全的大事，是全面落实科学发展观、构建社会主义和谐社会的重要内容，是各级政府坚持以人为本、执政为民、全面履行政府职能的重要体现。当前，我国现代化建设进入新的阶段，改革和发展处于关键时期，影响公共安全的因素增多，各类突发公共事件时有发生。但是，我国应急管理工作基础仍然比较薄弱，体制、机制、法制尚不完善，预防和处置突发公共事件的能力有待提高。为深入贯彻实施《国家突发公共事件总体应急预案》（以下简称《国家总体应急预案》），全面加强应急管理工作，提出以下意见：

一、明确指导思想和工作目标

（一）指导思想。以邓小平理论和"三个代表"重要思想为指导，全面落实科学发展观，坚持以人为本、预防为主，充分依靠法制、科技和人民群众，以保障公众生命财产安全为根本，以落实和完善应急预案为基础，以提高预防和处置突发公共事件能力为重点，全面加强应急管理工作，最大程度地减少突发公共事件及其造成的人员伤亡和危害，维护国家安全和社会稳定，促进经济社会全面、协调、可持续发展。

（二）工作目标。在"十一五"期间，建成覆盖各地区、各行业、各单位的应急预案体系；健全分类管理、分级负责、条块结合、属地为主的应急管理体制，落实党委领导下的行政领导责任制，加强应急管理机构和应急救援队伍建设；构建统一指挥、反应灵敏、协调有序、运转高效的应急管理机制；完善应急管理法律法规，建设突发公共事件预警预报信息系统和专业化、社会化相结合的应急管理保障体系，形成政府主导、部门协调、军地结合、全社会共同参与的应急管理工作格局。

二、加强应急管理规划和制度建设

（三）编制并实施突发公共事件应急体系建设规划。依据《国民经济和社会发展第十一个五年规划纲要》（以下简称"十一五"规划），编制并尽快组织实施《"十一五"期间国家突发公共事件应急体系建设规划》，优化、整合各类资源，统一规划突发公共事件预防预警、应急处置、恢复重建等方面的项目和基础设施，科学指导各项应急管理体系建设。各地区、各部门要在《"十一五"期间国家突发公共事件应急体系建设规划》指导下，编制本地区和本行业突发公共事件应急体系建设规划并纳入国民经济和社会发展规划。城乡建设等有关专项规划的编制要与应急体系建设规划相衔接，合理布局重点建设项目，统筹规划应对突发公共事件所必需的基础设施建设。

（四）健全应急管理法律法规。要加强应急管理的法制建设，逐步形成规范各类突发公共事件预防和处置工作的法律体系。抓紧做好突发事件应对法的立法准备工作和公布后的贯彻实施工作，研究制定配套法规和政策措施。国务院各有关部门要根据预防和处置自然灾害、事故灾难、公共卫生事件、社会安全事件等各类突发公共事件的需要，抓紧做好有关法律法规草案和修订草案的起草工作，以及有关规章、标准的修订工作。各地区要依据有关法律、行政法规，结合实际制定并完善应急管理的地方性法规和规章。

（五）加强应急预案体系建设和管理。各地区、各部门要根据《国家总体应急预案》，抓紧编制修订本地区、本行业和领域的各类预案，并加强对预案编制工作的领导和督促检查。各基层单位要根据实际情况制订和完善本单位预案，明确各类突发公共事件的防范措施和处置程序。尽快构建覆盖各地区、各行业、各单位的预案体系，并做好各级、各类相关预案的衔接工作。要加强对预案的动态管理，不断增强预案的针对性和实效性。狠抓预案落实工作，经常性地开展预案演练，特别是涉及多个地区和部门的预案，要通过开展联合演练等方式，促进各单位的协调配合和职责落实。

（六）加强应急管理体制和机制建设。国务院是全国应急管理工作的最高行政领导机关，国务院各有关部门依据有关法律、行政法规和各自职责，负责相关类别突发公共事件的应急管理工作。地方各级人民政府是本行政区域应急管理工作的行政领导机关，要根据《国家总体应急预案》的要求和应对各类突发公共事件的需要，结合实际明确应急管理的指挥机构、办事机构及其职责。各专项应急指挥机构要进一步强化职责，充分发挥在相关领域应对突发公共事件的作用。加强各地区、各部门以及各级各类应急管理机构的协调联动，积极推进资源整合和信息共享。加快突发公共事件预测预警、信息报告、应急响应、恢复重建及调查评估等机制建设。研究建立保险、社会捐赠等方面参与、支持应急管理工作的机制，充分发挥其在突发公共事件预防与处置等方面的作用。

三、做好各类突发公共事件的防范工作

（七）开展对各类突发公共事件风险隐患的普查和监控。各地区、各有关部门要组织力量认真开展风险隐患普查工作，全面掌握本行政区域、本行业和领域各类风险隐患情况，建立分级、分类管理制度，落实综合防范和处置措施，实行动态管理和监控，加强地区、部门之间的协调配合。对可能引发突发公共事件的风险隐患，要组织力量限期治理，特别是对位于城市和人口密集地区的高危企业，不符合安全布局要求、达不到安全防护距离的，要依法采取停产、停业、搬迁等措施，尽快消除隐患。要加强对影响社会稳定因素的排查调处，认真做好预警报告和快速处置工作。社区、乡村、企业、学校等基层单位要经常开展风险隐患的排查，及时解决存在的问题。

（八）促进各行业和领域安全防范措施的落实。地方各级人民政府及有关部门要进一步加强对本行政区域各单位、各重点部位安全管理的监督检查，严密防范各类安全事故；要加强监管监察队伍建设，充实必要的人员，完善监管手段。各有关部门要按照有关法律法规和职责分工，加强对本系统、本行业和领域的安全监管监察，严格执行安全许可制度，经常性开展监督检查，依法加大处罚力度；要提高监管效率，对事故多发的行业和领域进一步明确监管职责，实施联合执法。上级主管部门和有关监察机构要把督促风险隐患整改情况作为衡量监管机构履行职责是否到位的重要内容，加大监督检查和考核力度。各企业、事业单位要切实落实安全管理的主体责任，建立健全安全管理的规章制度，加大安全投入，全面落实安全防范措施。

（九）加强突发公共事件的信息报告和预警工作。特别重大、重大突发公共事件发生后，事发地省级人民政府、国务院有关部门要按规定及时、准确地向国务院报告，并向有关地方、部门和应急管理机构通报。要进一步建立健全信息报告工作制度，明确信息报告的责任主体，对迟报、漏报甚至瞒报、谎报行为要依法追究责任。在加强地方各级人民政府和有关部门信息报告工作的同时，通过建立社会公众报告、举报奖励制度，设立基层信息员等多种方式，不断拓宽信息报告渠道。建设各级人民政府组织协调、有关部门分工负责的各类突发公共事件预警系统，建立预警信息通报与发布制度，充分利用广播、电视、互联网、手机短信息、电话、宣传车等各种媒体和手段，及时发布预警信息。

（十）积极开展应急管理培训。各地区、各有关部门要制订应急管理的培训规划和培训大纲，明确培训内容、标准和方式，充分运用多种方法和手段，做好应急管理培训工作，并加强培训资质管理。积极开展对地方和部门各级领导干部应急指挥和处置能力的培训，并纳入各级党校和行政学院培训内容。加强各单位从业人员安全知识和操作规程培训，负有安全监管职责的部门要强化培训考核，对未按要求开展安全培训的单位要责令其限期整改，达不到考核要求的管理人员和职工一律不准上岗。各级应急管理机构要加强对应急管理培训工作的组织和指导。

四、加强应对突发公共事件的能力建设

（十一）推进国家应急平台体系建设。要统筹规划建设具备监测监控、预测预警、信息报告、辅助决策、调度指挥和总结评估等功能的国家应急平台。加快国务院应急平台建设，完善有关专业应急平台功能，推进地方人民政府综合应急平台建设，形成连接各地区和各专业应急指挥机构、统一高效的应急平台体系。应急平台建设要结合实际，依托政府系统办公业务资源网络，规范技术标准，充分整合利用现有专业系统资源，实现互联互通和信息共享，避免重复建设。积极推进紧急信息接报平台整合，建立统一接报、分类分级处置的工作机制。

（十二）提高基层应急管理能力。要以社区、乡村、学校、企业等基层单位为重点，全面加强应急管理工作。充分发挥基层组织在应急管理中的作用，进一步明确行政负责人、法定代表人、社区或村级组织负责人在应急管理中的职责，确定专（兼）职的工作人员或机构，加强基层应急投入，结合实际制订各类应急预案，增强第一时间预防和处置各类突发公共事件的能力。社区要针对群众生活中可能遇到的突发公共事件，制订操作性强的应急预案，经常性地开展应急知识宣传，做到家喻户晓；乡村要结合社会主义新农村建设，因地制宜加强应急基础设施建设，努力提高群众自救、互救能力，并充分发挥城镇应急救援力量的辐射作用；学校要在加强校园安全工作的同时，积极开展公共安全知识和应急防护知识的教育和普及，增强师生公共安全意识；企业特别是高危行业企业要切实落实法定代表人负责制和安全生产主体责任，做到有预案、有救援队伍、有联动机制、有善后措施。地方各级人民政府和有关部门要加强对基层应急管理工作的指导和检查，及时协调解决人力、物力、财力等方面的问题，促进基层应急管理能力的全面提高。

（十三）加强应急救援队伍建设。落实"十一五"规划有关安全生产应急救援、国家灾害应急救援体系建设的重点工程。建立充分发挥公安消防、特警以及武警、解放军、预备役民兵的骨干作用，各专业应急救援队伍各负其责、互为补充，企业专兼职救援队伍和社会志愿者共同参与的应急救援体系。加强各类应急抢险救援队伍建设，改善技术装备，强化培训演练，提高应急救援能力。建立应急救援专家队伍，充分发挥专家学者的专业特长和技术优势。逐步建立社会化的应急救援机制，大中型企业特别是高危行业企业要建立专职或者兼职应急救援队伍，并积极参与社会应急救援；研究制订动员和鼓励志愿者参与应急救援工作的办法，加强对志愿者队伍的招募、组织和培训。

（十四）加强各类应急资源的管理。建立国家、地方和基层单位应急资源储备制度，在对现有各类应急资源普查和有效整合的基础上，统筹规划应急处置所需物料、装备、通信器材、生活用品等物资和紧急避难场所，以及运输能力、通信能力、生产能力和有关技术、信息的储备。加强对储备物资的动态管理，保证及时补充和更新。要建立国家和地方重要物资监测网络及应急物资生产、储备、调拨和紧急配送体系，保障应急处置和恢复重建工作的需要。合理规划建设国家重要应急物资储备库，按照分级负责的原则，加强地方应急物资储备库建设。充分发挥社会各方面在应急物资的生产和储备方面的作用，实现社会储备与专业储备的有机结合。加强应急管理基础数据库建设和对有关技术资料、历史资料等的收集管理，实现资源共享，为妥善应对各类突发公共事件提供可靠的基础数据。

（十五）全力做好应急处置和善后工作。突发公共事件发生后，事发单位及直接受其影响的单位要根据预案立即采取有效措施，迅速开展先期处置工作，并按规定及时报告。地方各级人民政府和国务院有关部门要依照预案规定及时采取相关应急响应措施。按照属地管理为主的原则，事发地人民政府负有统一组织领导应急处置工作的职责，要积极调动有关救援队伍和力量开展救援工作，采取必要措施，防止发生次生、衍生灾害事件，并做好受影响群众的基本生活保障和事故现场环境评估工作。应急处置结束后，要及时组织受影响地区恢复正常的生产、生活和社会秩序。灾后恢复重建要与防灾减灾相结合，坚持统一领导、科学规划、加快实施。健全社会捐助和对口支援等社会动员机制，动员社会力量参与重大灾害应急救助和灾后恢复重建。各级人民政府及有关部门要依照有关法律法规及时开展事故调查处理工作，查明原因，依法依纪处理责任人员，总结事故教训，制订整改措施并督促落实。

（十六）加强评估和统计分析工作。建立健全突发公共事件的评估制度，研究制订客观、科学的评估方法。各级人民政府及有关部门在对各类突发公共事件调查处理的同时，要对事件的处置及相关防范工作做出评估，并对年度应急管理工作情况进行全面评估。各地区、各有关部门要加强应急管理统计分析工作，完善分类分级标准，明确责任部门和人员，及时、全面、准确地统计各类突发公共事件发生起数、伤亡人数、造成的经济损失等相关情况，并纳入经济和社会发展统计指标体系。突发公共事件的统计信息实行月度、季度和年度报告制度。要研究建立突发公共事件发生后统计系统快速应急机制，及时调查掌握突发公共事件对国民经济发展和城乡居民生活的影响并预测发展趋势。

五、制定和完善全面加强应急管理的政策措施

（十七）加大对应急管理的资金投入力度。根据《国家总体应急预案》的规定，各级财政部门要按照现行事权、财权划分原则，分级负担公共安全工作以及预防与处置突发公共事件中需由政府负担的经费，并纳入本级财政年度预算，健全应急资金拨付制度。对规划布局内的重大建设项目给予重点支持。支持地方应急管理工作，建立完善财政专项转移支付制度。建立健全国家、地方、企业、社会相结合的应急保障资金投入机制，适应应急队伍、装备、交通、通信、物资储备等方面建设与更新维护资金的要求。建立企业安全生产的长效投入机制，增强高危行业企业安全保障和应急救援能力。研究建立应对突发公共事件社会资源依法征用与补偿办法。

（十八）大力发展公共安全技术和产品。在推进产业结构调整中，要将具有较高技术含量的公共安全工艺、技术和产品列入《国家产业结构调整指导目录》的鼓励类发展项目，在政策上积极予以支持。对公共安全、应急处置重大项目和技术开发、产业化示范项目，政府给予直接投资或资金补助、贷款贴息等支持。采取政府采购等办法，推动国家公共安全应急成套设备及防护用品的研发和生产。加强对公共安全产品的质量监督管理，实行严格的市场准入制度，确保产品质量安全可靠。

（十九）建立公共安全科技支撑体系。按照《国家中长期科学和技术发展规划纲要》的要求，高度重视利用科技手段提高应对突发公共事件的能力，通过国家科技计划和科学基金等，对突发公共事件应急管理的基础理论、应用和关键技术研究给予支持，并在大专院校、科研院所加强公共安全与应急管理学科、专业建设，大力培养公共安全科技人才。坚持自主创新和引进消化吸收相结合，形成公共安全科技创新机制和应急管理技术支撑体系。扶持一批在公共安全领域拥有自主知识产权和核心技术的重点企业，实现成套核心技术与重大装备的突破，增强安全技术保障能力。

六、加强领导和协调配合，努力形成全民参与的合力

（二十）进一步加强对应急管理工作的领导。地方各级人民政府要在党委领导下，建立和完善突发公共事件应急处置工作责任制，并将落实情况纳入干部政绩考核的内容，特别要抓好市（地）、县（区）两级领导干部责任的落实。各地区、各部门要加强沟通协调，理顺关系，明确职责，搞好条块之间的衔接和配合。建立和完善应对突发公共事件部际联席会议制度，加强部门之间的协调配合，定期研究解决有关问题。各级领导干部要不断增强处置突发公共事件的能力，深入一线，加强组织指挥。要建立并落实责任追究制度，对有失职、渎职、玩忽职守等行为的，要依照法律法规追究责任。

（二十一）构建全社会共同参与的应急管理工作格局。全面加强应急管理工作，需要紧紧依靠群众，军地结合，动员社会各方面力量积极参与。要切实发挥工会、共青团、妇联等人民团体在动员群众、宣传教育、社会监督等方面的作用，重视培育和发展社会应急管理中介组织。鼓励公民、法人和其他社会组织为应对突发公共事件提供资金、物资捐赠和技术支持。积极开展基层公共安全创建活动，树立一批应急管理工作先进典型，表彰奖励取得显著成绩的单位和个人，形成全社会共同参与、齐心协力做好应急管理工作的局面。

（二十二）大力宣传普及公共安全和应急防护知识。加强应急管理科普宣教工作，提高社会公众维护公共安全意识和应对突发公共事件能力。深入宣传各类应急预案，全面普及预防、避险、自救、互救、减灾等知识和技能，逐步推广应急识别系统。尽快把公共安全和应急防护知识纳入学校教学内容，编制中小学公共安全教育指导纲要和适应全日制各级各类教育需要的公共安全教育读本，安排相应的课程或课时。要在各种招考和资格认证考试中逐步增加公共安全内容。充分运用各种现代传播手段，扩大应急管理科普宣教工作覆盖面。新闻媒体应无偿开展突发公共事件预防与处置、自救与互救知识的公益宣传，并支持社会各界发挥应急管理科普宣传作用。

（二十三）做好信息发布和舆论引导工作。要高度重视突发公共事件的信息发布、舆论引导和舆情分析工作，加强对相关信息的核实、审查和管理，为积极稳妥地处置突发公共事件营造良好的舆论环境。坚持及时准确、主动引导的原则和正面宣传为主的方针，完善政府信息发布制度和新闻发言人制度，建立健全重大突发公共事件新闻报道快速反应机制、舆情收集和分析机制，把握正确的舆论导向。加强对信息发布、新闻报道工作的组织协调和归口管理，周密安排、精心组织信息发布工作，充分发挥中央和省级主要新闻媒体的舆论引导作用。新闻单位要严格遵守国家有关法律法规和新闻宣传纪律，不断提高新闻报道水平，自觉维护改革发展稳定的大局。

（二十四）开展国际交流与合作。加强与有关国家、地区及国际组织在应急管理领域的沟通与合作，参与有关国际组织并积极发挥作用，共同应对各类跨国或世界性突发公共事件。大力宣传我国在应对突发公共事件、加强应急管理方面的政策措施和成功做法，积极参与国际应急救援活动，向国际社会展示我国的良好形象。密切跟踪研究国际应急管理发展的动态和趋势，参与公共安全领域重大国际项目研究与合作，学习、借鉴有关国家在灾害预防、紧急处置和应急体系建设等方面的有益经验，促进我国应急管理工作水平的提高。

国务院

二〇〇六年六月十五日

附录三　国家特别重大、重大突发公共事件分级标准

根据有关法律、法规并结合实际，特制定本标准，作为各地区、各部门报送特别重大、重大突发公共事件信息的标准和按照突发公共事件总体应急预案、专项应急预案规定进行分级处置的依据。

一、自然灾害类

（一）水旱灾害。

特别重大水旱灾害包括：

1. 一个流域发生特大洪水，或多个流域同时发生大水；

2. 大江大河干流重要河段堤防发生决口；

3. 重点大型水库发生垮堤；

4. 洪水造成铁路繁忙干线、国家高速公路网和主要航道中断，48 小时无法恢复通行；

5. 多个省（区、市）发生特大干旱；

6. 多个大城市发生极度干旱。

重大水旱灾害包括：

1. 一个流域或其部分区域发生大洪水；

2. 大江大河干流一般河段及主要支流堤防发生决口或出现重大险情；

3. 数省（区、市）多个市（地）发生严重洪涝灾害；

4. 一般大中型水库发生垮坝或出现对下游安全造成直接影响的重大险情；

5. 洪水造成铁路干线、国家高速公路网和航道通行中断，24 小时无法恢复通行；

6. 数省（区、市）多个市（地）发生严重干旱，或一省（区、市）发生特大干旱；

7. 多个大城市发生严重干旱，或大中城市发生极度干旱。

（二）气象灾害。

特别重大气象灾害包括：

1. 特大暴雨、大雪、龙卷风、沙尘暴、台风等极端天气气候事件影响重要城市和 50 平方公里以上较大区域，造成 30 人以上死亡，或 5 000 万元以上经济损失的气象灾害；

2. 一个或多个省（区、市）范围内将出现极端天气气候事件或极强灾害性天气

过程，并会造成特大人员伤亡和巨大经济损失的气象灾害；

3.在其他国家和地区发生的可能对我国经济社会产生重大影响的极端天气气候事件。

重大气象灾害包括：

1.暴雨、冰雹、龙卷风、大雪、寒潮、沙尘暴、大风和台风等造成10人以上、30人以下死亡，或1 000万元以上、5 000万元以下经济损失的气象灾害；

2.对社会、经济及群众生产生活等造成严重影响的高温、热浪、干热风、干旱、大雾、低温、霜冻、雷电、冰雹、雪崩等气候灾害；

3.因各种气象原因，造成机场、港口、国家高速公路网线路连续封闭12小时以上的。

（三）地震灾害。

特别重大地震灾害包括：

1.造成300人以上死亡，直接经济损失占该省（区、市）上年国内生产总值1%以上的地震；

2.发生在人口较密集地区7.0级以上地震。

重大地震灾害包括：

1.造成50人以上、300人以下死亡，或造成一定经济损失的地震；

2.发生在首都圈、长江和珠江三角洲等人口密集地区4.0级以上地震；

3.发生在国内其他地区（含港澳台地区）5.0级以上地震；

4.发生在周边国家6.5级以上、其他国家和地区7.0级以上地震（无人地区和海域除外）；

5.国内震级未达到上述标准但造成重大经济损失和人员伤亡损失或严重影响的地震。

（四）地质灾害。

特别重大地质灾害包括：

1.因山体崩塌、滑坡、泥石流、地面塌陷、地裂缝等灾害造成30人以上死亡，或直接经济损失1 000万元以上的地质灾害；

2.受地质灾害威胁，需转移人数在1 000人以上，或潜在可能造成的经济损失在1亿元以上的灾害险情；

3.因地质灾害造成大江大河支流被阻断，严重影响群众生命财产安全。

重大地质灾害包括：

1.因山体崩塌、滑坡、泥石流、地面塌陷、地裂缝等灾害造成10人以上、30人以下死亡，或因灾害造成直接经济损失500万元以上、1 000万元以下的地质灾害；

2.受地质灾害威胁需转移人数在500人以上、1 000人以下，或潜在经济损失

5 000 万元以上、1 亿元以下的灾害险情；

3.造成铁路繁忙干线、国家高速公路网线路、民航和航道中断，或严重威胁群众生命财产安全、有重大社会影响的地质灾害。

（五）海洋灾害。

特别重大海洋灾害包括：

1.风暴潮、巨浪、海啸、赤潮、海冰等造成 30 人以上死亡，或 5 000 万元以上经济损失的海洋灾害；

2.对沿海重要城市或者 50 平方公里以上较大区域经济、社会和群众生产、生活等造成特别严重影响的海洋灾害。

重大海洋灾害包括：

1.风暴潮、巨浪、海啸、赤潮、海冰等造成 10 人以上、30 人以下死亡，或 1 000 万元以上、5 000 万元以下经济损失的海洋灾害；

2.对沿海经济、社会和群众生产、生活等造成严重影响的海洋灾害；

3.对大型海上工程设施等造成重大损坏，或严重破坏海洋生态环境的海洋灾害。

（六）生物灾害。

特别重大生物灾害包括：

在 2 个以上省（区、市）病虫鼠草等有害生物暴发流行，或新传入我国的有害生物在 2 个以上省（区、市）内发生，或在 1 个省（区、市）内 2 个以上市（地）发生，对农业和林业造成巨大危害的生物灾害。

重大生物灾害包括：

1.因蝗虫、稻飞虱、水稻螟虫、小麦条锈病、草地螟、草原毛虫、松毛虫、杨树食叶害虫和蛀干类害虫等大面积成灾并造成严重经济损失的生物灾害；

2.新传入我国的有害生物发生、流行，对农业和林业生产等造成严重威胁的生物灾害。

（七）森林草原火灾。

特别重大森林草原火灾包括：

1.受害森林面积超过 1 000 公顷、火场仍未得到有效控制或受害草原面积 8 000 公顷以上、明火尚未扑灭的火灾；

2.造成 30 人以上死亡或造成重大影响和财产损失的森林火灾，造成 10 人以上死亡，或伤亡 20 人以上的草原火灾；

3.距重要军事目标和大型军工、危险化学品生产企业不足 1 公里的森林草原火灾；

4.严重威胁或烧毁城镇、居民地、重要设施和原始森林的，或需要国家支援的森林草原火灾。

重大森林草原火灾包括：

1. 连续燃烧超过 72 小时没有得到控制的森林火灾，或距我国界 5 公里以内的国外草原燃烧面积蔓延 500 公里以上，或连续燃烧 120 小时没有得到控制的草原火灾；

2. 受害森林面积超过 300 公顷以上、1 000 公顷以下或受害草原面积 2 000 公顷以上、8 000 公顷以下的火灾；

3. 造成 10 人以上、30 人以下死亡的森林火灾，或者造成 3 人以上、10 人以下死亡的草原火灾；

4. 威胁居民地、重要设施和原始森林，或位于省（区、市）交界地区，危险性较大的森林草原火灾。

二、事故灾难类

（一）安全事故。

特别重大安全事故包括：

1. 造成 30 人以上死亡（含失踪），或危及 30 人以上生命安全，或 1 亿元以上直接经济损失，或 100 人以上中毒（重伤），或需要紧急转移安置 10 万人以上的安全事故；

2. 国内外民用运输航空器在我国境内发生的，或我民用运输航空器在境外发生的坠机、撞机或紧急迫降等情况导致的特别重大飞行事故；

3. 危及 30 人以上生命安全的水上突发事件，或水上保安事件，或单船 10 000 吨以上国内外民用运输船舶在我境内发生碰撞、触礁、火灾等对船舶及人员生命安全以及港口设施安全造成严重威胁的水上突发事件；

4. 铁路繁忙干线、国家高速公路网线路遭受破坏，造成行车中断，经抢修 48 小时内无法恢复通车；

5. 重要港口瘫痪或遭受灾难性损失，长江干线或黑龙江界河航道发生断航 24 小时以上；

6. 造成区域电网减供负荷达到事故前总负荷的 30% 以上，或造成重要政治、经济中心城市减供负荷达到事故前总负荷的 50% 以上；或因重要发电厂、变电站、输变电设备遭受毁灭性破坏或打击，造成区域电网大面积停电，减供负荷达到事故前的 20% 以上，对区域电网、跨区域电网安全稳定运行构成严重威胁；

7. 多省通信故障或大面积骨干网中断、通信枢纽遭到破坏等造成严重影响的事故；

8. 因自然灾害等不可抗拒的原因导致支付、清算系统国家处理中心发生故障或因人为破坏，造成整个支付、清算系统瘫痪的事故；

9. 城市 5 万户以上居民供气或供水连续停止 48 小时以上的事故；

10. 造成特别重大影响或损失的特种设备事故；

11. 大型集会和游园等群体性活动中，因拥挤、踩踏等造成 30 人以上死亡事故。

重大安全事故包括：

1. 造成 10 人以上、30 人以下死亡（含失踪），或危及 10 人以上、30 人以下生命安全，或直接经济损失 5 000 万元以上、1 亿元以下的事故，或 50 人以上、100 人以下中毒（重伤），或需紧急转移安置 5 万人以上、10 万人以下事故；

2. 国内外民用运输航空器在我国境内，或我民用运输航空器在境外发生重大飞行事故；

3. 危及 10 人以上、30 人以下生命安全的水上突发事件或水上保安事件；3 000 吨以上、10 000 吨以下的非客船、非危险化学品船发生碰撞、触礁、火灾等对船舶及人员生命安全造成威胁的水上突发事件；

4. 铁路繁忙干线、国家高速公路网线路遭受破坏，或因灾严重损毁，造成通行中断，经抢修 24 小时内无法恢复通车；

5. 重要港口遭受严重损坏，长江干线或黑龙江界河等重要航道断航 12 小时以上、24 小时以内；

6. 造成跨区电网或区域电网减供负荷达到事故前总负荷的 10% 以上、30% 以下，或造成重要政治、经济中心城市减供负荷达到事故前总负荷的 20% 以上、50% 以下；

7. 造成重大影响和损失的通信、信息网络、特种设备事故和城市轨道、道路交通、大中城市供水、燃气设施供应中断，或造成 3 万户以上居民停水、停气 24 小时以上的事故；

8. 大型集会和游园等群体性活动中，因拥挤、踩踏等造成 10 人以上、30 人以下死亡的事故；

9. 其他一些无法量化但性质严重，对社会稳定、对经济建设造成重大影响的事故。

（二）环境污染和生态破坏事故。

特别重大环境污染和生态破坏事故包括：

1. 发生 30 人以上死亡，或 100 人以上中毒（重伤），或因环境事件需疏散、转移群众 5 万人以上，或直接经济损失 1 000 万元以上，或区域生态功能严重丧失，或濒危物种生存环境遭到严重污染，或因环境污染使当地正常的经济、社会秩序受到严重影响，或 1、2 类放射源失控造成大范围严重辐射污染后果的；

2. 因环境污染造成重要城市主要水源地取水中断的污染事故；

3. 因危险化学品（含剧毒品）生产和贮运中发生泄漏，严重影响人民群众生产、生活的污染事故；

4. 核设施发生需要进入场外应急的严重核事故，或事故辐射后果可能影响邻省和境外的，或按照"国际核事件分级（INES）标准"3级以上的核事件；

5. 高致病病毒、细菌等微生物在实验室研究过程中造成的特大污染事故；

6. 转基因生物对人类、动物、植物、微生物和生态系统构成严重威胁，或造成高度侵袭性、传染性、转移性、致病性和破坏性的灾害；

7. 台湾省和周边国家核设施中发生的按照"国际核事件分级（INES）标准"属于4级以上的核事故；

8. 盗伐、滥伐、聚众哄抢森林、林木数量达5 000立方米（幼树25万株）以上事件，毁林开垦、乱占林地、非法改变林地用途属防护林和特种用途林林地1 500亩以上，属其他林地3 000亩以上的事件。

重大环境污染和生态破坏事故包括：

1. 发生10人以上、30人以下死亡，或50人以上、100人以下中毒，或区域生态功能部分丧失或濒危物种生存环境受到污染；或因环境污染使当地经济、社会活动受到较大影响，疏散转移群众1万人以上、5万人以下的；或1、2类放射源丢失、被盗或失控；

2. 因环境污染造成重要河流、湖泊、水库及沿海水域大面积污染，或县级以上城镇水源地取水中断的污染事故；

3. 盗伐、滥伐、聚众哄抢森林、林木数量达1 000~5 000立方米（幼树5万~25万株）的事件，毁林开垦、乱占林地、非法改变林地用途属防护林和特种用途林林地500~1 500亩，属其他林地1 000~3 000亩的事件；

4. 对国家级自然保护区和风景名胜区造成重大直接经济损失的环境污染事故，或资源开发造成严重环境污染和生态破坏，可能导致主要保护对象或其栖息地遭受毁灭性破坏，或直接威胁当地群众生产、生活和游客安全的事故；

5. 由于自然、生物、人为因素造成国家重点保护野生动（植）物种群大批死亡或可能造成物种灭绝的事件；

6. 核设备和铀矿冶炼设施发生的，达到进入场区应急状态标准；

7. 进口再生原料严重环保超标和进口货物严重核辐射超标或含有爆炸物品的事件；

8. 非法倾倒、埋藏剧毒危险废物事件。

三、公共卫生事件类

（一）公共卫生事件。

特别重大公共卫生事件包括：

1. 肺鼠疫、肺炭疽在大、中城市发生，疫情有扩散趋势；或肺鼠疫、肺炭疽疫情波及2个以上的省份，并有进一步扩散趋势；

2. 发生传染性非典型肺炎、人感染高致病性禽流感病例，疫情有扩散趋势；

3. 涉及多个省份的群体性不明原因疾病，并有扩散趋势；

4. 发生新传染病，或我国尚未发现的传染病发生或传入，并有扩散趋势；或发现我国已消灭传染病重新流行；

5. 发生烈性病菌株、毒株、致病因子等丢失事件；

6. 对 2 个以上省（区、市）造成严重威胁，并有进一步扩散趋势的特别重大食品安全事故；

7. 周边以及与我国通航的国家和地区发生特大传染病疫情，并出现输入性病例，严重危及我国公共卫生安全的事件；

8. 发生跨地区（香港、澳门、台湾）、跨国食品安全事故，造成特别严重社会影响的；

9. 其他危害特别严重的突发公共卫生事件。

重大公共卫生事件包括：

1. 在 1 个县（市）范围内，1 个平均潜伏期内发生 5 例以上肺鼠疫、肺炭疽病例，或相关联的疫情波及 2 个以上的县（市）；

2. 腺鼠疫发生流行，在 1 个市（地）范围内，1 个平均潜伏期内多点连续发病 20 例以上，或流行范围波及 2 个以上市（地）；

3. 发生传染性非典型肺炎、人感染高致病性禽流感疑似病例；

4. 霍乱在 1 个市（地）范围内流行，1 周内发病 30 例以上；或疫情波及 2 个以上市（地），有扩散趋势；

5. 乙类、丙类传染病疫情波及 2 个以上县（市），1 周内发病水平超过前 5 年同期平均发病水平 2 倍以上；

6. 我国尚未发现的传染病发生或传入，尚未造成扩散；

7. 发生群体性不明原因疾病，扩散到县（市）以外地区；

8. 发生重大医源性感染事件；

9. 预防接种或群体性用药出现人员死亡事件；

10. 对 1 个省（区、市）内 2 个以上市（地）造成危害的重大食品安全事故；

11. 一次食物中毒人数超过 100 人并出现死亡病例，或出现 10 例以上死亡病例；

12. 一次发生急性职业中毒 50 人以上，或死亡 5 人以上；

13. 境内外隐匿运输、邮寄烈性生物病原体、生物毒素造成我境内人员感染或死亡的；

14. 其他危害严重的重大突发公共卫生事件。

（二）动物疫情。

特别重大动物疫情包括：

1. 高致病性禽流感在 21 日内，相邻省份有 10 个以上县（市）发生疫情；或在 1 个省（区、市）内有 20 个以上县（市）发生或 10 个以上县（市）连片发生疫情；或在数省内呈多发态势；

2. 口蹄疫在 14 日内，5 个以上省份发生严重疫情，且疫区连片；

3. 动物暴发疯牛病等人畜共患病感染到人，并继续大面积扩散蔓延。

重大动物疫情包括：

1. 高致病性禽流感在 21 日内，1 个省（区、市）内有 2 个以上市（地）发生疫情，或在 1 个省（区、市）内有 20 个以上疫点或 5 个以上、10 个以下县（市）连片发生疫情；

2. 口蹄疫在 14 日内，在 1 个省（区、市）内有 2 个以上相邻市（地）或 5 个以上县（市）发生疫情，或有新的口蹄疫亚型出现并发生疫情；

3. 在 1 个平均潜伏期内，20 个以上县（市）发生猪瘟、新城疫疫情，或疫点数达到 30 个以上；

4. 在我国已消灭的牛瘟、牛肺疫等又有发生，或我国尚未发生的疯牛病、非洲猪瘟、非洲马瘟等疫病传入或发生；

5. 在 1 个平均潜伏期内，布鲁氏菌病、结核病、狂犬病、炭疽等二类动物疫病呈暴发流行，波及 3 个以上地（市），或其中的人畜共患病发生感染人的病例，并有继续扩散趋势。

四、社会安全事件类

（一）群体性事件。

特别重大群体性事件包括：

1. 一次参与人数 5 000 人以上，严重影响社会稳定的事件；

2. 冲击、围攻县级以上党政军机关和要害部门，打、砸、抢、烧乡镇以上党政军机关事件；

3. 参与人员对抗性特征突出，已发生大规模的打、砸、抢、烧等违法犯罪行为；

4. 阻断铁路繁忙干线、国道、高速公路和重要交通枢纽、城市交通 8 小时停运，或阻挠、妨碍国家重点建设工程施工，造成 24 小时以上停工事件；

5. 造成 10 人以上死亡或 30 人以上受伤，严重危害社会稳定的事件；

6. 高校内聚集事件失控，并未经批准走出校门进行大规模游行、集会、绝食、静坐、请愿等行为，引发不同地区连锁反应，严重影响社会稳定；

7. 参与人数 500 人以上，或造成重大人员伤亡的群体性械斗、冲突事件；

8. 参与人数在 10 人以上的暴狱事件；

9. 出现全国范围或跨省（区、市）或跨行业的严重影响社会稳定的互动性连锁反应；

10. 其他视情况需要作为特别重大群体性事件对待的事件。

重大群体性事件包括：

1. 参与人数在 1 000 人以上、5 000 人以下，影响较大的非法集会游行示威、上访请愿、聚众闹事、罢工（市、课）等，或人数不多但涉及面广和有可能进京的非法集会和集体上访事件；

2. 造成 3 人以上、10 人以下死亡，或 10 人以上、30 人以下受伤群体性事件；

3. 高校校园网上出现大范围串联、煽动和蛊惑信息，校内聚集规模迅速扩大并出现多校串联聚集趋势，学校正常教育教学秩序受到严重影响甚至瘫痪，或因高校统一招生试题泄密引发的群体性事件；

4. 参与人数 200 人以上、500 人以下，或造成较大人员伤亡的群体性械斗、冲突事件；

5. 涉及境内外宗教组织背景的大型非法宗教活动，或因民族宗教问题引发的严重影响民族团结的群体性事件；

6. 因土地、矿产、水资源、森林、草原、水域等权属争议和环境污染、生态破坏引发的，造成严重后果的群体性事件；

7. 已出现跨省（区、市）或行业影响社会稳定的连锁反应，或造成了较严重的危害和损失，事态仍可能进一步扩大和升级；

8. 其他视情况需要作为重大群体性事件对待的事件。

（二）金融突发事件。

特别重大金融突发事件包括：

1. 具有全国性影响且涉及本地区银行业金融机构的突发事件；

2. 金融行业已出现或将要出现连锁反应，需要各有关部门协同配合共同处置的金融突发事件；

3. 国际上出现的，已经影响或极有可能影响国内宏观金融稳定的金融突发事件。

重大金融突发事件包括：

1. 对金融行业造成影响，但未造成全国性影响的金融突发事件；

2. 所涉及省（区、市）监管部门不能单独应对，需进行跨省（区、市）或跨部门协调的金融突发事件。

（三）涉外突发事件。

特别重大涉外突发事件包括：

1. 一次造成 30 人以上死亡或 100 人以上伤亡的境外涉我及境内涉外事件；

2. 造成我境外国家利益、机构和人员安全及财产重大损失，造成境内外国驻华外交机构、其他机构和人员安全及重大财产损失，并具有重大政治和社会影响的涉外事件；

3. 有关国家、地区发生特别重大突发事件，需要迅速撤离我驻外机构和人员、撤侨的涉外事件。

重大涉外突发事件包括：

1. 一次事件造成 10 人以上、30 人以下死亡，或 50 人以上、100 人以下伤亡的境外涉我及境内涉外事件；

2. 造成或可能造成我境外国家利益、机构和人员安全及较大财产损失，造成或可能造成外国驻华外交机构、其他机构和人员安全及财产较大损失，并具有较大政治和社会影响的涉外事件；

3. 有关国家、地区发生重大突发事件，需要尽快撤离我驻外部分机构和人员、部分撤侨的涉外事件。

（四）影响市场稳定的突发事件。

特别重大突发事件包括：

1. 2 个以上省（区、市）出现群众大量集中抢购、粮食脱销断档、价格大幅度上涨等粮食市场急剧波动的状况，以及超过省级人民政府处置能力和国务院认为需要按照国家级粮食应急状态来对待的情况；在直辖市发生重要生活必需品市场异常波动，供应短缺；

2. 在 2 个以上省会城市或计划单列市发生重要生活必需品市场异常波动，供应短缺；

3. 在相邻省份的相邻区域有 2 个以上市（地）发生重要生活必需品市场异常波动，供应短缺；

4. 在数个省（区、市）内呈多发态势的重要生活必需的市场异常波动，供应短缺。

重大突发事件包括：

1. 在 1 个省（区、市）较大范围或省会等大中城市出现粮食市场急剧波动状况；

2. 在 1 个省会城市或计划单列市发生重要生活必需品市场异常波动，供应短缺；

3. 在 1 个省（区、市）内 2 个以上市（地）发生重要生活必需品市场异常波动，供应短缺。

（五）恐怖袭击事件。

1. 利用生物制剂、化学毒剂进行大规模袭击或攻击生产、贮存、运输生化毒物设施、工具的；

2. 利用核爆炸、核辐射进行袭击或攻击核设施、核材料装运工具的；

3. 利用爆炸手段，袭击党政军首脑机关、警卫现场、城市标志性建筑物、公众聚集场所、国家重要基础设施、主要军事设施、民生设施、航空器的；

4. 劫持航空器、轮船、火车等公共交通工具，造成严重危害后果的；

5. 袭击、劫持警卫对象、国内外重要知名人士及大规模袭击、劫持平民，造成重大影响和危害的；

6.袭击外国驻华使领馆、国际组织驻华代表机构及其人员寓所等重要、敏感涉外场所的；

7.大规模攻击国家机关、军队或民用计算机信息系统，构成重大危害的。

（六）刑事案件。

特别重大刑事案件包括：

1.一次造成 10 人以上死亡的杀人、爆炸、纵火、毒气、投放危险物质和邮寄危险物品等案件，或在公共场所造成 6 人以上死亡的案件，或采取绑架、劫持人质等手段，造成恶劣社会影响或可能造成严重后果的案件；

2.抢劫金融机构或运钞车，盗窃金融机构现金 100 万元以上的案件；

3.在国内发生的劫持民用运输航空器、客轮和货轮等，或国内运输航空器、客轮和货轮等在境外被劫持案件；

4.抢劫、走私、盗窃军（警）用枪械 10 支以上的案件；

5.危害性大的放射性材料或数量特大的炸药或雷管被盗、丢失案件；

6.走私危害性大的放射性材料，走私固体废物达 100 吨以上的案件；

7.制服毒品（海洛因、冰毒）20 公斤以上案件；

8.盗窃、出卖、泄露及丢失国家秘密资料等可能造成严重后果的案件；

9.攻击和破坏计算机网络、卫星通信、广播电视传输系统等，并对社会稳定造成特大影响的信息安全案件；

10.在我国境内发生的涉外、涉港澳台侨重大刑事案件。

重大刑事案件包括：

1.一次造成公共场所 3 人以上死亡，或学校内发生的造成人员伤亡、危害严重的杀人、爆炸、纵火、毒气、绑架、劫持人质和投入危险物质案件；

2.劫持现金 50 万元以上或财物价值 200 万元以上，盗窃现金 100 万元以上或财物价值 300 万元以上，或抢劫金融机构或运钞车，盗窃金融机构现金 30 万元以上的案件；

3.有组织团伙性制售假劣药品、医疗器械和有毒有害食品，对人体健康和生命安全造成威胁的案件；

4.案值数额在 2 000 万元以上的走私、骗汇、逃汇、洗钱、金融诈骗案、增值税发票及其他票证案，面值在 200 万元以上的制贩假币案件；

5.因假劣种子、化肥、农药等农用生产资料造成大面积绝收、减产的坑农案件；

6.非法猎捕、采集国家重点保护野生动植物和破坏物种资源致使物种或种群面临灭绝危险的重大案件；

7.重大制贩毒品（海洛因、冰毒）案件；

8. 涉及 50 人以上，或者偷渡人员较多，且有人员伤亡，在国际上造成一定影响的偷渡案件。

对一些比较敏感或发生在敏感地区、敏感时间，或可能演化为特别重大、重大突发公共事件的信息报送和分级处理，不受上述标准限制。

附录四　中华人民共和国突发事件应对法

（2007 年 8 月 30 日第十届全国人民代表大会常务委员会第二十九次会议通过）

第一章　总　则

第一条　为了预防和减少突发事件的发生，控制、减轻和消除突发事件引起的严重社会危害，规范突发事件应对活动，保护人民生命财产安全，维护国家安全、公共安全、环境安全和社会秩序，制定本法。

第二条　突发事件的预防与应急准备、监测与预警、应急处置与救援、事后恢复与重建等应对活动，适用本法。

第三条　本法所称突发事件，是指突然发生，造成或者可能造成严重社会危害，需要采取应急处置措施予以应对的自然灾害、事故灾难、公共卫生事件和社会安全事件。

按照社会危害程度、影响范围等因素，自然灾害、事故灾难、公共卫生事件分为特别重大、重大、较大和一般四级。法律、行政法规或者国务院另有规定的，从其规定。

突发事件的分级标准由国务院或者国务院确定的部门制定。

第四条　国家建立统一领导、综合协调、分类管理、分级负责、属地管理为主的应急管理体制。

第五条　突发事件应对工作实行预防为主、预防与应急相结合的原则。国家建立重大突发事件风险评估体系，对可能发生的突发事件进行综合性评估，减少重大突发事件的发生，最大限度地减轻重大突发事件的影响。

第六条　国家建立有效的社会动员机制，增强全民的公共安全和防范风险的意识，提高全社会的避险救助能力。

第七条　县级人民政府对本行政区域内突发事件的应对工作负责；涉及两个以上行政区域的，由有关行政区域共同的上一级人民政府负责，或者由各有关行政区域的上一级人民政府共同负责。

突发事件发生后，发生地县级人民政府应当立即采取措施控制事态发展，组织开展应急救援和处置工作，并立即向上一级人民政府报告，必要时可以越级上报。

突发事件发生地县级人民政府不能消除或者不能有效控制突发事件引起的严重社会危害的，应当及时向上级人民政府报告。上级人民政府应当及时采取措施，统一领导应急处置工作。

法律、行政法规规定由国务院有关部门对突发事件的应对工作负责的，从其规定；地方人民政府应当积极配合并提供必要的支持。

第八条　国务院在总理领导下研究、决定和部署特别重大突发事件的应对工作；根据实际需要，设立国家突发事件应急指挥机构，负责突发事件应对工作；必要时，国务院可以派出工作组指导有关工作。

县级以上地方各级人民政府设立由本级人民政府主要负责人、相关部门负责人、驻当地中国人民解放军和中国人民武装警察部队有关负责人组成的突发事件应急指挥机构，统一领导、协调本级人民政府各有关部门和下级人民政府开展突发事件应对工作；根据实际需要，设立相关类别突发事件应急指挥机构，组织、协调、指挥突发事件应对工作。

上级人民政府主管部门应当在各自职责范围内，指导、协助下级人民政府及其相应部门做好有关突发事件的应对工作。

第九条　国务院和县级以上地方各级人民政府是突发事件应对工作的行政领导机关，其办事机构及具体职责由国务院规定。

第十条　有关人民政府及其部门作出的应对突发事件的决定、命令，应当及时公布。

第十一条　有关人民政府及其部门采取的应对突发事件的措施，应当与突发事件可能造成的社会危害的性质、程度和范围相适应；有多种措施可供选择的，应当选择有利于最大程度地保护公民、法人和其他组织权益的措施。

公民、法人和其他组织有义务参与突发事件应对工作。

第十二条　有关人民政府及其部门为应对突发事件，可以征用单位和个人的财产。被征用的财产在使用完毕或者突发事件应急处置工作结束后，应当及时返还。财产被征用或者征用后毁损、灭失的，应当给予补偿。

第十三条　因采取突发事件应对措施，诉讼、行政复议、仲裁活动不能正常进行的，适用有关时效中止和程序中止的规定，但法律另有规定的除外。

第十四条　中国人民解放军、中国人民武装警察部队和民兵组织依照本法和其他有关法律、行政法规、军事法规的规定以及国务院、中央军事委员会的命令，参加突发事件的应急救援和处置工作。

第十五条　中华人民共和国政府在突发事件的预防、监测与预警、应急处置与救援、事后恢复与重建等方面，同外国政府和有关国际组织开展合作与交流。

第十六条　县级以上人民政府作出应对突发事件的决定、命令，应当报本级人民代表大会常务委员会备案；突发事件应急处置工作结束后，应当向本级人民代表大会常务委员会作出专项工作报告。

第二章　预防与应急准备

第十七条　国家建立健全突发事件应急预案体系。

国务院制定国家突发事件总体应急预案，组织制定国家突发事件专项应急预案；国务院有关部门根据各自的职责和国务院相关应急预案，制定国家突发事件部门应急预案。

地方各级人民政府和县级以上地方各级人民政府有关部门根据有关法律、法规、规章、上级人民政府及其有关部门的应急预案以及本地区的实际情况，制定相应的突发事件应急预案。

应急预案制定机关应当根据实际需要和情势变化，适时修订应急预案。应急预案的制定、修订程序由国务院规定。

第十八条　应急预案应当根据本法和其他有关法律、法规的规定，针对突发事件的性质、特点和可能造成的社会危害，具体规定突发事件应急管理工作的组织指挥体系与职责和突发事件的预防与预警机制、处置程序、应急保障措施以及事后恢复与重建措施等内容。

第十九条　城乡规划应当符合预防、处置突发事件的需要，统筹安排应对突发事件所必需的设备和基础设施建设，合理确定应急避难场所。

第二十条　县级人民政府应当对本行政区域内容易引发自然灾害、事故灾难和公共卫生事件的危险源、危险区域进行调查、登记、风险评估，定期进行检查、监控，并责令有关单位采取安全防范措施。

省级和设区的市级人民政府应当对本行政区域内容易引发特别重大、重大突发事件的危险源、危险区域进行调查、登记、风险评估，组织进行检查、监控，并责令有关单位采取安全防范措施。

县级以上地方各级人民政府按照本法规定登记的危险源、危险区域，应当按照国家规定及时向社会公布。

第二十一条　县级人民政府及其有关部门、乡级人民政府、街道办事处、居民委员会、村民委员会应当及时调解处理可能引发社会安全事件的矛盾纠纷。

第二十二条　所有单位应当建立健全安全管理制度，定期检查本单位各项安全防范措施的落实情况，及时消除事故隐患；掌握并及时处理本单位存在的可能引发社会安全事件的问题，防止矛盾激化和事态扩大；对本单位可能发生的突发事件和采取安全防范措施的情况，应当按照规定及时向所在地人民政府或者人民政府有关部门报告。

第二十三条　矿山、建筑施工单位和易燃易爆物品、危险化学品、放射性物品等危险物品的生产、经营、储运、使用单位，应当制定具体应急预案，并对生产经营场所、有危险物品的建筑物、构筑物及周边环境开展隐患排查，及时采取措施消除隐患，防止发生突发事件。

第二十四条　公共交通工具、公共场所和其他人员密集场所的经营单位或者管理单位应当制定具体应急预案，为交通工具和有关场所配备报警装置和必要的应急救援设备、设施，注明其使用方法，并显著标明安全撤离的通道、路线，保证安全通道、出口的畅通。

有关单位应当定期检测、维护其报警装置和应急救援设备、设施，使其处于良好状态，确保正常使用。

第二十五条　县级以上人民政府应当建立健全突发事件应急管理培训制度，对人民政府及其有关部门负有处置突发事件职责的工作人员定期进行培训。

第二十六条　县级以上人民政府应当整合应急资源，建立或者确定综合性应急救援队伍。人民政府有关部门可以根据实际需要设立专业应急救援队伍。

县级以上人民政府及其有关部门可以建立由成年志愿者组成的应急救援队伍。单位应当建立由本单位职工组成的专职或者兼职应急救援队伍。

县级以上人民政府应当加强专业应急救援队伍与非专业应急救援队伍的合作，联合培训、联合演练，提高合成应急、协同应急的能力。

第二十七条　国务院有关部门、县级以上地方各级人民政府及其有关部门、有关单位应当为专业应急救援人员购买人身意外伤害保险，配备必要的防护装备和器材，减少应急救援人员的人身风险。

第二十八条　中国人民解放军、中国人民武装警察部队和民兵组织应当有计划地组织开展应急救援的专门训练。

第二十九条　县级人民政府及其有关部门、乡级人民政府、街道办事处应当组织开展应急知识的宣传普及活动和必要的应急演练。

居民委员会、村民委员会、企业事业单位应当根据所在地人民政府的要求，结合各自的实际情况，开展有关突发事件应急知识的宣传普及活动和必要的应急演练。

新闻媒体应当无偿开展突发事件预防与应急、自救与互救知识的公益宣传。

第三十条　各级各类学校应当把应急知识教育纳入教学内容，对学生进行应急知识教育，培养学生的安全意识和自救与互救能力。

教育主管部门应当对学校开展应急知识教育进行指导和监督。

第三十一条　国务院和县级以上地方各级人民政府应当采取财政措施，保障突发事件应对工作所需经费。

第三十二条　国家建立健全应急物资储备保障制度，完善重要应急物资的监管、生产、储备、调拨和紧急配送体系。

设区的市级以上人民政府和突发事件易发、多发地区的县级人民政府应当建立应急救援物资、生活必需品和应急处置装备的储备制度。

县级以上地方各级人民政府应当根据本地区的实际情况，与有关企业签订协议，保障应急救援物资、生活必需品和应急处置装备的生产、供给。

第三十三条　国家建立健全应急通信保障体系，完善公用通信网，建立有线与无线相结合、基础电信网络与机动通信系统相配套的应急通信系统，确保突发事件应对工作的通信畅通。

第三十四条　国家鼓励公民、法人和其他组织为人民政府应对突发事件工作提供物资、资金、技术支持和捐赠。

第三十五条　国家发展保险事业，建立国家财政支持的巨灾风险保险体系，并鼓励单位和公民参加保险。

第三十六条　国家鼓励、扶持具备相应条件的教学科研机构培养应急管理专门人才，鼓励、扶持教学科研机构和有关企业研究开发用于突发事件预防、监测、预警、应急处置与救援的新技术、新设备和新工具。

第三章　监测与预警

第三十七条　国务院建立全国统一的突发事件信息系统。

县级以上地方各级人民政府应当建立或者确定本地区统一的突发事件信息系统，汇集、储存、分析、传输有关突发事件的信息，并与上级人民政府及其有关部门、下级人民政府及其有关部门、专业机构和监测网点的突发事件信息系统实现互联互通，加强跨部门、跨地区的信息交流与情报合作。

第三十八条　县级以上人民政府及其有关部门、专业机构应当通过多种途径收集突发事件信息。

县级人民政府应当在居民委员会、村民委员会和有关单位建立专职或者兼职信息报告员制度。

获悉突发事件信息的公民、法人或者其他组织，应当立即向所在地人民政府、有关主管部门或者指定的专业机构报告。

第三十九条　地方各级人民政府应当按照国家有关规定向上级人民政府报送突发事件信息。县级以上人民政府有关主管部门应当向本级人民政府相关部门通报突发事件信息。专业机构、监测网点和信息报告员应当及时向所在地人民政府及其有关主管部门报告突发事件信息。

有关单位和人员报送、报告突发事件信息，应当做到及时、客观、真实，不得迟报、谎报、瞒报、漏报。

第四十条　县级以上地方各级人民政府应当及时汇总分析突发事件隐患和预警信息，必要时组织相关部门、专业技术人员、专家学者进行会商，对发生突发事件的可能性及其可能造成的影响进行评估；认为可能发生重大或者特别重大突发事件的，应当立即向上级人民政府报告，并向上级人民政府有关部门、当地驻军和可能受到危害的毗邻或者相关地区的人民政府通报。

第四十一条　国家建立健全突发事件监测制度。

县级以上人民政府及其有关部门应当根据自然灾害、事故灾难和公共卫生事件的种类和特点，建立健全基础信息数据库，完善监测网络，划分监测区域，确定监测点，明确监测项目，提供必要的设备、设施，配备专职或者兼职人员，对可能发生的突发事件进行监测。

第四十二条　国家建立健全突发事件预警制度。

可以预警的自然灾害、事故灾难和公共卫生事件的预警级别，按照突发事件发生的紧急程度、发展势态和可能造成的危害程度分为一级、二级、三级和四级，分别用红色、橙色、黄色和蓝色标示，一级为最高级别。

预警级别的划分标准由国务院或者国务院确定的部门制定。

第四十三条　可以预警的自然灾害、事故灾难或者公共卫生事件即将发生或者发生的可能性增大时，县级以上地方各级人民政府应当根据有关法律、行政法规和国务院规定的权限和程序，发布相应级别的警报，决定并宣布有关地区进入预警期，同时向上一级人民政府报告，必要时可以越级上报，并向当地驻军和可能受到危害的毗邻或者相关地区的人民政府通报。

第四十四条　发布三级、四级警报，宣布进入预警期后，县级以上地方各级人民政府应当根据即将发生的突发事件的特点和可能造成的危害，采取下列措施：

（一）启动应急预案；

（二）责令有关部门、专业机构、监测网点和负有特定职责的人员及时收集、报告有关信息，向社会公布反映突发事件信息的渠道，加强对突发事件发生、发展情况的监测、预报和预警工作；

（三）组织有关部门和机构、专业技术人员、有关专家学者，随时对突发事件信息进行分析评估，预测发生突发事件可能性的大小、影响范围和强度以及可能发生的突发事件的级别；

（四）定时向社会发布与公众有关的突发事件预测信息和分析评估结果，并对相关信息的报道工作进行管理；

（五）及时按照有关规定向社会发布可能受到突发事件危害的警告，宣传避免、减轻危害的常识，公布咨询电话。

第四十五条　发布一级、二级警报，宣布进入预警期后，县级以上地方各级人民政府除采取本法第四十四条规定的措施外，还应当针对即将发生的突发事件的特点和可能造成的危害，采取下列一项或者多项措施：

（一）责令应急救援队伍、负有特定职责的人员进入待命状态，并动员后备人员做好参加应急救援和处置工作的准备；

（二）调集应急救援所需物资、设备、工具，准备应急设施和避难场所，并确保其处于良好状态、随时可以投入正常使用；

（三）加强对重点单位、重要部位和重要基础设施的安全保卫，维护社会治安秩序；

（四）采取必要措施，确保交通、通信、供水、排水、供电、供气、供热等公共设施的安全和正常运行；

（五）及时向社会发布有关采取特定措施避免或者减轻危害的建议、劝告；

（六）转移、疏散或者撤离易受突发事件危害的人员并予以妥善安置，转移重要财产；

（七）关闭或者限制使用易受突发事件危害的场所，控制或者限制容易导致危害扩大的公共场所的活动；

（八）法律、法规、规章规定的其他必要的防范性、保护性措施。

第四十六条　对即将发生或者已经发生的社会安全事件，县级以上地方各级人民政府及其有关主管部门应当按照规定向上一级人民政府及其有关主管部门报告，必要时可以越级上报。

第四十七条　发布突发事件警报的人民政府应当根据事态的发展，按照有关规定适时调整预警级别并重新发布。

有事实证明不可能发生突发事件或者危险已经解除的，发布警报的人民政府应当立即宣布解除警报，终止预警期，并解除已经采取的有关措施。

第四章　应急处置与救援

第四十八条　突发事件发生后，履行统一领导职责或者组织处置突发事件的人民政府应当针对其性质、特点和危害程度，立即组织有关部门，调动应急救援队伍和社会力量，依照本章的规定和有关法律、法规、规章的规定采取应急处置措施。

第四十九条　自然灾害、事故灾难或者公共卫生事件发生后，履行统一领导职责的人民政府可以采取下列一项或者多项应急处置措施：

（一）组织营救和救治受害人员，疏散、撤离并妥善安置受到威胁的人员以及采取其他救助措施；

（二）迅速控制危险源，标明危险区域，封锁危险场所，划定警戒区，实行交通管制以及其他控制措施；

（三）立即抢修被损坏的交通、通信、供水、排水、供电、供气、供热等公共设施，向受到危害的人员提供避难场所和生活必需品，实施医疗救护和卫生防疫以及其他保障措施；

（四）禁止或者限制使用有关设备、设施，关闭或者限制使用有关场所，中止人员密集的活动或者可能导致危害扩大的生产经营活动以及采取其他保护措施；

（五）启用本级人民政府设置的财政预备费和储备的应急救援物资，必要时调用其他急需物资、设备、设施、工具；

（六）组织公民参加应急救援和处置工作，要求具有特定专长的人员提供服务；

（七）保障食品、饮用水、燃料等基本生活必需品的供应；

（八）依法从严惩处囤积居奇、哄抬物价、制假售假等扰乱市场秩序的行为，稳定市场价格，维护市场秩序；

（九）依法从严惩处哄抢财物、干扰破坏应急处置工作等扰乱社会秩序的行为，维护社会治安；

（十）采取防止发生次生、衍生事件的必要措施。

第五十条　社会安全事件发生后，组织处置工作的人民政府应当立即组织有关部门并由公安机关针对事件的性质和特点，依照有关法律、行政法规和国家其他有关规定，采取下列一项或者多项应急处置措施：

（一）强制隔离使用器械相互对抗或者以暴力行为参与冲突的当事人，妥善解决现场纠纷和争端，控制事态发展；

（二）对特定区域内的建筑物、交通工具、设备、设施以及燃料、燃气、电力、水的供应进行控制；

（三）封锁有关场所、道路，查验现场人员的身份证件，限制有关公共场所内的活动；

（四）加强对易受冲击的核心机关和单位的警卫，在国家机关、军事机关、国家通讯社、广播电台、电视台、外国驻华使领馆等单位附近设置临时警戒线；

（五）法律、行政法规和国务院规定的其他必要措施。

严重危害社会治安秩序的事件发生时，公安机关应当立即依法出动警力，根据现场情况依法采取相应的强制性措施，尽快使社会秩序恢复正常。

第五十一条　发生突发事件，严重影响国民经济正常运行时，国务院或者国务院授权的有关主管部门可以采取保障、控制等必要的应急措施，保障人民群众的基本生活需要，最大限度地减轻突发事件的影响。

第五十二条　履行统一领导职责或者组织处置突发事件的人民政府，必要时可以向单位和个人征用应急救援所需设备、设施、场地、交通工具和其他物资，请求其他地方人民政府提供人力、物力、财力或者技术支援，要求生产、供应生活必需品和应急救援物资的企业组织生产、保证供给，要求提供医疗、交通等公共服务的组织提供相应的服务。

履行统一领导职责或者组织处置突发事件的人民政府，应当组织协调运输经营单位，优先运送处置突发事件所需物资、设备、工具、应急救援人员和受到突发事件危害的人员。

第五十三条　履行统一领导职责或者组织处置突发事件的人民政府，应当按照有关规定统一、准确、及时发布有关突发事件事态发展和应急处置工作的信息。

第五十四条　任何单位和个人不得编造、传播有关突发事件事态发展或者应急处置工作的虚假信息。

第五十五条　突发事件发生地的居民委员会、村民委员会和其他组织应当按照当地人民政府的决定、命令，进行宣传动员，组织群众开展自救和互救，协助维护社会秩序。

第五十六条　受到自然灾害危害或者发生事故灾难、公共卫生事件的单位，应当立即组织本单位应急救援队伍和工作人员营救受害人员，疏散、撤离、安置受到威胁的人员，控制危险源，标明危险区域，封锁危险场所，并采取其他防止危害扩大的必要措施，同时向所在地县级人民政府报告；对因本单位的问题引发的或者主体是本单位人员的社会安全事件，有关单位应当按照规定上报情况，并迅速派出负责人赶赴现场开展劝解、疏导工作。

突发事件发生地的其他单位应当服从人民政府发布的决定、命令，配合人民政府采取的应急处置措施，做好本单位的应急救援工作，并积极组织人员参加所在地的应急救援和处置工作。

第五十七条　突发事件发生地的公民应当服从人民政府、居民委员会、村民委员会或者所属单位的指挥和安排，配合人民政府采取的应急处置措施，积极参加应急救援工作，协助维护社会秩序。

第五章　事后恢复与重建

第五十八条　突发事件的威胁和危害得到控制或者消除后，履行统一领导职责或者组织处置突发事件的人民政府应当停止执行依照本法规定采取的应急处置措施，同时采取或者继续实施必要措施，防止发生自然灾害、事故灾难、公共卫生事件的次生、衍生事件或者重新引发社会安全事件。

第五十九条　突发事件应急处置工作结束后，履行统一领导职责的人民政府应当立即组织对突发事件造成的损失进行评估，组织受影响地区尽快恢复生产、生活、工作和社会秩序，制定恢复重建计划，并向上一级人民政府报告。

受突发事件影响地区的人民政府应当及时组织和协调公安、交通、铁路、民航、邮电、建设等有关部门恢复社会治安秩序，尽快修复被损坏的交通、通信、供水、排水、供电、供气、供热等公共设施。

第六十条　受突发事件影响地区的人民政府开展恢复重建工作需要上一级人民政府支持的，可以向上一级人民政府提出请求。上一级人民政府应当根据受影响地区遭受的损失和实际情况，提供资金、物资支持和技术指导，组织其他地区提供资金、物资和人力支援。

第六十一条　国务院根据受突发事件影响地区遭受损失的情况，制定扶持该地区有关行业发展的优惠政策。

受突发事件影响地区的人民政府应当根据本地区遭受损失的情况，制定救助、补偿、抚慰、抚恤、安置等善后工作计划并组织实施，妥善解决因处置突发事件引发的矛盾和纠纷。

公民参加应急救援工作或者协助维护社会秩序期间，其在本单位的工资待遇和福利不变；表现突出、成绩显著的，由县级以上人民政府给予表彰或者奖励。

县级以上人民政府对在应急救援工作中伤亡的人员依法给予抚恤。

第六十二条　履行统一领导职责的人民政府应当及时查明突发事件的发生经过和原因，总结突发事件应急处置工作的经验教训，制定改进措施，并向上一级人民政府提出报告。

第六章　法律责任

第六十三条　地方各级人民政府和县级以上各级人民政府有关部门违反本法规定，不履行法定职责的，由其上级行政机关或者监察机关责令改正；有下列情形之一的，根据情节对直接负责的主管人员和其他直接责任人员依法给予处分：

（一）未按规定采取预防措施，导致发生突发事件，或者未采取必要的防范措施，导致发生次生、衍生事件的；

（二）迟报、谎报、瞒报、漏报有关突发事件的信息，或者通报、报送、公布虚假信息，造成后果的；

（三）未按规定及时发布突发事件警报、采取预警期的措施，导致损害发生的；

（四）未按规定及时采取措施处置突发事件或者处置不当，造成后果的；

（五）不服从上级人民政府对突发事件应急处置工作的统一领导、指挥和协调的；

（六）未及时组织开展生产自救、恢复重建等善后工作的；

（七）截留、挪用、私分或者变相私分应急救援资金、物资的；

（八）不及时归还征用的单位和个人的财产，或者对被征用财产的单位和个人不按规定给予补偿的。

第六十四条　有关单位有下列情形之一的，由所在地履行统一领导职责的人民政府责令停产停业，暂扣或者吊销许可证或者营业执照，并处五万元以上二十万元以下的罚款；构成违反治安管理行为的，由公安机关依法给予处罚：

（一）未按规定采取预防措施，导致发生严重突发事件的；

（二）未及时消除已发现的可能引发突发事件的隐患，导致发生严重突发事件的；

（三）未做好应急设备、设施日常维护、检测工作，导致发生严重突发事件或者突发事件危害扩大的；

（四）突发事件发生后，不及时组织开展应急救援工作，造成严重后果的。

前款规定的行为，其他法律、行政法规规定由人民政府有关部门依法决定处罚的，从其规定。

第六十五条　违反本法规定，编造并传播有关突发事件事态发展或者应急处置工作的虚假信息，或者明知是有关突发事件事态发展或者应急处置工作的虚假信息而进行传播的，责令改正，给予警告；造成严重后果的，依法暂停其业务活动或者吊销其执业许可证；负有直接责任的人员是国家工作人员的，还应当对其依法给予处分；构成违反治安管理行为的，由公安机关依法给予处罚。

第六十六条 单位或者个人违反本法规定，不服从所在地人民政府及其有关部门发布的决定、命令或者不配合其依法采取的措施，构成违反治安管理行为的，由公安机关依法给予处罚。

第六十七条 单位或者个人违反本法规定，导致突发事件发生或者危害扩大，给他人人身、财产造成损害的，应当依法承担民事责任。

第六十八条 违反本法规定，构成犯罪的，依法追究刑事责任。

第七章 附　则

第六十九条 发生特别重大突发事件，对人民生命财产安全、国家安全、公共安全、环境安全或者社会秩序构成重大威胁，采取本法和其他有关法律、法规、规章规定的应急处置措施不能消除或者有效控制、减轻其严重社会危害，需要进入紧急状态的，由全国人民代表大会常务委员会或者国务院依照宪法和其他有关法律规定的权限和程序决定。

紧急状态期间采取的非常措施，依照有关法律规定执行或者由全国人民代表大会常务委员会另行规定。

第七十条 本法自 2007 年 11 月 1 日起施行。

附录五　突发事件应急预案管理办法

国办发〔2013〕101 号

第一章 总　则

第一条 为规范突发事件应急预案（以下简称应急预案）管理，增强应急预案的针对性、实用性和可操作性，依据《中华人民共和国突发事件应对法》等法律、行政法规，制订本办法。

第二条 本办法所称应急预案，是指各级人民政府及其部门、基层组织、企事业单位、社会团体等为依法、迅速、科学、有序应对突发事件，最大程度减少突发事件及其造成的损害而预先制定的工作方案。

第三条 应急预案的规划、编制、审批、发布、备案、演练、修订、培训、宣传教育等工作，适用本办法。

第四条 应急预案管理遵循统一规划、分类指导、分级负责、动态管理的原则。

第五条 应急预案编制要依据有关法律、行政法规和制度，紧密结合实际，合理确定内容，切实提高针对性、实用性和可操作性。

第二章　分类和内容

第六条　应急预案按照制定主体划分，分为政府及其部门应急预案、单位和基层组织应急预案两大类。

第七条　政府及其部门应急预案由各级人民政府及其部门制定，包括总体应急预案、专项应急预案、部门应急预案等。

总体应急预案是应急预案体系的总纲，是政府组织应对突发事件的总体制度安排，由县级以上各级人民政府制定。

专项应急预案是政府为应对某一类型或某几种类型突发事件，或者针对重要目标物保护、重大活动保障、应急资源保障等重要专项工作而预先制定的涉及多个部门职责的工作方案，由有关部门牵头制订，报本级人民政府批准后印发实施。

部门应急预案是政府有关部门根据总体应急预案、专项应急预案和部门职责，为应对本部门（行业、领域）突发事件，或者针对重要目标物保护、重大活动保障、应急资源保障等涉及部门工作而预先制定的工作方案，由各级政府有关部门制定。

鼓励相邻、相近的地方人民政府及其有关部门联合制定应对区域性、流域性突发事件的联合应急预案。

第八条　总体应急预案主要规定突发事件应对的基本原则、组织体系、运行机制，以及应急保障的总体安排等，明确相关各方的职责和任务。

针对突发事件应对的专项和部门应急预案，不同层级的预案内容各有所侧重。国家层面专项和部门应急预案侧重明确突发事件的应对原则、组织指挥机制、预警分级和事件分级标准、信息报告要求、分级响应及响应行动、应急保障措施等，重点规范国家层面应对行动，同时体现政策性和指导性；省级专项和部门应急预案侧重明确突发事件的组织指挥机制、信息报告要求、分级响应及响应行动、队伍物资保障及调动程序、市县级政府职责等，重点规范省级层面应对行动，同时体现指导性；市县级专项和部门应急预案侧重明确突发事件的组织指挥机制、风险评估、监测预警、信息报告、应急处置措施、队伍物资保障及调动程序等内容，重点规范市（地）级和县级层面应对行动，体现应急处置的主体职能；乡镇街道专项和部门应急预案侧重明确突发事件的预警信息传播、组织先期处置和自救互救、信息收集报告、人员临时安置等内容，重点规范乡镇层面应对行动，体现先期处置特点。

针对重要基础设施、生命线工程等重要目标物保护的专项和部门应急预案，侧重明确风险隐患及防范措施、监测预警、信息报告、应急处置和紧急恢复等内容。

针对重大活动保障制定的专项和部门应急预案，侧重明确活动安全风险隐患及防范措施、监测预警、信息报告、应急处置、人员疏散撤离组织和路线等内容。

针对为突发事件应对工作提供队伍、物资、装备、资金等资源保障的专项和部门应急预案，侧重明确组织指挥机制、资源布局、不同种类和级别突发事件发生后的资源调用程序等内容。

联合应急预案侧重明确相邻、相近地方人民政府及其部门间信息通报、处置措施衔接、应急资源共享等应急联动机制。

第九条 单位和基层组织应急预案由机关、企业、事业单位、社会团体和居委会、村委会等法人和基层组织制定，侧重明确应急响应责任人、风险隐患监测、信息报告、预警响应、应急处置、人员疏散撤离组织和路线、可调用或可请求援助的应急资源情况及如何实施等，体现自救互救、信息报告和先期处置特点。

大型企业集团可根据相关标准规范和实际工作需要，参照国际惯例，建立本集团应急预案体系。

第十条 政府及其部门、有关单位和基层组织可根据应急预案，并针对突发事件现场处置工作灵活制定现场工作方案，侧重明确现场组织指挥机制、应急队伍分工、不同情况下的应对措施、应急装备保障和自我保障等内容。

第十一条 政府及其部门、有关单位和基层组织可结合本地区、本部门和本单位具体情况，编制应急预案操作手册，内容一般包括风险隐患分析、处置工作程序、响应措施、应急队伍和装备物资情况，以及相关单位联络人员和电话等。

第十二条 对预案应急响应是否分级、如何分级、如何界定分级响应措施等，由预案制定单位根据本地区、本部门和本单位的实际情况确定。

第三章 预案编制

第十三条 各级人民政府应当针对本行政区域多发易发突发事件、主要风险等，制定本级政府及其部门应急预案编制规划，并根据实际情况变化适时修订完善。

单位和基层组织可根据应对突发事件需要，制订本单位、本基层组织应急预案编制计划。

第十四条 应急预案编制部门和单位应组成预案编制工作小组，吸收预案涉及主要部门和单位业务相关人员、有关专家及有现场处置经验的人员参加。编制工作小组组长由应急预案编制部门或单位有关负责人担任。

第十五条 编制应急预案应当在开展风险评估和应急资源调查的基础上进行。

（一）风险评估。针对突发事件特点，识别事件的危害因素，分析事件可能产生的直接后果以及次生、衍生后果，评估各种后果的危害程度，提出控制风险、治理隐患的措施。

（二）应急资源调查。全面调查本地区、本单位第一时间可调用的应急队伍、装备、物资、场所等应急资源状况和合作区域内可请求援助的应急资源状况，必要时对本地居民应急资源情况进行调查，为制定应急响应措施提供依据。

第十六条 政府及其部门应急预案编制过程中应当广泛听取有关部门、单位和专家的意见，与相关的预案作好衔接。涉及其他单位职责的，应当书面征求相关单位意见。必要时，向社会公开征求意见。

单位和基层组织应急预案编制过程中，应根据法律、行政法规要求或实际需要，征求相关公民、法人或其他组织的意见。

第四章　审批、备案和公布

第十七条　预案编制工作小组或牵头单位应当将预案送审稿及各有关单位复函和意见采纳情况说明、编制工作说明等有关材料报送应急预案审批单位。因保密等原因需要发布应急预案简本的，应当将应急预案简本一起报送审批。

第十八条　应急预案审核内容主要包括预案是否符合有关法律、行政法规，是否与有关应急预案进行了衔接，各方面意见是否一致，主体内容是否完备，责任分工是否合理明确，应急响应级别设计是否合理，应对措施是否具体简明、管用可行等。必要时，应急预案审批单位可组织有关专家对应急预案进行评审。

第十九条　国家总体应急预案报国务院审批，以国务院名义印发；专项应急预案报国务院审批，以国务院办公厅名义印发；部门应急预案由部门有关会议审议决定，以部门名义印发，必要时，可以由国务院办公厅转发。

地方各级人民政府总体应急预案应当经本级人民政府常务会议审议，以本级人民政府名义印发；专项应急预案应当经本级人民政府审批，必要时经本级人民政府常务会议或专题会议审议，以本级人民政府办公厅（室）名义印发；部门应急预案应当经部门有关会议审议，以部门名义印发，必要时，可以由本级人民政府办公厅（室）转发。

单位和基层组织应急预案须经本单位或基层组织主要负责人或分管负责人签发，审批方式根据实际情况确定。

第二十条　应急预案审批单位应当在应急预案印发后的 20 个工作日内依照下列规定向有关单位备案：

（一）地方人民政府总体应急预案报送上一级人民政府备案。

（二）地方人民政府专项应急预案抄送上一级人民政府有关主管部门备案。

（三）部门应急预案报送本级人民政府备案。

（四）涉及需要与所在地政府联合应急处置的中央单位应急预案，应当向所在地县级人民政府备案。

法律、行政法规另有规定的从其规定。

第二十一条　自然灾害、事故灾难、公共卫生类政府及其部门应急预案，应向社会公布。对确需保密的应急预案，按有关规定执行。

第五章　应急演练

第二十二条　应急预案编制单位应当建立应急演练制度，根据实际情况采取实战演练、桌面推演等方式，组织开展人员广泛参与、处置联动性强、形式多样、节约高效的应急演练。

专项应急预案、部门应急预案至少每 3 年进行一次应急演练。

地震、台风、洪涝、滑坡、山洪泥石流等自然灾害易发区域所在地政府，重要基础设施和城市供水、供电、供气、供热等生命线工程经营管理单位，矿山、建筑施工单位和易燃易爆物品、危险化学品、放射性物品等危险物品生产、经营、储运、使用单位，公共交通工具、公共场所和医院、学校等人员密集场所的经营单位或者管理单位等，应当有针对性地经常组织开展应急演练。

第二十三条　应急演练组织单位应当组织演练评估。评估的主要内容包括：演练的执行情况，预案的合理性与可操作性，指挥协调和应急联动情况，应急人员的处置情况，演练所用设备装备的适用性，对完善预案、应急准备、应急机制、应急措施等方面的意见和建议等。

鼓励委托第三方进行演练评估。

第六章　评估和修订

第二十四条　应急预案编制单位应当建立定期评估制度，分析评价预案内容的针对性、实用性和可操作性，实现应急预案的动态优化和科学规范管理。

第二十五条　有下列情形之一的，应当及时修订应急预案：

（一）有关法律、行政法规、规章、标准、上位预案中的有关规定发生变化的；

（二）应急指挥机构及其职责发生重大调整的；

（三）面临的风险发生重大变化的；

（四）重要应急资源发生重大变化的；

（五）预案中的其他重要信息发生变化的；

（六）在突发事件实际应对和应急演练中发现问题需要作出重大调整的；

（七）应急预案制定单位认为应当修订的其他情况。

第二十六条　应急预案修订涉及组织指挥体系与职责、应急处置程序、主要处置措施、突发事件分级标准等重要内容的，修订工作应参照本办法规定的预案编制、审批、备案、公布程序组织进行。仅涉及其他内容的，修订程序可根据情况适当简化。

第二十七条　各级政府及其部门、企事业单位、社会团体、公民等，可以向有关预案编制单位提出修订建议。

第七章　培训和宣传教育

第二十八条　应急预案编制单位应当通过编发培训材料、举办培训班、开展工作研讨等方式，对与应急预案实施密切相关的管理人员和专业救援人员等组织开展应急预案培训。

各级政府及其有关部门应将应急预案培训作为应急管理培训的重要内容，纳入领导干部培训、公务员培训、应急管理干部日常培训内容。

第二十九条　对需要公众广泛参与的非涉密的应急预案，编制单位应当充分利用互联网、广播、电视、报刊等多种媒体广泛宣传，制作通俗易懂、好记管用的宣传普及材料，向公众免费发放。

第八章　组织保障

第三十条　各级政府及其有关部门应对本行政区域、本行业（领域）应急预案管理工作加强指导和监督。国务院有关部门可根据需要编写应急预案编制指南，指导本行业（领域）应急预案编制工作。

第三十一条　各级政府及其有关部门、各有关单位要指定专门机构和人员负责相关具体工作，将应急预案规划、编制、审批、发布、演练、修订、培训、宣传教育等工作所需经费纳入预算统筹安排。

第九章　附　则

第三十二条　国务院有关部门、地方各级人民政府及其有关部门、大型企业集团等可根据实际情况，制定相关实施办法。

第三十三条　本办法由国务院办公厅负责解释。

第三十四条　本办法自印发之日起施行。

附录六　办税服务厅突发事件应急管理办法（试行）

国税发〔2012〕106号

第一条　为提高办税服务厅防范和处置突发事件的能力，保障正常办税秩序，根据《中华人民共和国突发事件应对法》和国家税务总局《办税服务厅管理办法（试行）》等有关规定，制定本办法。

第二条　本办法所称办税服务厅突发事件，是指突然发生，影响办税服务厅正常办税秩序，造成生命财产损失，危害公共安全，需要采取应急处置措施予以应对的事件。

第三条　办税服务厅突发事件可分为以下三类：

（一）办税秩序类。由于税收政策和管理程序调整等造成的办税服务厅滞留人员激增并影响正常办税秩序的突发事件。

（二）系统故障类。由于计算机软件、硬件及网络系统等升级或其他突发故障，影响工作正常运行的突发事件。

（三）其他类。因公共安全、自然灾害等造成办税服务厅无法正常办理涉税业务的各类突发事件。

第四条　突发事件应急处置原则：

（一）以人为本。坚持以人为本，在依法办税的基础上因情施策，把保障生命财产安全作为突发事件应急处理的首要任务，切实保护征纳双方的合法权益。

（二）预防为主。对办税服务厅可能发生的突发事件应坚持预防为主，坚持预防与处置相结合。

（三）果断处置。提高对突发事件的反应、处置和舆情控制能力，采取有效措施，综合运用调解、行政、法律等多种手段，把不良影响和损失降到最低。

第五条　建立健全领导负责制，统一领导、分级负责、协同应对。基层税务机关应成立办税服务厅应急工作领导小组，统一负责指挥、控制、协调突发事件的处置。

第六条　各级税务机关应建立分析预警机制，运用信息化手段，加强办税服务厅突发事件风险排查，实现办税服务厅动态监控。

第七条　基层税务机关应定期对办税服务厅相关人员进行应急处置培训和应急演练，并根据各类突发事件防范和处置的需要，做好相关设备、设施及其他物资的配备、储备和维护，增强防范意识，提高应对能力。

第八条　突发事件发生时，首先发现的税务工作人员为第一知情人，办税服务厅负责人为第一处置人。第一知情人应及时向第一处置人和应急工作领导小组报告，确保应急预案及时启动。

第九条　办税秩序类突发事件的处置：

（一）办税服务厅发生拥堵时，应及时增设窗口、调整窗口职能、增辟纳税人等候区，引导或分流纳税人，并做好解释工作。

（二）征纳双方出现争执时，办税服务厅负责人应及时将当事人引出公共场所，加强沟通，化解争议。相关业务部门应协助配合，做好政策解释工作。

第十条　系统故障类突发事件的处置：

发生系统故障，导致涉税业务不能正常办理时，第一处置人应第一时间上报应急工作领导小组，联系相关技术部门尽快解决。同时，应将预计处置时限等及时告知纳税人，做好解释工作或引导纳税人采用其他方式办理涉税事宜。待系统恢复正常后，应及时通知纳税人办理后续事宜。

第十一条　其他类突发事件处置：

涉及公共安全、自然灾害等其他类突发事件发生时，第一处置人应在第一时间报告相关部门及应急工作领导小组。同时在当地政府统一领导下，按照相关应急预案积极部署应对。

第十二条　办税服务厅发生突发事件应按照税务系统舆情管理相关要求和程序，依法依规做好信息发布。未经许可，任何个人不得擅自发布事件相关信息。事件结束后，应及时将事件相关情况报上级主管税务机关备案，并总结经验教训，加强防范，完善应急预案。

第十三条　对在应急处置工作中预警及时、处置妥善，有效保障生命财产安全的单位和个人，应依据《国家税务总局关于印发〈税务系统公务员奖励实施细则（试行）〉的通知》（国税发〔2008〕105号）等相关规定给予表彰和奖励。

第十四条　对在工作中玩忽职守、处置不当，导致事件发生或扩大，造成重大损失或恶劣影响的单位和个人，应依照相关规定，视其情节和危害程度，给予党纪政纪处分或移交司法机关处理。

第十五条　各省、自治区、直辖市和计划单列市国家税务局、地方税务局应根据本办法，制定办税服务厅突发事件应急预案和相关制度，并报税务总局备案。

第十六条　本办法由国家税务总局负责解释。

第十七条　本办法自发布之日起试行。

附录七　××国税局办税服务厅应急处置预案制度

一、概述

对在办税服务厅内突然发生，影响和威胁办税服务厅正常工作秩序和公共安全，造成或者可能造成人员伤亡、财产损失或严重损害地税形象的紧急事件，立即采取应对措施加以妥善处理。

二、总体要求

综合防范，迅速响应，果断处置。

三、岗位规范

1.县级以上税务机关要设立应急处置领导小组，处理下一级税务机关上报的应急处置事项。

2.办税服务厅值班主任为应急处理第一责任人，具体负责现场处理及向上级部门报告。

四、业务规范

（一）处理原则

1.积极防范。办税服务厅值班主任要切实负责，加强巡查，及时排查隐患、化解矛盾，防止出现应急事件。

2.以人为本。遇突发事件或意外，应以保障人身安全为首要原则。

3.坚持原则。处理突发事件，应坚持不违反法定程序、不降低服务标准、不增加纳税人负担的原则。

4.快速反应。处理突发事件，要做到保持冷静，与当事人持续沟通反馈、耐心解释；简化流程，迅速处理，采取有效措施，迅速排除故障或危险，及时向主管领导或有关部门报告，涉及非本系统业务可控范围的事件，如公共安全事件应及时拨打社会救助电话（紧急呼救110，消防呼救119，医疗急救120等），紧急疏导人们离开危险场地，再进行处理。

（二）适用范围

本预案的适用范围为：办税服务厅排队拥挤、税务人员与纳税人发生纳税争端、设备故障等不可抗力导致的办税中断，恶劣天气、媒体曝光等影响纳税服务工作的事件，不包括安全事故处理、人员廉政问题、效能投诉、法律法规已有明确规定的信访、群体性事件、行政复议、行政诉讼等。

（三）常见应急示例及处理方法

1.办税服务厅排队拥挤应急处理。

（1）采取区分纳税人识别号末位的单双号、区分纳税人所属税务机关、分类申报等方法，有效引（疏）导纳税人在申报期内分时段申报纳税，缓解办税服务厅集中办税压力。

（2）对办税服务厅工作人员进行合理调配，办税高峰时临时增开服务窗口，增加办税人员。

（3）为纳税人提供全方位的延时服务。对急需办理纳税事项的纳税人，有序延长办公时间，直至办完。

（4）开设"绿色通道"，对老、弱、病、残等特殊纳税人提供优先受（办）理涉税事项的特殊纳税服务。

（5）为纳税人提供预约服务，提高办税效率。

2.税务人员与纳税人发生纳税争端应急处理。

（1）控制事态发展，立即制止双方争吵、避免肢体接触。

（2）将税务人员立即带离冲突现场，询问相关情况。

（3）安抚纳税人情绪，调查询问相关情况，认真听取纳税人的意见。

（4）纳税人提出要举报、投诉的，按照投诉处理制度办理。

（5）属税务人员过错的，应当面向纳税人道歉并反馈处理意见。

（6）属纳税人误解的，应当向纳税人宣传解释相关政策规定，督促纳税人及时、认真履行纳税义务。

【情形一】纳税人等候时间过长而产生不满情绪，甚至出言不逊。

（1）窗口人员应虚心冷静倾听，无须在言语方面上多做回应。纳税人此时最需要情绪宣泄，过多回应可能使纳税人情绪更激动。

（2）窗口人员要加快办事速度，可以在后台处理的事项应容后处理，尽量先接收纳税人提交的资料，以缩短纳税人等候时间。办理需时较长的业务，窗口人员应向纳税人解释原因，争取纳税人谅解。

（3）如等候的纳税人较多，值班主任应迅速调整窗口或增加窗口。

【情形二】纳税人在办税服务厅闹事。

（1）办税服务厅值班主任应镇定以对，尽量安抚纳税人的情绪，了解情况，安排专人将纳税人引至会客室或会议室，避免影响正常办税秩序。如发生群体性事件，应请对方派出代表陈述观点，引导纳税人说清情况，找出纳税人急需了解或解决的问题关键。

（2）事态较为严重的，应迅速向领导小组汇报，请领导小组协同化解纳税人的矛盾。若发现纳税人有暴力倾向或行为时，应及时暗中报警求助。

（3）应向纳税人详细解答，耐心疏导。了解情况后，如属纳税人误解的，要耐心解释有关税收政策和操作，化解纳税人的疑虑。如属税务人员工作失误的，税务人员应向纳税人致歉，并承诺解决问题的时限和方式。如遇基层税务机关权限不能解决的问题，税务人员应坦诚解释，并表明将迅速向上级汇报，争取早日解决问题。税务人员解释应有理有据，态度要诚恳谦和，争取纳税人理解并配合税务部门的工作。

（4）对需要跟进的涉税事项，应尽快协调相关部门妥善处理，避免因拖延处理时间而再度发生冲突。

【情形三】窗口人员在办理纳税人的业务时接到其他纳税人的咨询电话，正在等待的纳税人误认为窗口人员在聊天，指责其工作怠慢。

（1）及时分流咨询电话。窗口人员应向来电者说明"请稍等"，然后将电话转给导税员或后台人员进行答复。如其他人员均无暇应接，应留下来电人的联系电话，稍后再回复。

（2）寻求协助处理。若旁边窗口人员暂无业务办理，可指引窗前等候的纳税人到旁边窗口继续办理，并将资料移送旁边窗口，向等候的纳税人致歉后继续接听电话。

（3）利用 12366 纳税服务热线，尽量引导纳税人拨打 12366 热线进行涉税咨询。

（4）完善窗口前台电话接听机制，窗口前台尽量不接听电话，减少对正在工作中的窗口人员的干扰。

【情形四】纳税人到税务机关申请开具发票时被告知资料不齐全不予受理，纳税人认为税务机关的规定不合理。

（1）既要坚持原则，按章办事；又要对纳税人宽容，不得与纳税人争吵。

（2）执行一次性告知制度，清晰完整地告知纳税人办理事项的要求，避免纳税人来回奔波。对常规业务，应事先制作办税指引资料，及时向纳税人提供，以缩短告知时间。

（3）向纳税人告知税务部门的服务热线电话，引导纳税人如有疑问可事先拨打 12366 咨询，争取一次办理成功。

（4）利用税务网站、电视、电台、报刊等媒体加强税收征管政策宣传，多种途径落实一次性告知制度，提高服务质量。

【情形五】纳税人到窗口咨询，窗口人员因忙于手头工作，不恰当地推托纳税人到其他窗口咨询，纳税人因得不到正确回应而感到十分不满。

（1）税务人员应落实首问责任制。对属于本人职责范围内的事项，应放下手头工作耐心解释；对不属于本人职责范围内的事项，应正确指引纳税人到相关窗口，或告知相关部门的地址、联系电话等。

（2）对转办事项，首问责任人应做好记录、跟踪和办结回复。超时未办结的，首问责任人应及时催办；如有其他特殊情况需要延期办理的，首问责任人应向纳税人解释延期原因。

3.办税设备故障、网络故障等导致办税中断的应急处理。

（1）办税设备故障。

①大厅内硬件设备（如计算机、叫号机等）不能正常运行，应及时通知相关人员检测抢修，并同时启用备用设备或替代设施。相关部门要定期对办税设备进行全面检查，对老化、故障率高的设备进行更新或调整，并安排好备用设备。

②预计短时间内恢复正常的，应做好宣传和解释工作，请正在办理的纳税人稍作等候。

③预计短时间内不能恢复正常的，应进行手工受理，保留纳税人的纸质申请资料和联系方式，待排除故障后予以通知。

④在非正常状态的设备外观显眼处制作"暂停使用"或"危险！请勿触摸"等提醒标识。导税员应主动引导纳税人使用其他有替代功能的设备。

⑤根据实际需要，备份相关文件资料，并做好台账登记，以待系统恢复运行时补录。

⑥系统恢复后，应检查故障发生前所进行的最后一笔业务操作是否成功，确保数据的完整和准确。

（2）网上办税系统故障。

①网上办税系统发生故障，应当及时向领导小组汇报。领导小组应及时协调信息中心等部门查明原因，排除故障。短期内不能解决的，通知征管科尽快通过内部网站、电话等方式向各税源管理单位下发"应用系统暂停通知"，办税服务厅向纳税人及时进行公告，并做好对纳税人的解释工作。

②临近业务办理截止期限，办税服务厅负责人应协调税源管理单位电话通知或通过短信系统通知纳税人上门办理相关业务，并做好对上门办理业务纳税人的解释和受理工作。

③信息中心在完成对系统的修复后，应提示办税服务厅进行系统的测试和启用，征管科和信息中心同时向各税源管理单位和纳税人发布系统恢复公告。

（3）窗口临时暂停服务的应急处理。

①个别窗口电脑、打印机、认证、抄税等办税设备发生故障时，应迅速清障或更换备用设备。预计短时间不能恢复正常的，办税服务厅值班主任应调整或增开服务窗口，并合理疏导纳税人，以免纳税人等候过久。

②窗口需临时暂停服务，应在窗口前明显位置摆放"暂停服务"的标识。

4.暴雨、雷电等恶劣天气的应对方法。

（1）定期检查建筑物、办税服务厅内服务设施是否牢固安全，加固或妥善摆放办税服务厅内、外易坠落的物品，如室内外宣传挂物、花盆、资料架等；检查避雷设施是否正常。

（2）在办税服务厅入口处提供雨伞存放架或雨伞套等。

（3）保持办税服务厅地面干燥洁净，必要时放置"地面湿滑"的提示标识，以防行人滑倒。

（4）利用办税服务厅内的显示屏滚动发布暴雨、雷电实时预警信息。

5.对涉及纳税服务问题的媒体曝光的应急处理。

（1）汇报。发现有媒体曝光苗头时，应及时向领导小组汇报。

（2）沟通。领导小组应立即与媒体沟通，做好调查核实及相关解释工作；立即与当事人联系，深入沟通，在法律法规允许的范围内尽可能迅速解决当事人的实际问题。

（3）消除不良影响。若媒体曝光属实，立即对当事人进行处理，做好后续正面报道，尽可能消除不利影响。若确认媒体曝光失实，应立即向领导小组汇报，及时协调并在相关媒体上发表声明，要求刊发不实报道的媒体发表更正公告或者致歉声明，消除不利影响。领导小组密切跟踪事件的后续发展。

参考文献

［1］闪淳昌，薛澜．应急管理概论：理论与实践［M］．北京：高等教育出版社，2012.

［2］专业技术人员突发事件应对培训教材编写组．专业技术人员突发事件应对培训教材［M］．北京：中国言实出版社，2014.

［3］傅思明．依法行政与突发事件应对［M］．北京：中国人事出版社，2014.

［4］戴道晋．应急管理概论［M］．长沙：湖南人民出版社，2014.

［5］张明．群体性事件的舆论引导机制研究［D］．泉州：华侨大学，2012.

［6］阚道远．社会管理视野下的涉税群体性事件——构成发展·政治影响·综合防控［J］．中共南京市委党校学报，2012（5）.

［7］刘琳．"无组织化"：转型期群体性事件的主要风险因素［J］．当代世界社会主义问题，2012（2）.

［8］谢海军．"无直接利益冲突"群体性事件的生成动因及逻辑关系分析［J］．中州学刊，2014（1）.

［9］刘琳，张星久．转型期群体性事件中"谈判者缺席"问题的社会结构分析［J］．社会科学研究，2014（5）.

［10］邱志勇．群体性涉访事件防范机制研究［J］．北京人民警察学院学报，2012（11）.

［11］彭燕辉，庞勇，董米娟．群体性突发事件预警与处置研究——基于4R危机管理理论［J］．法制与社会，2013（3）.

［12］孙鸿庆，马仁舜．应急预案编制管理中存在的问题及对策［C］//.沈阳科学学术年会．第十届沈阳科学学术年会论文集（经济管理与人文科学分册），沈阳：［出版者不详］，2013.

［13］王雪．中美政府公共危机管理比较研究［D］．长春：吉林财经大学，2011.

［14］王帆. 行政应急管理体制的建构［D］. 成都：四川师范大学，2011.

［15］张智新，周萌. 北京与三大世界城市应急管理体制比较［J］. 行政管理改革，2011（2）.

［16］胡象明，黄敏. 我国应急管理体制的特色与改革模式的选择［J］. 中国机构改革与管理，2011（3）.

［17］薛澜，王郅强，彭宗超，等. 我国应急管理人才培训体系的现状与发展［J］. 社会科学家，2011（9）.

［18］游志斌，魏晓欣. 美国应急管理体系的特点及启示［J］. 中国应急管理，2011（12）.

［19］宋雄伟. 英国应急管理体系中的社区建设［J］. 公共管理研究，2013（1）.

［20］隋建波，孙刚. 中美应急管理综合对比研究［J］. 中国减灾，2013（1）.

［21］李格琴. 英国应急安全管理体制机制评析［J］. 国际安全研究，2013（2）.

［22］田为勇，闫景军，李丹. 借鉴英国经验，强化我国部门间环境应急联动机制建设的思考［J］. 中国应急管理，2014（10）.

［23］于魏华. 中外应急管理模式的比较与借鉴［J］. 中国管理信息化，2015（9）.

［24］佚名. 省突发事件应急补偿管理暂行办法出台，国库集中支付［EB/OL］.［2012-12-26］. http://www.gd.gov.cn/gdgk/gdyw/201212/t20121226_172646.htm.